JN202770

［新装完全版］

魔法の学校

アシュタールメソッドの伝授

宇咲 愛
×
レゴラス晃彦

ヒカルランド

序文

２０１８年になった今、私たちは考えを改める時代に突入しました。

既存の方法では何もかもが立ちゆかなくなったのです。

正しく新時代到来の鐘が鳴りました。

１９９５年に阪神・淡路大震災がおこりました。

大きな被害をこうむったのは「神戸」。このトキにひふみ神示でいうところの岩戸が開いたのです。神戸、神の戸がいよいよ開きました。

それから23年が経ち、今年、今までにない出来事が世界中で起こっています。

台風もしかり。四半世紀、大阪には大型の台風は来ませんでした。しかし、２０１８年9月、第2室戸台風を超える台風がやって来て、各地で大きな被害が出ました。

その台風の進路は、大震災の活断層に近いものがありました。

これが新時代到来の鐘なのだと感じたのです。

今までの常識が通じない新時代!!

ひふみ神示で云うところの、新時代の岩戸開きは、個人個人によっておこるのです。

そのトキが来ました。

その事に気づき、この地球を光へと導くリーダーが次々と目醒めていくことでしょう。

私たちがいうリーダーという定義をシェアしておかなければなりません。

新時代のリーダーとは、宇宙と共鳴し、自分の魂と共鳴し、ただただ輝く存在をいいます。

そして、その影響として、その人の周囲の人々も共鳴し、光り輝き出すのです。

今までのリーダーは、対「人」を意識したものであったと思います。

人と比べて地位がある。

人と比べてお金がある。

人と比べて能力がある。

人と比べて才能があるｅｔｃ.

すべて、人と比較したものでした。

しかし、新時代は「人」ではなく
「宇宙」や「魂」と共鳴することに意識を集中していく必要があります。

そのような人々と共に、人生を楽しく歩んでいく、私らしく、豊かに輝いて!!

これが新時代の今を生き抜く宇宙からの叡智《えいち》なのです。

宇咲 愛

序章

「はじめに」にかえて、いくつかの大事なことをお伝えします

魂の声に向き合い、
人生を本格稼働
させるためには

合理的に判断することよりも、自分の気持ちに従うことが大切

それは、小学3年生のときの話です。私（レゴラス晃彦）が通っていた小学校は当時家族と住んでいた長屋から目と鼻の先で、小学校で流れる校内放送がよく聞き取れるほどのご近所さんでした。そのおかげで朝の苦手な私は、8時台にNHKの朝の連続テレビ小説が始まると同時に母に叩き起こされるまで寝ていても、始業のチャイムが鳴るまでに教室へ滑り込むことができたものでした。

私は元来、落ち着きがなく「いちびり」（大阪弁で、お調子者、目立ちたがり屋の意味）で、おっちょこちょい。好奇心はすこぶる旺盛《おうせい》で、何にでも手を出し、人が行かないところには必ず行き、禁止されたら俄然《がぜん》やる気になる天邪鬼《あまのじゃく》。正義感は強く、正しいと思ったことを主張するためには、相手が弱かろうが強かろうが、怖い大人であろうが、か弱い女の子であろうが容赦《ようしゃ》なく言い立てる。わからないことがあると、「なんで、なんで」を連発し、周りの大人たちを閉口させる。褒《ほ》められると木に登る猿のようになり、うまくいかなかったり、言い分が通らなかったりすると泣きわめく。運動音痴のくせに負けず嫌いなうえ、知ったかぶりの小賢《こざか》しいところが鼻につく厭《いや》な子供だったので、周りからはよくいじめられて、よく泣かされて帰ってきました。

そんな浅慮無謀《せんりょむぼう》な私を心配してのことだと思うのですが、母は「これをやってはいけません。あそこに行ってはいけません。何時までにお帰りなさい」と、やたら禁止事項を設けて最愛の息子のリスク管理をするのが常だったようです。

当時、その小学校の校区内に「外環状線」という当時としては大きな片側2車線の道路ができたばかりでした。そこをダンプカーやトレーラーが轟音《ごうおん》をたててビュンビュン走っていくさまを、脅威とある種の羨望《せんぼう》の入り混じった、少し形容しづらい気持ちで見ていたのを今でも鮮明に覚えています。母には、小学3年生がその道路に近づくことは危険すぎるので、外環状線を越えたところにある友達の家に勝手に行くことはならないと、口を酸っぱくして言いつけられていました。

そんなある日、学校から帰る時間になったところで急に雨が降り出しました。私は傘を持っていたのですが、友達のK君はあいにく傘を持ってこなかったようです。本降りの雨に困っているK君に、私は一緒に傘に入ってK君の家まで送ることを提案しました。K君は、喜んで私の提案を受け入れ、一本の傘に寄り添いながら小学校のグラウンドを横切り、正門に向かい始めました。

私は自分の好意が素直に受け入れられた得意気な気持ちと同時に、K君を送ることで、母から勝手に越えることを禁止されている外環状線の向こう側に行かねばならないという罪悪感を抱きました。しかし、本降りの雨の中にK君を放置することもできず、引っ込みがつかなくなった自分を今さらながらに憐《あわ》れみながら歩き出していました。

無事、K君を送り届けた満足感は、K君が自宅玄関に吸い込まれた瞬間に消え去り、母の言いつけを守らなかった罪悪感だけが残る中、私は雨の降る中を自宅へ向かって早足で歩き出しました。そして、「……このことは、母さんには内緒にしよう……言わなければ、きっとばれないよ……」と、自分を慰めながら、不安な気持ちで自宅にたどり着きました。

「遅かったんやね、どうしたん」

自宅と小学校が目と鼻の先だったため、母は私が帰ってきそうかどうかが手に取るようにわかるようでした。私が玄関に入るなり、口数は少ないけど確信に満ちた母の声に相対し、言い訳することを諦めた私は、ことの次第を正直に話し、言いつけを守らなかったことを謝りました。すると母は、「そう。良いことをしましたね」とひと言だけ言って、小学3年生の私が勝手な判断でK君を送り、外環状線を越えたことを一切問題にしなかったので、ホッとしたのを覚えています。

その母も亡くなって、私も50歳を超え、いい年のおっさんになった今頃になっても、このときに味わった安堵感《あんどかん》を忘れることなく、むしろ近年自らにとって大事なものとして懐かしく思い起こします。

もしも、あのときに母が、

「そんなことをして、あなたにはどんな得があるの?」

「そのK君は、あなたに何かしてくれるの?」

「それで、もしあなたが事故にでもあったらどうするの」

そのように言っていたら、どうでしょう。

言いつけを守れず不安な気持ちの私は、これらの問いかけに答えられる明快な回答を思いつくことなく、ただ許しを乞《こ》い、謝るだけだったでしょう。そして、傘がなくて困っているK君を送ったことを後悔したことでしょう。さらに、今度から突然の雨に困っている友達を送るときには、まず、自分にどんな損害や利益があるのかをもっとよく考え、ちゃんと合理的な説明が成り立つのかどうかを充分に見極めてから、友達に傘を差し出そうと決意したことでしょう。

つまり、「自分の気持ちに従って良いと思うことをするよりも、それは自分にとって合理的かどうかを優先することのほうが、正しい振る舞いなのだ」ということを小学3年生の胸に刻み込んだに違いありません。

幸いなことに私の母は、そのようには言いませんでした。そのおかげで、今でも私は自信を持って言うことができます。

「合理的かどうかよりも、好きかどうかで選ぶほうが尊いのだ」と。

超えることを禁止されている外環状線を越えて、わざわざK君を送っていくという選択が、差し当たり自分に利益を生まない、叱られるだけかもしれない不合理な選択であるということは、小学3年生にでも容易に理解できるくらい自明なことです。それゆえに私は不安な気持ちになり、母に謝ったのだと思います。

でも、K君を送ることにしたときの私は、説明できないという不合理さを乗り越えて、「自分は、こうしたい……」という気持ちに従って行動しました。そして、母から責められなかったことで、「合理的に判断することよりも大切なことがある」というメッセージを暗黙のうちに受け止め、それを選んだ自分の感覚に自信を持つことができたように思います。

このときの母から自分の感覚が認められたという安堵感は、私の心の内に重要なポジションを築き、それは今もなお存在し続けています。

合理性が最優先される日本の社会が抱える矛盾は、各個人の中にも存在します

話は少し変わりますが、読者の皆さまにとって、尊敬に値《あたい》する立派な人とはどのような方でしょうか。また、その人のどのような点が尊敬に値すると思われるのでしょうか。少し考えてみてください。

きっと、その人は不合理な部分をたくさん持っている方ではないでしょうか。人が嫌がることを進んで行う人、何の得にもならないことに一生懸命になっている人、批判をものともせずに正義を実行する人、今までの常識にとらわれず、非常識と呼ばれるような方法で成果を挙げ続ける人、今まで不可能と思われていたことに挑戦し、それを可能にする人などなど、合理的に考える

と説明が難しいような不合理な人生を歩まれている方が多いと思うのですが、いかがでしょうか。

一方、合理的な選択に徹して人生を歩んできた方は尊敬に値する方でしょうか。考えてみましょう。

学校の成績が良く、偏差値が高いほうが、大学や進路の選択肢が増えるので、学校の勉強に力を入れるのは合理的と言えますね。そして、就職は将来にわたって安定が望める財務基盤の強い財閥や大企業、身分保障されている公務員、官僚などを選択するのは、明日をも知れないベンチャー企業や自らの腕一本で独立する道を選択するよりも合理的な選択と言えますよね。

たとえば、典型的に合理的な人生を選ぶ人の生き方についてイメージしてみると、こんな感じになると思います。東大を出て財務官僚となり、定年後も何回か天下りして、高額な退職金と安定した身分を保証してもらって宮仕《づか》え人生を全《まっと》うする人。あるいは、官僚出身の政治家になり、何回か当選回数を重ねて大臣になり、叙勲《じょくん》もされ、さまざまな役職を歴任し……などと考えられるのではないでしょうか。そうすると、この国の官僚や、国政に携わる国会議員、内閣を構成する総理大臣をはじめとする大臣たちなどの多くは、最も合理的な選択に成功してきた方々であることがわかります。経済界の重鎮をイメージしても良いかもしれません。

この世界で勝利を勝ち取るために、何が得か、何が損かを合理的に思考し、利益の最大化を図《はか》ることを選択し、行動してきた人々。これらの方々は皆さまの尊敬に値する方々でしょうか。無論、右に挙げた類《たぐい》の方々にも立派で尊敬に値する方はいらっしゃると思いますが、その尊敬は合理的な選択に反する不合理な部分についてだと思います。どうでしょうか。

私は願わくは尊敬できる立派な方に国を代表していただきたいですし、もし組織に属するのなら、尊敬できる立派なリーダーのもとで働きたいと思います。トップを尊敬できず、軽蔑《けいべつ》しながら働いていると、メンバーの士気が下がり、能力を発揮できずに本当の意味で幸せにはなれません。国を代表する人が卑《いや》しい人なら、国民として恥ずかしい気持ちになります。

でも、最も合理的な選択をクレバーに重ねてきた方々、つまり現代社会で立身出世してきた方々が立派であるケースは稀《まれ》だということが、近年この国のいたるところで明示されているように感じています。簡単に言うと、立派だから偉くなったのではなく、世渡りがうまかったから偉くなったと言えるでしょう。

かつての日本のリーダーたる人には、学歴が高いだけではなく、幅広い知識や教養、インテリジェンスという言葉に当てはまる素養を充分に兼ね備えた方が、たくさんいらっしゃったのではないかと思うのですが、今はどうでしょうか。学歴は高いかもしれませんが、世界のリーダーたちと渡り合うインテリジェンスを持ったリーダーが、どれほどいるでしょうか。反対に、教養のなさや品性の卑しさを露呈《ろてい》してしまい、失笑を買うようなリーダーがたくさん目につくようになっているのは、気のせいではないと思います。

でも彼らは、合理的に効率よく成功している人たちであり、ある意味、今の社会の勝者なのです。このことは、インテリジェンスを持ち、さまざまなものに配慮しながら自制を利かせて物事を進めるよりも、厚顔無恥《こうがんむち》に合理性を追求して、知らないことを良いことに、何でもありで物事を進めていくほうが、勝利し、成功していく方法であると示しているようです。

このように、現代社会では、合理性を最優先する思考が、国をはじめとする、あらゆる組織の中枢に侵食し、多くの市井《しせい》の人々を絶望に突き落とし、混沌《こんとん》を深めているように思えるのです。これを変えるのは容易ならざることでしょうか。

また、合理的な生き方を最も上手にしてきた人々を国や組織の中枢に君臨させてしまう今の日本の社会が抱える矛盾と同じ構造が、実は各個人の中にも存在するということに、私を含む多くの人々が気づき、悩んでいるように思えます。

つまり、自分の生活や家族や大切な人々の生活を豊かにしたいと願い、働けば働くほど合理的な損得勘定で判断することから逃れられず、「本当は、自分は、こうしたい……」という自分の内なる声を聞く余裕すらなくなり、魂が望んでいる豊かな生き方からどんどん遠ざかってしまうという矛盾に、多くの人が苛《さいな》まれているのではないでしょうか。

もう、はっきりしましたね。合理的な判断をするだけの生き方では、自分が真に望む豊かさには近づけないことが。つまり、自分が真に望む豊かさとは、自分が心から喜び、家族や大切な人と共に、魂が震えるほど喜び合えること。そして、ただ存在するだけで心の底から喜べる自分に出逢うことだと思いませんか。私はそんな自分に出逢ってみたいと思いました。

損得勘定や合理的な理由ではなく、「心から、自分は、こうしたい……」と思えることをやって、自然に周りにも貢献し、豊かさにつながっていく生き方は、誰でもできるのです。でも、多くの方は、このままがいいとは思っていないけれど、どうすればいいのかわからず、考える余裕がない、できるわけがないなどと、とりあえずの結論をつけて、満員電車に揺られたり車の渋滞に巻き込まれたりしながら、日々を過ごされているのが現状ではないでしょうか。

「国も、組織も、個人も同じ混沌の中であえいでいる」。それを克服する方法はないものか。できるならば自らパイオニアとなり、その処方を提供したいと切に願い、宇咲愛と私（レゴラス晃彦）が、3年の歳月をかけて、数百名の受講生の方々と共にたどり着いた一つの試みが、この本の主題であり、私たちが主宰する「アシュタールメソッド」の主題です。

この本では、代表的なワークなども交《まじ》えつつ、合理性の巧《たく》みなループから抜け出して、本来あるべき自分の姿にどうやって戻っていけばいいのか、その基礎的な考え方と具体的な方法を惜《お》しみなく提示しています。多くの方々に実践していただき、日々の生活に変容を起こし、それを実感していただきたいと心より願っています。

この序章では、「アシュタールメソッド」のプログラムに取り組んでいただくに際して、まず初めに理解していただきたい、前提条件＝基礎中の基礎を中心に述べていきます。そして、科学とスピリチュアルの関係、「アシュタールメソッド」を受講することで得られる効果などについて触れていきます。

「アシュタールメソッド」が目指す姿／あなたの魂がキラッキラに輝くための自立支援とは

「アシュタールメソッド」では、自立・自律したスピリチュアリティ（精神性）の確立が何よりも大切だと考えています。私たちは、そのお手伝いのことを「魂の自立支援」と称しています。「魂の自立支援」とは、簡単に言うと、皆さまの魂がキラッキラに輝きだすためのノウハウを提供することです。そして、「キラッキラに輝くあなたに出逢いたい」というのが私たちの望みです。

皆さまの周りには、活《い》き活きと、キラッキラした瞳で仕事したり、家事をこなしたり、勉強に取り組んだり、ワクワクしている方はどれくらいいらっしゃいますか。職場ではどうですか？何人ぐらいの方が思い浮かびますか？

もしかしたら、片手に満たないかもしれません。片手を超える方は幸運な方かもしれません。一人も思い浮かばないという方も珍しくないと思います。でも失望しないでくださいね。だって、ほんの数年前の私たちがそうだったからです。「ワクワクして生きる？　意味がわからん！」。誰よりも率先してこう答えたかもしれません。

以前の私はこう考えていました。キラッキラに輝くって、成功者になることかもしれない。そう、いっぱいお金を稼げるようになったら、いろいろ好きなことができるようになるし、好きなときに、好きなところで、好きな友達と、好きなことができるのではないか！　そうすれば、ワクワクしてキラッキラに輝けるかもしれない。

ならば、成功者になるにはどうしたらいいのだろう。それは、成功していない人に聞いてもわからない。成功者に聞くのが一番近道であるに違いない。ということで、ドラッカーの本がいいと聞けばそれを読み漁《あさ》り、『7つの習慣』（キングベアー出版）がいいと聞けば一生懸命読み、松下幸之助さんや稲盛和夫さん、その他、数々の著名人の本、成功哲学、自己啓発の本にどれだけお世話になったことでしょうか。

どれもためになる素晴《すば》らしい本ばかりで、私はたくさん勉強させていただいたと思います。でも、今思うと、これらはすべて他人の経験そのまま、あるいは他人の経験をもとに一般化されているものばかりで、自分が自分らしくワクワクしてキラッキラに輝く方法なのかどうかはわかりませんでした。そして、至極《しごく》当然なのですが、わからないからずっと「これかもしれない、あれかもしれない」と、探すことになるんですね。

結局、周りにあるモデルを自分に当てはめようとしたり、既存の考え方に自分の思考を委《ゆだ》ねようとしたりの繰り返しでは、ちっとも自分のワクワクや、キラッキラが見えてこないのです。他人の成功モデルをたとえ1万人分聞いても、10万人分聞いても、どこまで行っても他人は他人、自分は自分なので、「自分とは違う」と言いながら他人の成功モデルを探し回っているのは滑稽《こっけい》なことです。

私が若い頃、もう30年近く前は、右肩上がりの経済成長を前提にさまざまなものが設計・計画され、それを疑問に感じることがない時代でした。まだ終身雇用も形骸化《けいがいか》しておらず、真面目に働いていたら安定した老後を迎えられるという自分の将来像を漠然と信じることができました。つまり、既存のレールに乗っていれば安心で、できるならより堅牢《けんろう》なレールを選ぶことが主な関心事だったと思います。

ところが、私が勤めだして年数が経っていくうちに日本経済のバブルが崩壊して、安定していると言われていた大企業や銀行が倒産し、既存のレールに乗っていても安心できないということがどんどん露呈していきます。その後、政治や行政の失態、業界のモラルの崩壊、今まで想定されていなかった犯罪の発生などなど、ここ20年ぐらいは底が抜けたように信じられるものが加速度的になくなっていき、一方で自己責任やリスク管理がクローズアップされる世の中になってしまいました。

そんな激しい時代の変化があると、今の若い人たちに、「こうすれば将来は大丈夫だよ」と言うことが非常に困難になってしまいました。昔なら大企業に就職したら大丈夫とか、わかりやすい基準があったのですが、今はそれを示すことが困難になってきています。逆に、安定していると思われる何かにすがることがアダになるのです。たとえば、長年続いていて一流と言われていた名門企業が一瞬で潰れ、路頭に迷うなどの可能性が高くなってしまいました。ということは、現在起こっている変化においては何か既存のモデルを頼りにして安定を求めようとするスタイルが一番危なっかしいということになります。

その変化に抗《あらが》うには、既存のモデルを頼りにするのではなく、自分の感性で、自分の強みを発揮して生きることです。それはつまり、自分がワクワクすることと、キラッキラに輝く自分のあり方を見つけることです。それは、過去の他人の成功例をいくら集めても出てきません。

また、自分の活躍する方法は、誰かに教えてもらわなくても、自分で感じて自分で見つけることができるものです。自分のワクワクは、本当の自分自身、つまり魂が最もよく知っているもので、その核心は自分にしかわかりません。合理的に損得勘定で選択されたものや、一般論から導き出された自発性ではなく、魂から湧き上がる内発的なものによって自立することこそが、これからの混沌とした世界を悠々と生き抜くことができる唯一の方法です。

そのため、「アシュタールメソッド」では、魂の自立を目指して、スピリチュアル（精神的）な理解を深めることを重要視しています。スピリチュアルな理解を深めることや、各人が持つ可能性に気づくことを目的として、一般的には見えない、聞こえない、感じないと思われていることにも挑戦していただきます。一般的にできないと言われていることを当たり前のように「できないこと」として受け入れているのなら、自分のブロックを形成して、自分の魂の声に耳を塞《ふさ》いでしまっている可能性があります。この取り組みは、自分の魂から湧き上がるエネルギーや自分の感性に信任を与えるためにも、非常に重要だと考えています。

最近よく散見するのは、従来のビジネスの手法に底の浅いスピリチュアル的な要素を入れた受け狙いの無責任な内容です。今後もっと流行《はや》るのかもしれません。底は浅いのですが、実践的でわかりやすく、使いやすいとも言えるために、多くの人が魅力を感じているようですが、そのようなものでは中途半端になる恐れがあります。

なぜならば、合理的・合目的なことというのは、その人が置かれた環境によって変化するものなので、環境や目的が変わればつくり直す作業の繰り返しになります。そして、そのレベルにフォーカスしていると、いつまでたっても内発的な魂の声を聞くレベルに至ることができず、自発的・合理的な行動に終始してしまう可能性があるからです。

まず、大切にすべきなのは魂から湧き上がるような本当の自分の声です。本当に魂から輝くためには、魂の声に向き合えるスピリチュアル的な深さが不可欠であると私は考えています。しっかりとしたスピリチュアル的な理解を基礎として、その上に合理的・合目的なものを乗せることができれば、揺るぎないその人の強みが最高に発揮されることでしょう。

みんなが活き活きとする仕事とは／魂からのワクワク感に従って生きることの意味

私は、人材開発などの仕事に携《たずさ》わっているときに、どのような人事労務管理や採用システムにすれば、みんなが活き活きと働く力強い組織ができるのだろうかということをよく考え、悩みました。その中で気づいたのは、仕事ではなく趣味の世界でも構わないのですが、誰しもが好きなことをやっているときには活き活きとして、誰かに言われなくても、自分の最も優れたパフォーマンスを発揮しようと努力します。しかも、それに費やされる時間や労力を顧《かえり》みずに実行できます。たとえそれが夜遅くになろうとも、大好きなことのためだったら、ちっとも疲れない、あるいは爽快な疲労感であまりストレスなどの苦痛を伴わないのです。

ということは、好きで仕方がないことを仕事にしている状態の人たちだけで成り立っている組織は、最高に強力なものになるのではないでしょうか。そういう人たちが、最も優れたパフォーマンスを提供するように自らを高め、そのための苦労や時間を惜しむことなく、しかもストレスを感じないのでメンタルヘルスの心配もなく、明るく活き活きと仕事をこなしていたら、最強の競争力を誇る集団になるでしょう。

つまり、「すべての人々がやりたいことをやっている状態が社会にとって最善の状態になる」という仮説が成り立つということです。しかし、これをお読みの方でこの仮説に懐疑《かいぎ》的な方がたくさんいらっしゃると思います。同意できない理由としては、そうではないと思われるケースがたくさんあるから、または、やりたいことだけやっていればいいという考えではみんな怠け者になってしまうのではと考えられるからだと思います。

やりたいことをやっているはずなのに、うまくいかない、苦痛である場合もけっこうあると思います。多くの場合、仕事は自ら望んで始めるものです。お金を稼ぎたいから給料のいい仕事をするとか、汚い仕事は嫌だからきれいなオフィスで働く仕事をするとか、旅行が好きだから海外に行ける仕事をするとか、いろいろなパターンがあると思いますが、いずれも自ら好んで始めているという点では、好きなことをしているとも言えますね。でも、いざ仕事になると、好きなことをやっているワクワク感もなくなってしまい、活き活きと働くことができなくなるのが普通で、仕事とはそういうものだと思われている方が多いのではないでしょうか。

そうすると、「好きなことを仕事にしているのに、みんなが活き活きと働く最強の組織にはならないではないか」という話になりそうですが、これは本当に好きなことをやっていないという典型的な例です。つまり、この現象は浅い感情や世間の評判で好きなことを選んだときに起こり、一般的によく陥《おちい》る状態だと思います。前述の、ストレスも感じず最高のパフォーマンスで取り組むような好きなこととは、世間の評判とか、一時的な浅い感情で決めることではなく、魂から湧き上がるようなもののことです。この典型的な例は、本当の魂から湧き上がるワクワクに従っていないというのが私たちの結論です。

もう一つ、よくある疑問は、「好きなことだけをやるようにしたら人はどんどん怠け者になるのではないか」というものです。これは、少し浅はかな考えだと思います。食べることに事欠くようなときは必死で頑張るが、それが満たされるともう働きたくないと言い出すかのようです。マズローの欲求5段階説などでも言われているように、人は自分自身の存在意義や存在価値について、高い関心を持つ社会的な生き物です。人は必要とされなくなったときにひどく傷つくものです。一時的に怠けて遊びたいと思う時期があったとしても、自己実現に向かって動きだすのは時間の問題であり、ある種の本能みたいなものではないでしょうか。そういう意味で、それぞれの人が好きなことだけやるようになると、怠け者が大量に出てくるということは起こり得ないと考えています。

ポイントは、「それぞれの人が自らの魂からのワクワクに従って生きることができるか」ということになります。一見、合理的に見えるものに騙《だま》されないで、魂からのワクワクをキャッチして、それに従うことがとても大切なのです。

そのワクワクは決して一時的なものではなく、この人生を懸けてでもやりたいと願ってやまない魂の叫びであり、一人ひとりがかけがえのない存在としての使命に気づくためのサインであると考えられます。もし、それに気づき、自らの使命に向かう人が増えていけば、他の人から見れば大変そうなことでも、その労力を惜しまずに、キラッキラに輝き、ワクワク活き活きした人たちで満ちた素晴らしい世界になっていくのではないでしょうか。

魂からのワクワクをキャッチして、それをこの世界で具体的に実現していく方法をお伝えするのが「アシュタールメソッド」です。そのためにはまず、周りの声に流されずに自分の魂の声を実現できるスピリチュアル的な基礎が築かれる必要があります。「アシュタールメソッド」では、そのような魂の自立支援により、キラッキラに輝き、ワクワク活き活きした方々で溢《あふ》れる素晴らしい世界に近づくためのお手伝いをしたいと考えています。

誤解を避けるために——
能力の拡大は、スピリチュアルな理解を深める手段に過ぎません

スピリチュアル的な基礎をつくることが大切であると述べましたが、誤解を招かないためにも、ここで説明しなければならないことがいくつかあります。

「アシュタールメソッド」は、サイキック（超能力者）を養成するところではありません

「アシュタールメソッド」でワークをしていく中で、普通は見えないものが見えたり、聞こえな

かった声が聞こえたりするようになるなど、今まで閉じていた感覚が開いて、本来備わっている能力が開発されていくことがあります。そういうことを通じて自分の感性を信頼できるようになると、魂の声をよく聞けるようにもなります。

しかしながらそれは、誰しもがもともと持っている能力を開くことを目的としていて、人それぞれどの部分にアンテナがよく働くのかが違うため、もちろん個人差があります。足が速い人、お話が上手な人、泳ぐのが得意な人、料理が好きな人、笑わせるのがうまい人がいるように、人それぞれ得意・不得意があるのです。

もし、イチローに「野球って、誰でもできるようになれますか？」と質問したら、イチローはきっと、「そりゃ、誰でもできるようになれますよ！」と言ってくれるでしょう。でも、誰でもイチローと同じようにメジャーリーグで活躍できる選手になれるかというと、それはあり得ない話です。

サイキックな能力についても同じことだと考えればいいと思います。「オーラは見えるようになれますか？」と聞かれれば、私たちは、「どなたでも見えますよ」とお答えします。でも、オーラを見る世界的な第一人者になれるかどうかはわかりません。

「高次元のマスターの声を聞くことができますか？」と聞かれれば、やはり、「どなたでも聞けますよ」とお答えするでしょう。しかし、チャネラーとしての役割がある方かどうかは、わかりません（宇咲愛がセッションをすればわかりますが）。

ましてや、『『アシュタールメソッド』でチャネラーを養成するための特訓を行っています！」などということはありません。それぞれの能力を開いて、不可能だと思われていたことができるようになることは、スピリチュアルな理解を深めることの手段として有効ですが、あくまで、「見える・聞こえる」は、一つの側面に過ぎないので、サイキックのエキスパートを養成する目的では行っていませんし、さほど重要視していません。ましてや、普通の人が見えないエネルギーが見える人を、見えない人よりも優れているというように評価しているわけではありませんので、ご安心ください。

スピリチュアルを大事にする人が社会性を軽視してしまう誤解

スピリチュアルの業界では時折、「正しくイメージしていたら、私はそれだけで豊かさを引き寄せて大金持ちになれたのよ」というような方を一部お見受けすることがありますが、「アシュタールメソッド」で習得する宇宙の法則に照らして考えれば、そのようなことがあるわけはないのです。

また、それだけではなく、「この地球上ではネガティブな出来事が多く、陰謀をめぐらし、支配・コントロールしようとしている闇の存在がいる」などと言い、現実世界を必要以上に穢《けが》れているものと見なし、極力関わりを持たないようにして、働きに出るなどの社会生活を送ることに消極的な方がいらっしゃいますが、このようなケースも、もちろんおかしな話だと考えています。

ある意味当たり前の話なのですが、「アシュタールメソッド」では社会との関わりも重要であると考えていますので、社会から極端に浮き上がってしまうようなスピリチュアル思想や、社会からの逃避目的としてのスピリチュアル思想については否定的です。人間はスピリチュアル（霊性や精神性を持つ）な生き物であると同時に、極めて社会的な生き物でもあると考えています。

たとえ地球上が、闇に支配されて穢れてしまい、陰謀が渦巻いていたとしても、その地球に望んで生まれてきたのですから、ネガティブをポジティブに変換することを楽しむために来ているに違いないのです。正しく魂の声を聞き、本来の自分に戻り、能力を拡大するのは、この世界でワクワク楽しむためであって、逃げたり、浮き上がったりするためではありません。

今後「アシュタールメソッド」では、将来的には社会との関わりに加え、自然とのかかわりも重視するような立体的な取り組みを志向したいと考えています。サティシュ・クマールという主にイギリスで活躍中のインドの思想家がこのことをとてもうまく表現しています。曰《いわ》く、そのキーワードは、SOIL（土）、SOUL（魂）、SOCIETY（社会）という3つのSで表現されると言います。SOIL（土）は、自然を象徴したものです。そして3つのSの中心はSOUL（魂）で、健全な魂の自立があってこそ、その両側にある自然と社会との健全な関係をつくることができると考えます。「アシュタールメソッド」では、まず魂の自立支援を中心に始めていきたいと思います。

「アシュタールメソッド」で学べること／実際の生活で変容を起こす魔法の活用術

まず、この本の構成についてですが、私たちがどのような順序でテキストを進めていくのかをご理解いただければと思います。

この後の第1章から第3章までは、「アシュタールメソッド」のアウトラインに触れながら、目的別にテーマを絞り、実際の社会生活において、「アシュタールメソッド」での学びとその考え方を活用していく方法について述べたいと思います。

私たちは常々、「実際の生活に使えて、且《か》つ、変容を起こすことができるものでないと意味がない」ということをお伝えしています。「アシュタールメソッド」を英語で表現するときは、「カレッジ・オブ・ミラクルズ・イン・ライフ（College of Miracles in Life）」という表現を使います。「アシュタールメソッド」には、「日々の生活に奇跡を起こす」という意図が込められているのです。その意味でも、実際の生活場面において理解をしていただくことを目的として、目的別の魔法の使い方というような趣《おもむき》で構成したいと思います。

第1章では、現在社会で起こっているさまざまな社会問題や、増加している精神や肉体の病気についての捉え方などをテーマに、どのような魔法が使えるのかを説明していきたいと思います。

第2章は、ビジネスをテーマにしたいと思います。待ったなしのビジネスの場面において、売上アップや集客増加、スタッフ教育などの悩みは尽きません。そもそもお金儲《かねもう》けについてどのように考えるのか、お金儲けは悪いことなのか良いことなのか……などについて整理していきます。

第3章は、人間関係やパートナーシップについてです。人々が持つ悩みのほとんど（またはすべて）は、人間関係に起因するものだという考え方もあるくらい、人間関係に関する悩みは深いと言えます。とりわけ、男女のパートナーシップについては人類の永遠の課題と思えるぐらい、多くの関心が集まりますし、問題はつきません。「アシュタールメソッド」流のパートナーシップについて理解を深めていただき、さまざまな場面でお役に立てたらと思います。

第4章から第8章までは、「アシュタールメソッド」基礎コースのテキストと、その講義に相当する内容を惜しみなく掲載していきます。第1章から第3章で紹介した魔法の活用術の底流にある基礎的な考え方、理論やワークをしっかり習得していただくことが目的です。

実際の生活の場面ごとの活用はもちろん大切ですが、それを支える基礎的な理解が欠けていると、致命的な勘違いを起こしてしまうことがあります。同じことを行うにしても、それがどのような意図で、どのような意味づけで行われるかによって、その効果に決定的な違いが出てきてしまうのです。一見同じように見えることも、何が本質で何が本質でないのかをしっかり押さえておかないと、似て非なるものを受け入れてしまい、わからなくなるときがあります。そのときに立ち返ることができるように、基礎をしっかり身につけていただきたいと思います。

「アシュタールメソッド」は当初、感じるワーク中心のプロコース（現在のスターワーカーコース）からスタートしました。しかし、ワークを通じて感性が開いても、それを支えることができる基礎的な概念がないと、いとも簡単に、似て非なるものに流されることを経験しました。今まで感じることができなかったものが感じられるようになって、感性が開いた実感を得られても、そのことがどういう意味を持つのかが理解できていないと、それに振り回されてしまいます。宇宙の法則に照らしたときに、そこにおかしな点が生じないかどうかチェックする必要があるのです。

たとえば、高次元のアセンデッドマスターからのメッセージを受け取ることができたとしても、高次元の特徴を理解していないと、高次元ではない別のエネルギーを見分けることができません。コンタクトできる回路が開いていないときは、コンタクトしようがないので騙されることはありませんが、回路が開いたときに騙されないための基準を自分の中に確立していないと、コンタクトできるようになる前よりも間違いを犯すリスクが増大することになってしまいます。

いくら論理的に説明を試みても理解できないような、感覚でしか得られないことを感覚を使ってマスターすることも大事ですが、感覚だけを頼りにしていると、論理的に破たんしているようなことを、平気で言ったり行動したりしてしまいかねません。そのような観点から「アシュタールメソッド」基礎コースがつくられました。

宇宙の法則の基礎中の基礎・バイブレーションの法則（波動の法則）について

すべての物質は、原子というミクロの世界で常に動いている
「動いている」＝「エネルギーが発生する」
そのエネルギーを波動と呼ぶ！↓エネルギーは波のような動きをしている

さて、第1章からの実践的な魔法の処方の話に入る前に知っておいていただきたいことがあります。それは、宇宙の法則の基礎中の基礎であるバイブレーションの法則（波動の法則）についてです。第4章でも詳しく触れることになりますが、「アシュタールメソッド」でお話しする宇宙の法則の前提条件になりますので、第1章に入る前に軽く触れておきたいと思います。

この世界は、すべてバイブレーション（波動）で成り立っています。私たちはそのことを、バイブレーションの法則と呼んでいます。すべての物質は波動で成り立っており、すべての事象は波動を媒介としてもたらされています。波動がこの宇宙を構成しているすべてと言っても過言ではありませんので、その他の法則は、波動の法則という大きな集合体の中に含まれる状態で存在

しています。

この世の中に存在するすべての物質をミクロで見ると、原子レベルですべて動いていると考えられています。石や鉄のように硬いと感じられるものでも、原子レベルでは原子核の周りを電子が回っていますし、エネルギーが発生しています。人間を含めた動物の身体や植物も水と有機物を中心とした物質で構成されています。当たり前ですが、それらも原子で構成され、電子は原子核の周りを回り、やはり常に振動しています。

ハイゼンベルクの不確定性原理については第4章で詳しく述べますが、素粒子など量子物理学の世界では、波の性質と粒子の性質を併せ持つ相補性《そうほせい》（一方を確定すると他方が不確定となるような個別に測定できない量の性質）という概念で成り立っているという理解が一般的によく知られています。つまり、この世界に存在するあらゆるものを物質、非物質という概念で捉えることができるのと同様に、相補的な性質のもう一方には間違いなく波動という性質が存在しているのです。言い換えれば、すべては波動で成り立っているということが言えるのです。波動という言葉でイメージできる、光や目に見えない電波や音など何かしらエネルギー的に捉えられるもののみならず、形ある物、特に硬いと感じられるような物も含めて、すべてが波動で成り立っているということが言えるのです。

「動いている」ということは、そこに「エネルギーが発生している」ということになります。そのエネルギーの動きは「波のような動き」をしています。「エネルギーがある」ということは、そこには波のような動き、つまり波動が存在しているということになります。「アシュタールメソッド」では、この宇宙の法則をベースに、「自分は何者なのか?」を知ることで自分の人生の役割を理解し、悠々と自分が望む人生を豊かに生き抜く智慧《ちえ》にします。したがって、バイブレーションの法則(波動の法則)は、「アシュタールメソッド」の要《かなめ》の箇所なのです。

さて、皆さんは毎日の生活の中で、「目には見えないけれど何かを感じる」というご経験をされていると思います。たとえば「空気を読む」という言葉がありますが、その場の空気って目に見えているものではないですよね。目に見えていませんが「空気を読む」「空気を読めない人」などという表現を使っています。同じように「気がつく」「気が利く」なども使われています。それらも、「波動」なのです。

この世界は、目に見えていないけれど確実にある法則で動いています。たとえば、成功者と呼ばれている人々の共通点を統計学的に捉えて、一般的に成功哲学などとして体系化し、それを実践することで成功者になれると説かれていますが、実はそれらもこれからお伝えする内容のほんの一部分なのです。「ある法則」の全体像を知ることで、日常の私たちをめぐる原則、つまり、基本の流れの法則を知ることができます。その基本の流れを知ると、その法則をあなたの日常生活で実践的に使っていけるのです。

この「ある法則」とは、宇宙の法則です。地球上で私たちが体験する日常、つまり、好きになったり嫌いになったり、出会ったり別れたり、争ったり親しくなったり、勝ったり負けたり、豊かになったり貧しくなったり、喜んだり怒ったり、笑ったり哀しんだり、苦しんだり楽になったりなどなども含めて、この地球で体験することも宇宙の一部であり宇宙の法則で動いているのです。

喜びの波動を宇宙のヴォルテックスに共鳴させればミラクルが起きる

私たちの日常生活で起こっていることはすべて波動に置き換えることができます。私たちの肉体は五感を通じて情報をキャッチすることができますが、五感をはじめ、私たちの肉体は波動の変換装置でもあるのです。私たちの目は、波動をキャッチして映像に変換しています。耳は波動をキャッチして音に変換しています。鼻は波動をキャッチして香りに変換しています。舌は波動をキャッチして味に変換しています。そして、最も優れた変換装置は感情です。そして、その感情という変換装置は発信装置でもあるのです。もしあなたが感情的に不安になると、不安な波動を発信し、嬉しくて舞い上がるような感情になると、そのような嬉しい波動を発信します。

また肉体についている感情は自分の魂から湧き上がってくるワクワクする感情をキャッチし、発信することもできます。つまり、感情は魂の声を聞く変換装置であるとも言えるのです。しかしながら、魂の声を聞くためには肉体についている感情を静かにさせる必要があります。飛び上がるような嬉しい出来事があって、世の中がバラ色に見えているときは、きっとバラ色のサングラスをかけているのでしょう。逆に絶望的な出来事に遭遇して悲嘆にくれているときはグレーのサングラスをかけて世界を見ているかもしれません。このように感情的な状態になっているときには、残念ながら魂の声をキャッチすることができません。そのため、肉体についている感情を静かにさせる必要があるのです。

一時的に喜んだり、悲しんだりという感情は、肉体についている感情で反応していることが多いのです。たとえば友人からパーティーに行く誘いを受けたとしましょう。そのときはとてもワクワクして、二つ返事でOKしたのですが、いざその当日になってみると、なんだか行くのが億劫《おっくう》になってしまった……などというようなことがあると思います。それは、魂からのワクワクの声ではなく、肉体についた感情的なワクワクの声であり、一時的な浅いワクワクに従った結果、その当日になって気持ちが変わってしまったのです。魂から発せられる本当のワクワクは、この例のように簡単に消えてしまうような一時的なものではありません。

肉体の感情を静かにしているとき(感情的になっていないとき)に魂から湧き上がるワクワクが本物のワクワクです。本物のワクワクをキャッチするためには、感情的な気持ちを静めることが重要な第一歩となります。そして、感情をコントロールできると、発信する波動をコントロールできるようになります。そして、その波動が宇宙に届き、身の回りに実際に起こる現象として反映されてきます。つまり、発した波動が具現化するということです。そのメカニズムについてご説明いたします。

私たちの日常生活で起こっていることはすべて波動に置き換えることができます。私たちの目には見えない次元……宇宙空間には、「ヴォルテックス」というエネルギーの塊《かたまり》が存在していま す。その「ヴォルテックス」は、地球で起こる波動を司《つかさど》り、私たちの生活に影響を与えていま す。私たちが適切な方法で自分の望む未来に波動を合わせ（共鳴させ）、宇宙のヴォルテックスに共鳴させれば、どんどんあなたの日常生活の中でミラクルが起こってきます。

ミラクルが日常生活の中でどんどん起こってきたら「偶然」として済ませるのではなく、あなた自身が自分の生活をクリエイトし始めたのだと実感して、喜びましょう。「宇宙の法則に則って生活する！」と、ご自分で決めたのであれば、ミラクルが起こったら「喜ぶ」ということも決めましょう。「喜ぶ」という波動はとてもエネルギッシュなので、より強力なパワーとなって、宇宙空間へ働きかけるのです。すると、あなたの願望はいとも簡単にすいすいと実現していくのです。

「宇宙の法則」では、宇宙空間に存在しているヴォルテックスが、私たちが発信している波動をキャッチして、その波動に見合った未来を実現しています。これは、あなたが望む・望まないに関係なく、あなたが発信した波動で未来が決定しているのです。今までも、そう動いていたのです。つまり、ポジティブな波動を発信すればポジティブが実現し、ネガティブな波動を発信すればネガティブが実現してしまうのです。

忘れてはならないのは、あくまでも「あなたが発信する波動」で決まるのです。ただ、軽く思ったり感じたりするだけでは、あなたが発信する波動に変換されないので、未来には影響がない場合もあります。感情が強く動いたときには、しっかりと波動に変換されることでしょう。

宇宙には、地球を司る「ヴォルテックス」というエネルギーの塊が存在しています。その「ヴォルテックス」は波動を感知して、その波動に合わせた「宇宙の波動」を私たちに送ってくれています。そのようなシステムが宇宙にあるのです。

願望を実現するために我々が実行していくことは、私たちの魂エネルギーから発する波動を感情という波動変換装置に共鳴させて、日々の生活にミラクルを呼び込む「クリエイティブパワー」を創造することです。そして「クリエイティブパワー」が宇宙空間へと影響を及ぼし、宇宙に存在している「地球を運用しているヴォルテックス」へ伝わるのです。

レゴラス晃彦

［新装完全版］魔法の学校　目次

第3章

親と子、男と女の深遠なる関係性を知り、より良い人間関係を築きましょう　81

第4章 現実生活と密接に関わっている科学とスピリチュアリティ

ユニット② 科学的・学問的なロジックからスピリチュアルを考えましょう 137

ユニット③ 宇宙の法則・総論——バイブレーションの法則（波動の法則） 155

第8章

「ありのままのあなた」に生まれ変わる 波動調整法・完成編

カバーデザイン 三瓶可南子
扉ページ写真 宇咲 愛
カバー&本文イラスト yae works
校正 麦秋アートセンター

第1章

心と体の病気は、現代社会の問題と密接につながっています

肉体や感情に意識を傾けて、
病気を予防し、
本来の自分を思い出しましょう

子宮筋腫になってもたらされた気づき／女性性の否定から女性疾患が発症する

私（宇咲愛）は、長年、医療業界の中で、女性であることを捨てて闘う戦士のように働いてきました。そんな中、２０１０年に子宮筋腫となり、血液検査のヘモグロビン値が７・２g／dLまで下がりました（ちなみに、基準値は男性が13・1〜16・6g／dL、女件が12・1〜14・6g／dLです）。受診したところ、「このままでは心臓がもたない」と手術を勧められました。大学病院をいくつか紹介され、その中から手術を予約した病院の医師や看護師のサービス内容に疑問を感じた私は、その病院を後にしたときに「二度と来ない」と決意したのでした。

そのことを夫に伝えたところ、「子宮筋腫を治療せずに治した人」のホームページを教えてくれました。この頃、病院の待合室でたまたま読んだ本に「女性性を捨てて社会で闘って生きていると、いずれ女性疾患が発症する」ということが書いてあり、私はそのとき「これ、私そのものだ」と感じたのです。「肉体は大親友」ということを知り、「肉体は私に何を伝えようとしているのだろう」と意識を傾けた結果、どうやら私の生き方自体に問題があったのだとわかりました。

そうです。女性である自分を恥ずかしいとさえ感じ、闘って生きてきた、その生き方を見直すときがどうやらやってきたようでした。「手術をせず、何の治療も受けずに生き方を変えてみよう！」、私はある意味、自ら人体実験を試みることになったのです。そう決意した私は、2010年12月からアファメーションを開始し、女性性を否定し、闘う人生にピリオドを打ちました。するど、アファメーション開始1カ月後にヘモグロビン値が8・4g／dLになり、2カ月後には9・6g／dL、3カ月後には10・8g／dLと、ものの見事に1・2g／dLずつ改善されていったのです。もう今は、子宮筋腫の症状は何もありません。

なんでもそうですが、「頭ではわかっている」と言い続けていても、それを実践しないのでは、本当にわかっていないのだと思います。できない理由は山ほどありますが、まず実践に意識を向けることをお勧めします。

誤解しないでいただきたいのは、私は医療をすべて否定して、「なんでもかんでも肉体のメッセージで治しましょう！」と言っているのではありません。上手に医療と付き合っていくこと、そして、病気にならないための予防が必要であり、その予防として、肉体のメッセージに意識を向けることが大事なのです。

エクササイズ

肉体の声を聞いてみましょう！

あなたの意識を足の裏に持っていきましょう。次は、かかとに意識を向けましょう。

ふくらはぎを感じてみましょう。両ひざの裏の感触はいかがでしょうか？
次に、両太ももの裏側を感じてみましょう。両方のヒップはどんな感触でしょうか？
上に上がっていきます。腰の感覚に集中してみましょう。
腰の少し上のほうはどうでしょうか？　肩甲骨の周辺を感じてみましょう。
そして、両肩、両上腕部、両ひじ、両前腕部、両手首、手の甲、手のひら、
親指から順番に小指まで感じましょう。
次に、後頸部《こうけいぶ》、後頭部、頭頂部、前頭部、額《ひたい》、眉間、まぶた、頬《ほお》、鼻、口唇、あご、のど、
心臓、両肺、みぞおち、臍下部《せいかぶ》、両太もも、両ひざ、下肢、足首、足の甲、
親指から順番に小指まで感じましょう。

時折、あなたの肉体全体に意識を向けていきましょう。
そのうちに、肉体の違和感に敏感になってくるのがわかると思います。

ちなみに私は、
お風呂に入って体を洗うときに体の各部に「ありがとう」と言いながら洗っています。
これも、体に意識を向けるためのお勧めの方法です。

なぜ、ＰＴＳＤやトラウマの症状が起こるのか？／強烈な感情は武器になる

私たちは、勇敢な魂であればあるほど、自分自身にあらゆる体験を許可するような人生のシナリオを描いて生まれてきています。大半の人々が体験しないことをする設定にしていると、時にはその体験を今の自分が受け止めきれずに、心に傷をつけてしまいます。耐えがたい体験によって、その人の今までの日常生活のリズムが崩され、感情の取り扱いができない状況になるのです。

しかし、それは一時的なものなのです。感情は肉体についているので、魂が肉体から離れたときには、感情はなくなります。「この感情をどうコントロールしていくか？」がポイントなのです。

ＰＴＳＤやトラウマなどの症状はなぜ起こるのでしょうか？　誰もができないような普通ではない出来事を体験すると、感情と肉体が同時に変化します。肉体は大親友であるため、感情に肉体も付随して反応するのはとても自然なことです。先ほど、「それは一時的なものだ」と書きましたが、その体験によって起きる肉体的・感情的な症状を一時的なものにするのかしないのかは、実は自分が選んでいます。

ちょっとやそっとではできないような特別な体験をした人の周りの人々の反応は、どのようなものになるでしょうか？　周りの人々は、その人が普通でない状態になることを許すでしょう。「あんなすごいことがあったのだから仕方ない」と、その人が特別な状況になることを認めると思います。同情して手を差し伸べようとする人も出てくるでしょう。

初めのうちは、強烈すぎるその感情を使いこなすことができなくても、そのうち、自分の強烈な感情が湧き上がってきたら、それをおさめることができる人も出てくるでしょう。その強烈な感情が湧き上がったときに「感情を爆発させる」か「おさめる」かの選択ができるのです。無意識に選択しているのです。

しかし、その感情を爆発させることで得られる利益もあるので、ある意味とても強力なツールを手に入れたことになるのです。強烈すぎて扱い方がわからないこともありますが、利益を得たいときに、感情というツールを呼び出してしまうのです。そして、普通ではない状況になったときに利益を得る自分自身を認め、受け入れてしまいます。周りの人々も、その人が感情を爆発させるのは仕方がないと認めて、利益を与えることで、その人が得る快感を肯定してしまいます。周りの人々に効果があるうちは強烈な感情を利用し続けられますが、感情を爆発させても得る利益や効果がなくなると使う意味もなくなるので、感情を武器にすることをやめるようになります。このような仕組みが成り立っているのです。

特別でありたいと願う心理によって引き起こされること／うつの症状から抜け出すにはどうすればいいのか

私が多くの人々と接してきて感じたのは、「特別でありたい」という願望が根底にあって、それをあの手この手で満たそうとしている人が多いということです。たとえば、オリンピックで金メダリストになって特別になろうと試みても無理だったとか、何かポジティブな方向で特別になろうとしても、それを諦めてしまった人もいることでしょう。それが現状では無理だと判断した人の中には、自分の前世が特別だったと思い込みたい願望が出てきて、そう言ってくれる人を探し回る人もいます。

それを好都合とばかり、真実かどうかは二の次にして、商売としてお客様のニーズを満たすことに重点を置いているスピリチュアル業界の人々も目にします。そのような入り口がないと本題に入っていけない人々も社会には多く存在しているのです。ジャンプアップしていく過程の中で、そういうステージが必要な人もいるのでしょう。そんな人々が存在しているということは、その人々の役割でもあるのです。

そして、故意ではないにせよ、強烈な体験をして強力な感情を持ってしまった人は、そのこと自体が特別になってしまいます。特別でありたいと願う心理を持ち続けることで、なかなかその状態から抜け出せない原因となっている場合もあります。

次に、うつの症状をみていくと、無気力となって何も手につかない状態になることがベースにあります。軽いうつ状態は、日常的に皆さんのバイオリズムの中で起こることがあります。朝起きたときに、「無気力で何もしたくない」とか「生きる気力がない」というような状態です。

うつには、たまに起こる軽い状態から日常生活に障害をもたらす状態に至るまで、さまざまな段階があります。よく誤解されるのは、仕事がハードすぎて、精神的に強い疲労を伴ってうつ状態になっていく場合です。環境を変えれば症状が改善する場合は、病的とは言えません。内服薬を処方したがる医師が多いですが、正しく診断できていない場合は、投薬が適切な対応ではなかったりするのです。

そして、うつ状態に陥りやすい性格があります。几帳面《きちょうめん》で真面目、誠実で目標が高く自己評価が厳しい人に多いように思います。一生懸命で向上心があるのは素晴らしいことなのですが、頑張り屋さんのスイッチが入ったままだと休めない状態が続きます。オンとオフの切り替えを上手にしていく必要があるのです。そのコントロールが麻痺《まひ》してしまうと、うつの症状に陥ってしまいます。

また、うつの症状を持ち続けるのか・終わらせるのかの選択もある時点で可能となってきます。そのときに、先ほどお伝えした「特別でありたい」という願望が浮上してくるので、うつをある種の自己主張の材料として使うようになります。「自分と他の人は違うのだ」という主張をうつ症状として表現していくのです。自己主張の方法は、個人によって違っています。ストレートに伝えることができる人からそうでない人まで、千差万別なのです。

そして、うつの症状によって暗い穴倉の中に閉じ込められていると思い込んでしまいます。それを自分以外の誰かや周りの責任にしてしまうこともあるでしょう。自分以外の責任にしたほうが楽だからです。しかし真実は、自分自身が自ら望んで暗い穴倉に居続けることを選んでいるのです。その渦中にいる方は、それを強く否定されることでしょう。でも、それが真実なのです。

そこから抜け出そうと決心したときに抜け出せるのです。そして、他の誰かに助けてもらうのではなく、自らの力でしか抜け出すことができないのです。

でも、その穴倉よりももっと輝く素敵な場所をすぐ目の前に見ることができたら、喜んでそこへ移動することでしょう。それを拒む人もいるかもしれませんが、今そうなっていないから、そして現状を肯定したい気持ちから、今の状態を認めさせる材料を一生懸命探すでしょう。しかし、その理由を探し当てて山ほど並べてみても、その状態から抜け出せるのでしょうか。まずは、「今の自分が暗い穴倉にいるのは自分で選んでいるのだ」ということを受け入れることから開始しましょう。思いのほかすぐに抜け出す人は、素敵な異性がすぐそばに現れたときに、自然と明るい日差しのもとへ飛び出します。暗い穴倉を抜け出す決断のきっかけは、人それぞれなのです。穴倉に居続けようと選択するその他の理由として、「自分が普通であったら認めてもらえない」

と思い込んでいるケースがあります。「普通になるのが怖い」という感情があるため、「ありのまま」で存在することに恐怖を抱いてしまうのです。その背景は人それぞれだと思いますが、現代が「普通」を認めない社会になっていることもまた事実です。「ありのまま」で存在することやお互いに認め合うことがいかに自由で楽しく豊かであるかを体験していくことで、本来の自分を思い出すのだと思います。

ここに存在しているだけで素晴らしい。そのことを感じ出したら大成功です。

あのーー
マイクの調子がおかしくなるのは、
アシュタールのせい・・・？
さあー？
知りません。
ヒカルランドあるある
セミナー中、アシュさんがおりてくると、
本当によくマイクが故障するのです(笑)

第2章

宇宙の法則を使って、ビジネスで結果を出しましょう

イメージの現実化のコツは、
自分をワクワクさせて、
宇宙に委ねること

スタッフのやる気を引き出す教育方法とは？／目標管理システムは宇宙の法則に反しています

私（宇咲愛）は、医療介護業界で十数年ほど管理職として働いてきました。病院や介護施設で看護師長や看護部長を経験していく中で、やりがいを感じて取り組んできたのは、「人材育成」「組織システム改善」「収入アップ」などのことでした。

収入をアップするには、サービスの向上がつきものです。では、いかに効率よく、周囲にアピールしながらサービスを向上していけばいいのでしょうか。サービスを向上するには、人材育成が大切です。サービスを提供するのは「人」なので、結局「人」が重要になってきます。人材育成の中では、目標管理・コンピテンシーシステムやプリセプターシップ（新人看護師一人ひとりにそれぞれ先輩看護師がついて、一定期間マンツーマンの指導を行う教育方法）などに取り組んできました。今までそれなりの成果を挙げ、結果を出してきたと思います。

最終的には、某医療法人で高級有料老人ホームの施設長をしました。その施設の周辺は競争率が高く、高級有料老人ホームを手がける大手企業が集まってきていました。大手企業が手がける施設で入居率が50％になっていれば、よくやっているほうだと称賛される環境でした。

私が手がけた施設は、開設当初は別の施設長が任務にあたっていました。開設後半年たっても入居率が10%ほどしか上がらなかったため、私に白羽の矢が立ったのです。施設長に就任した私がまず手がけたことは、「スタッフの教育」でした。なぜスタッフ教育から取り組んだかというと、「集客アップ」をしてもサービスが充実していないと悪い噂ばかりが出て、結局のところ安定収入につながらないからなのです。サービスを充実させたうえで、同業他社とは違った戦略を立てないと、「特化した施設」にはなりません。しかし、いくらいいアイデアがあっても現場が対応できないと意味がないのです。

そのために必要なのは、スタッフの声をよく聞くことと、現場に意識を向けて、働きづらさの原因を探すことです。すると、スタッフも気づいていない無意味なシステムが存在していたり、労力が大きく動線が長くなる業務になっていたりする場合があります。いかにシステマティックに業務を遂行できるかをスタッフと一緒に検討していくことが大切なのです。

なぜならば、多くのスタッフはその業務に慣れ親しんでいるので、新しい方法を拒否する傾向が強いからなのです。トップダウンではなく、ボトムアップを狙うのです。提案はこちらから無理のないように少しずつしていき、スタッフが意見を出しやすい環境を整えて、スタッフの協力を得ながら進めるのです。

新しい何かを押し付けるのではなく、関係のあるスタッフに「これどう思う?」というように個人的に相談していくのです。すると、やる気のあるスタッフは、リーダー的な行動をとるようになります。リーダーは最初からリーダーなのですね。新しく入ってきたスタッフでも、最初からリーダーシップが感じられる人には、将来的に管理職への昇進をほのめかしていました。そうすると、やる気がある人は、どんどん自ら成長していってくれます。

多くの管理職の方々は、スタッフのやる気をどうやって引き出していくのかに頭を悩ませているのではないでしょうか。やる気を引き出し、成果を出すために「目標管理」というシステムを使用されている企業も多いと思います。毎年1年間の目標、上半期下半期での目標、そして月々の目標を立てるために、今の自分の課題を引き出して対策を考え、その対策をどれくらいのスパンでどれくらい達成していくのか――私もこれに十数年取り組んできました。

しかし、多くのスタッフは計画倒れで終わります。ひどい場合には、課題を見出《みいだ》すこともできず、ましてや対策を立てることもできず、何度も何度もアドバイスを重ねて指導していくプロセスをとります。これでは指導者の労力の割に効果が望めず、営業成績につながらないと思います。

今、私が思うのは、目標管理システム自体が宇宙の法則と真逆の考えだということです。目標設定をして、そのプロセスを踏んでいくという考え自体が可能性を奪う波動を出しているのです。自分のできていない部分に焦点を当て、それを改善していくという視点がそもそも間違っています。その人が得意とするものを、のびのびとした発想でいかに楽しくできるようにするか――そのためには、自由度を高くすることがとても大切だったのです。あとは、各々《おのおの》のスタッフの得意なことを知っておく必要があります。スタッフの長所をいかに伸ばしていくのかが、管理職の腕の見せ所なのです。

少し傲慢《ごうまん》な表現かもしれませんが、私はリーダーを育てることが大好きでした。リーダーが育っていくと、私の役割をその人に移行していけます。当時の私の目標は、「私がいなくても仕事が回る組織づくり」でした。私がいなくても仕事が回る組織ができると、私は別のゴチャゴチャしている組織を改善していくことができるのです。おこがましいですが、私は業界全体のサービスを改善していきたいと思っていました。

以前、オーストラリアの介護施設に見学に行ったとき、その施設の責任者が「私は、ここのスタッフを大信頼しています。私が年を取ったら彼らに看取《みと》ってほしいと思っています」とおっしゃっていました。この日本にそんな素晴らしい施設がどれほどあるでしょうか。

スタッフ教育は、その人の個性に合わせることが大切ですが、まずは、その人の仕事の適性を知ることが必要だと思います。その人が不適切な職に就《つ》いているのは、本人も楽しくないでしょうし、周りのスタッフにとっても不幸です。適性があれば、次はその人の仕事での抽象度を上げる教育をしていけばいいのです。

イソップ童話「3人のレンガ積み」から学ぶ教訓／仕事の抽象度を上げると、働き方が変わってくる

これは、私がよくスタッフに話していたイソップ童話です。

世界中を回っている旅人が、ある町はずれの1本道を歩いていると、1人の男が道の脇で難しそうな顔をしてレンガを積んでいました。

旅人は、その男のそばに立ち止まってたずねました。

「ここでいったい何をしているのですか？」

すると、男はこう答えました。

「見ればわかるだろう。レンガ積みをしているのさ。毎日毎日、雨の日も風の強い日も、暑い日も寒い日も1日中レンガ積みだ。なんでオレはこんなことをしなければならないのか。まったくついてない」

旅人は、その男に「大変ですね」と慰めの言葉を残して、歩き続けました。

しばらく行くと、一生懸命レンガを積んでいる別の男に出会いました。

しかし、その男は、先ほどの男ほどつらそうには見えませんでした。

そこで、また旅人はたずねました。

「ここでいったい何をしているのですか？」

すると、男はこう答えました。

「オレはね、ここで大きな壁をつくっているんだよ。これがオレの仕事でね」

旅人は「それは大変ですね」と、いたわりの言葉をかけました。

すると、意外な言葉が返ってきました。

「なんてことはないよ。この仕事でオレは家族を養ってるんだ。この仕事があるから家族全員が食べていけるのだから、大変だなんて言ったらバチが当たるよ」

旅人は、その男に励ましの言葉を残して歩き続けました。

さらにもう少し歩くと、別の男がいきいきと楽しそうにレンガを積んでいました。

旅人は興味深くたずねました。

「ここで、いったい何をしているのですか?」

すると、男は目を輝かせてこう答えました。

「ああ、オレたちのことかい? オレたちは歴史に残る偉大な大聖堂をつくっているんだ」

旅人は「それは大変ですね」と、いたわりの言葉をかけました。

すると男は、楽しそうにこう返してきました。

「とんでもない。ここで多くの人が祝福を受け、悲しみを払うんだ！　素晴らしいだろう！」

旅人は、その男にお礼の言葉を残して元気いっぱいに歩き始めました。

レンガ積みを「単なる作業」と考えるのか、それとも「たくさんの人々を救うための大事な仕事」と考えるのか、その心のもちかた次第で、仕事の価値は変わり、働き方も変わってくるという話です。

福山市教育委員会PDF（福山市立城北中学校の生徒指導だより）より引用

私がよくスタッフに伝えていたことは、

「この3人の男性のうち、誰の視点で仕事をしたいのか？」ということでした。

♛ 1人目のレンガ職人

「見ればわかるだろう。レンガ積みをしているのさ」

♛ 2人目のレンガ職人

「オレはね、ここで大きな壁をつくっているんだよ。これがオレの仕事でね」

♛ 3人目のレンガ職人

「歴史に残る偉大な大聖堂をつくっているんだ」

このお話は、どの職業の人にも当てはまることだと思います。自分の仕事の「目的」の抽象度を上げていくほどに楽しくなっていくということがよくわかります。

私は、介護職のスタッフに「あなたは、お手伝いさんじゃないのですよ。れっきとしたプロなのだから、プロの視点でプロの仕事をしましょう」と言って、その人に合わせて抽象度を上げていく具体的な言葉を伝えていました。あるスタッフには、「業界全体を変えていきましょう！あなたは、そのリーダーとなるべき人ですよ！」とさえ言っていました。

その人が楽しく仕事をしていると意欲が出てきます。全体的に仕事のしやすい職場にしていこうとすると、スタッフたちは管理職側が向上していくプロセスをよく見てくれています。そして、管理職と経営者の意見がぶつかっても、職場を働きやすくする方向で行動していく（管理職側の）波動をスタッフたちもキャッチしてくれるのです。

常識を破ることが成功の秘訣！集客アップするために必要なノウハウ

私は十数年間、管理職をしてきましたが、他の病院や施設の見学をほとんどしたことがありません。見学したら、その病院や施設のサービスの後追いや真似をすることになるからです。実は、集客アップのためのヒントは、自分の日常生活の中にあります。どこもやっていない「何かに特化したサービス」を目指すのです。

たとえば、病院や老人保健施設で看護師長時代は、「ジューンブライダル」「百均お買い物ツアー」「回るすしグルメツアー」などをしました。十数年前、入院中の高齢者の女性がメイクして、とっても活き活きしているお姿を拝見したことがありました。そして、私の実家で見た両親の結婚式の写真がヒントとなり、「高齢者の方々は文金高島田《ぶんきんたかしまだ》の和装しか着たことがないのかもしれない。ウエディングドレスとタキシードでファッションショーのような催しものができれば、喜ばれるのではないか？」と考えました。

スタッフたちに提案するとみんな大賛成してくれました。貸衣装店のレンタル上がりのドレスが安価で出回っていました。そして、6月に「ジューンブライダル」と銘打ってファッションショーを開催したところ、女性は目がキラキラと輝いています。男性はあまりご興味がないと思いきや、前日から興奮して眠れない人も出てくるほどでした。

記念写真を撮り、ご本人やお子様にお送りしたところ、いつも仏頂面でお見舞いに来る男性がわざわざ施設まで足を運ばれ、「母の写真がとてもきれいだったので、焼き増ししてほしい」と依頼されました。他にも娘さんたちからお礼の手紙をいただくなど、喜びの渦《うず》を感じることができました。この取り組みを開始した次の年には、業界専門雑誌記者から取材を受け、カラー両開きのページで紹介されました。

他にも、「高齢者は右肩下がりで当たり前」という常識を覆《くつがえ》し、3カ月で右肩上がりどころか不治の病と言われているパーキンソン病などの症状も改善するようなリハビリを手がけました。それは大阪府下で初めての取り組みで、成果が絶大だったため、毎日放送の取材を受け、テレビ出演も数回させていただきました。

これらの経験から今思うのは、今までの常識を信じないことが成功の秘訣ということです。多くの方が普通に求めていることに着眼しながら、常識を破っていくのです。つまり、「過去に生きない」がキーワードです。どこかの誰かの真似をする後追いではなく、特化する何かを自ら探すことがポイントになると思います。そうしていくうちに、それが話題となって、新聞の取材の依頼があったり、テレビ出演の依頼が来たり、無料でプロモーションできるようなご縁がやってくるのだと思います。

私が宇宙の法則に出合って集客したとき、自分の波動を調整することから開始しました。すると、次の日から営業も何もしていないにもかかわらず、見学者がどんどん来られました。集客アップは、宣伝広告費を使わなくてもできるのです。あなたがあなたの今の仕事にワクワクして、喜んで楽しんで取り組んでいるときの波動は、宇宙を動かします。そんなときには、きっと素敵なアイデアやインスピレーションが降りてくるでしょう。

老人ホームの入居率が短期間で急上昇した秘訣は「宇宙の法則」の実践／ミラクルを起こす願望実現方法

それはほんの3～4年ほど前のことですが、私は当時、山積みになっていた課題に次々と解決法を見出し、実践していきました。まずは、営業の戦略を練《ね》るために、この施設ならではの特別なサービス内容を考えていきました。経営者を招いての営業会議、戦略の統一、それに伴う営業ツールの作成、人材育成などなど……。すると、私がこの取り組みを始めてから半年後に、入居率は74％まで上昇しました。半年でここまで結果を出したことから、周辺の同業他社にも注目され、見学に来られた同業者からコツの伝授を依頼されたほどでした。

しかし、当時勝気だった私はその業績に納得できず、入居率を100％まで上げたいと決意していました。その頃に、この「宇宙の法則」と出合ったのです。そして、一か八かで、従来の手法とは真逆の方法でそれに取り組む決意をしました。今までの営業をすべてストップし、スタッフにも「ワクワク楽しいことをやっていこう！」と言いました。

それまでの私の業務は、毎朝始業する前に現場をラウンドしてチェックを行い、スタッフに指示して回っていました。しかし、「宇宙の法則」に則《のっと》った方法に変えたとき、毎朝指示して回る代わりに、7階建ての建物の屋上で未来に波動を合わせることをしました。現場のラウンドは継続しましたが、指示するのではなく、スタッフや入居者の皆さんの気分が上がるような言葉かけをしながら回りました。

「この施設に入居している方々がみんな幸せな笑顔で『あ〜ここにいられて幸せ』と言っている。それを受けて、入居者のご家族も『あ〜お父さんとお母さんが幸せそうで、ここに入居してよかった』と笑顔でいる（入居者のご家族は、実の父母を施設に入居させていることへの罪悪感を抱えている人がほとんどです）。勤務しているスタッフも『ここで働けて幸せ、やりがいがある〜』と笑顔でいる。その笑顔を見ている私自身がとっても幸福感に浸っている」

五感を使いながら、そんな具体的なイメージをして波動調整しました。するとどうでしょう。

私自身が対応せざるを得ないほど次々と見学者が来られ、どんどん入居契約が決まっていきました。それも、有名な某ベストセラー作家や某大手ホテルのオーナーなどです。入居率が半年かかって64％アップしたのが、2カ月間で51％アップし、つまり入居率125％になったのです。125％ということは、ウエイティングが発生しているということです。その数字は、後でついてきたものですが、今までお伝えした内容をすべて実施して宇宙に委ねてみたらこうなりました。私は、行政にベッド数を増床する申請を提出して、退職しました。

従来の手法と「宇宙の法則」を使ったやり方では、スピードや労力の違いが出てくることをご理解いただけたと思います。私に企業コンサルを申し込まれた経営者の女性がいます。「5年ほど事業をしているのですが、軌道に乗らない！」とのことでした。私がこの本でこれから述べる内容をすべて彼女に伝えたところ、彼女は1カ月ほどの間に真の人生のパートナーと出逢い、事業もスイスイと軌道に乗るようになりました。素直に取り組めば取り組むほど、ミラクルが早く起きてきます。

私の知人のある女性は、ご主人が職場で急に大抜擢《ばってき》をされて、この1年間で夢のようなことがどんどん実現しています。その女性の最新のミラクル情報は、宇宙の法則を使って、「プール付きの邸宅」に引っ越したことです。その女性とご主人と娘さんの3人それぞれが希望する家の条件をどんどん書き出し、みんなで未来に波動を合わせ、「きっとベストなタイミングでベストな家に住める！」と宇宙に委ねていたら、数カ月後、3人のすべての希望通りの家に引っ越すことができたそうです。ちなみに「プール付きの家」を条件に入れたのは5歳の娘さんだそうです。そして、最近ではご自分の役割をどんどん果たされ、活き活きと楽しく日々を過ごしておられます。多くの方々にそのようなミラクルをどんどん体験していただきたいと思います。

お金を強力に引き寄せるために、大きなエネルギーを使いこなせる器になりましょう

宇宙の法則の視点で考えると、「お金」はエネルギーであり、エネルギーの交換物の一つにすぎません。全体像から「お金」だけを分離して考えること自体が、宇宙の法則から離れています。宇宙では、必要なことはすべて整うのです。しかし、どんなプロセスでどんな整い方をするのかは、宇宙に任せる必要があります。

私が「アシュタールメソッド」の参加者からよく伺う事柄があります。それは、「『アシュタールメソッドに行って宇宙の法則を学びたいなぁ～』とか『自分の役割を果たすためのノウハウを学ぶのは、やっぱりアシュタールメソッドだよね』と思っていたら、基礎コースに参加する費用がどこからともなく用意され、しかもそれが参加料金と同じ金額だったので、『これはアシュタ

ールメソッドに行きなさい』ということだよね」と、ご参加いただくことになったそうなのです。あなたにとって、もし「お金」が必要だと宇宙が判断したのであれば、「お金」は必要な分だけ手元にやって来るのです。

たとえば、あなたがイタリア旅行に行きたいと思って波動を未来に合わせていたら、イタリアの大富豪の方と知り合って意気投合し、その方がすべてのチケットをプレゼントしてくれるかもしれません。そうすれば、あなたはお金がなくてもイタリア旅行に行けるということになります。もし、ビルを建てることにするとします。その場合、一般的な日本人は「ビルを建てるには何十億円必要なのだろう」と思いますよね。でも、他の国に行くと、「ビルを建てるために必要なのは、土と鉄骨と人だよ」ということになるのです。文化の違いで「お金」の解釈も変化するのですね。

私たちに必要なことは、「お金に対する批判や執着」を持たないことです。「宝くじを当てたい」という人がいますが、そのお金は何をするために必要なのでしょうか？　もしマイホームが欲しいならば、五感を使って、欲しいマイホームに住んでいるところをリアルにイメージするのです。そのほうが合理的だと思います。住みたい家やあなたが望む生活に波動を合わせていくことが何よりも近道であり、確実です。

私が自分の役割に気づき、今の役割へ移行したとき、夫はすでにその年、2011年6月に退職していました。私は2011年12月に退職し、その後どうなっていくかもわからない状況でしたが、ただただ宇宙を信じ、自らの役割を信じていました。「私に役割があるのであれば、どうにか生きていけるだろう」と考えました。

すると宇宙は動き、おかげ様で２０１４年2月に、StarVenus大阪オフィスと東京プライベートサロンをオープンし、同年10月18日、私の誕生日に株式会社として事業の法人化をしました。そして現在は、東京プライベートサロンを手放して、オフィスビルへの移転の話が進んでいます。

宇宙の法則的に言えば、「あなたに必要なものはすべて存在している！　整う！」のです。宇宙は豊かなので、すべての人に必要なものが存在しているのです。

「お金を引き寄せる」という考え方は、「今はお金がない」というふうに、自分からお金を遠くに切り離して、自分にはないものにして、そもそも存在しているものをわざわざ引き寄せるということになるのです。すべてはセットとして存在しているので、あなたが「私には、お金がない」と認めた時点でそのイメージが現実に反映されます。

そして、もう一つ言えるのは、「お金はエネルギー」ですから、大きなお金を使おうとするのであれば、その大きなエネルギーを使いこなさなければなりません。あなたの波動の器に合ったエネルギーだけが現実の世界に存在しているのです。

たとえば、30億円のお金を使いこなすには、あなたの日常の波動が30億円を使いこなせる器であることが大前提となります。「急に30億円が手に入ったら困る！　怖い！」と感じるあなたは、まずその大きなお金の波動に慣れることが大切です。

それでは、どのようにしてトレーニングするのでしょうか。たとえば、「あなたのお財布の中にいつも200枚の1万円札が入っている」とリアルにイメージができますか？　それをいつもスムーズにイメージできるようにしておきましょう。そして、自分の年収が30億円あるとイメージし、さらに、そのお金のエネルギーを使いこなしている自分の姿を思い浮かべる……そんなイメージトレーニングをすることです。そうしていくと、30億円のエネルギーを使いこなす感覚が整ってきて、その大きさの波動エネルギーを使いこなせるような器ができてきます。

この表現は私の感覚ですが、とにかくご自分でイメージしやすい方法で、お金というエネルギーをまるでエネルギーワークをするように使いこなすイメージトレーニングをしてみましょう。

第3章

親と子、男と女の深遠なる関係性を知り、より良い人間関係を築きましょう

真のパートナーに出逢い、
究極のパートナーシップを
手に入れる方法

あなたは両親を選んで生まれてきた／自分の視点が変わると過去の記憶まで変化します

この世に生まれてきたということは、「親子関係」のご縁があるということです。素晴らしい親の元に生まれてきて感謝の日々を送っている方もいらっしゃると思いますが、その逆もあることでしょう。私は、今の役割に気づく前、つまり2011年頃までは、後者だと思い込んでいました。宇宙の法則を知って、「親は自分で選んできた」と教えてもらっても、ピンとこない日々でした。

あるとき、私の人生の目標は「リーダーになること」、私の役割は「神（マスタークリエイター）の声を降ろして伝えること」だと知りました。そして、自分の幼少時代を振り返りました。

私の両親は共働きだったので、日中は伯母《おば》に育てられていました。その頃の私は、「自分にはパパとママが2人いる」と思っていました。伯母の家には2人のいとこ（5歳年上のお姉ちゃんと8歳年上のお兄ちゃん）、近所には小さな子供もたくさんいて、みんな私より1歳以上年上でした。私は、みんなからとても可愛《かわい》がられていたと思います。いとこのお兄ちゃんとお姉ちゃんがよく面倒をみてくれました。そんな環境の中にいたので、私は競争心が芽生えることもなく、自分の思いを表現せずとも望みがすべて叶えられ、何の不安もなく過ごしていたと思います。人間はみんな優しくて頼りがいがあって、私の面倒をみてくれるのだと、何の疑いもなく過ごしていました。

幼稚園に入る頃、お兄ちゃんとお姉ちゃんがいるパパとママは本当のパパとママではなく、伯父《お》と伯母だったことを知りました。そんな私は、幼稚園という場所に慣れるまで時間が必要でした。小学校に入学するときに、新一年生が全校生徒の前で徒競走をさせられました。私をいつも可愛がってくれているお兄ちゃんやお姉ちゃんが、一生懸命私の名前を呼んで「がんばれ〜。もっと、速く走れ〜」と叫んでいます。そのとき初めて、競争というものを知った記憶があります。大好きなお兄ちゃんとお姉ちゃんの言うことだからと、一生懸命走ったところ、案外ぴゅーんとみんなを追い抜いて一番になりました。このとき、「やればできる」ことも知りました。

幼稚園に入ってからは、伯母さんのところへ行く回数がぐんと減り、母と一緒に過ごす時間が増えました。母との生活では、怒られた記憶が多いです。私は成長していくにつれて、気づけば自分を守るために意見を言わざるを得ない状況が多くなり、よく自己主張していました。「親に口答えして！」とよく怒られ、「口答えではなく私の意見を言っているだけ」と、負けずに言い返したものでした。母は私を自分の分身のように感じていたのかもしれません。母の支配コントロールから一生懸命逃れようとしている私がいたのです。

そんな私は、自分の言いたいことを伝えるのが苦手な子供で、「いつも大人しいね」とよく大人から言われました。気弱で自分の意見が言えず、人からの依頼も断れないような性格だったと思います。しかし、母に育てられたことにより、知らず知らずのうちに自分の意見を言うことができ、自己主張するようになっていました。

私は看護師の道に進みました。某医療法人への就職が大きな転機となって、38歳で看護主任、39歳で看護師長に就任しました。その法人では7年ほどお世話になりましたが、スタッフもどんどん成長し、リーダー格のスタッフがほとんどになってしまうほどでした。他の法人と比較しても、優秀な人材が揃《そろ》った職場になっていたと思います。その頃、私は違う法人の理事長からオファーを受けて、お世話になった法人を退職することになったのですが、私と同時に退職するスタッフが18人になり、そのうち数名は私が新しくお世話になる法人についてくることになりました。

これは当時の私にとってショックな出来事でした。私が退職することによって、まとまりのある組織がものの見事に壊れていく姿を目の当《ま》たりにして、次回からは気をつけようと心したものです。そんなやりがいのある管理職の仕事を十数年させていただいたので、私の人生の目標であった「リーダーになる」という体験はクリアしたのかもしれません。私にその次の役割が舞い込んできたのが2011年でした。

人生の目標を素早くクリアできたのは、私をそのように育ててくれた母のおかげであることは言うまでもありません。しかし、腑《ふ》に落ちるまでは、いくら「あなたが両親を選んできたんだよ」と言われても、心の底では納得できなかったのです。「ふ〜ん。そうなのね。でも……」という感情が湧いていたと思います。

あるとき、私は瞑想中に自分の前世を思い出しました。前世を思い出すことで、今の父と母を選んだ理由がはっきりとわかったのです。それと同時に、父や母への感謝の思いが溢れてきて、涙がしばらく止まりませんでした。「私を生んで育ててくれてありがとう」、その言葉が私の頭の中で駆け巡ったとき、幼少の頃から今までに父や母が私に注いでくれた愛や行動が走馬灯《そうまとう》のように思い出されました。

それまでの私の人生の記憶は、「母にこんなことをされた、あんなこともあった」とネガティブな思い出ばかりだったと思います。でも、なぜ父と母を選んだのかを思い出したときから、私の記憶は父と母の温かい笑顔で満たされていました。「人間って不思議だなぁ」と感じます。同じ人生であるはずなのに、自分の視点が変わると過去の記憶まで変化するのです。

親子関係のお話は、「アシュタールメソッド」の参加者からもたくさん聞きます。ある方は、お母さんとの仲が良くなかったのですが、「女神のワーク」を一緒にしたところ、お母さんもご本人も涙が止まらず、今までの誤解がお互いに解け、素直な心で率直に話ができるようになったそうです。

子育てで大切なのは、子供を信じることです／母性とは無条件の愛

さて次は、私と私の子供たちとの関係について書いてみたいと思います。今までの話からもおわかりのように、私の子供たちは私を選んで生まれてきてくれたのです。私は、現在29歳の娘と23歳の双子の息子たち、計3名の子供の母です。29歳の娘は、昨年結婚して富士山のふもとで幸せに暮らしています。23歳の長男は、レントゲン技師として病院勤務、23歳の次男は公務員をしています。私は、「子供には子供の人生があり、私の魂とは別なのだ。私の子供として生まれてきたけれど、私よりも魂レベルが高い、尊敬に値すべき人物たちなのかもしれない」と思って育ててきました。小さい頃の子供は一人ではできないことがあって当然ですが、それを少し早くこの世に生まれてきた私がサポートしているような感覚がありました。

長女は、とても心優しい子供で、人のいい側面を見るのが得意でした。小さい頃から「ママの役に立つために生まれてきたのよ」と言っては、私を手伝ってくれました。双子が生まれたときもとても喜んで、おむつ交換やミルクをあげるのを率先して手伝ってくれました。

長男は、小さい頃からよく気が利く子で、私が玄関に立つと靴を揃えてくれたり、ドアが開いていたら閉めに走ったり、ディズニーランドなどに行っても、私のそばをなかなか離れませんで

した。私が看護主任時代に新規立ち上げ事業をしていた頃は、帰りが22時過ぎになることがあったのですが、そんなときには自転車で私を最寄りの駅まで迎えに来てくれました。私を心配したのか、寂しかったのか、どちらもあるかもしれませんが、彼は駅のロータリーを自転車でくるくる回りながら、いつ帰ってくるかわからない母を待っていてくれたものです。その姿を見たときに、「ごめんね、遅くなって」と涙が出るのをこらえたものでした。

次男は、陽気で活発、ピアノが好きな子供で、自宅で飼っていたゴールデンレトリバーを散歩によく連れて行ってくれていました。長男が保育園でガキ大将的な子にいじめられたときに仕返しに行ったほど、正義感が強くもありました。長男と共にボーイスカウトに入っていたのですが、いじめられやすい性質の仲間を、いつも温かい目でサポートしていたように思います。その正義感は大人になった今でも継続されています。彼もよく気が利き、さりげない優しさを感じさせる子供でした。私は今も彼から学ぶことが多いです。

そんな子宝に恵まれた私が子育てで気をつけてきたことは、その子の個性を尊重していくことでした。「危険なこと」「人に迷惑をかけること」「嘘をつくこと」は禁止し、きっちり歯が磨けるようになるまではガムとチョコレートは与えないようにしていました。子供にもわかりやすいような禁止事項を設けましたが、それ以外はなるべく自由にさせていたと思います。

「危険なこと」の中には、病気の感染症も含まれているので、「生水は飲まない」「水を口移ししたり、回し飲みしたりしない」などの注意もしていたと思います。そのため、家庭内でインフルエンザに感染することもなく、予防接種もきっちりしたので、「水痘《すいとう》」「おたふくかぜ」「はしか」などの感染症に罹患《りかん》したことがありませんでした。西洋医学ともバランスよく上手にお付き合いするといいと思います。

子供には子供の魂があり、この世に生まれてきた役割があります。親のエゴや価値観で子供の将来を決めるのは、宇宙の法則から見ても間違っています。私が子供３人を育てて感じたのは、「子供をいかに信じるか」ということです。夫は、子供たちを信じ切っています。私は、母として心配するときもありましたが、子供を信じることを学び、「母性とは無条件の愛なのだ」ということを理解しました。この宇宙を創ったマスタークリエイターは、私が子供たちを思う以上に私たちを無条件の愛で見守ってくれているのだと知ると、大きな安心感に包まれます。

自分に不満があると、期待外れな結果になる相手しか引き寄せられません

パートナーシップに取り組むときに欠かせない重要なポイントは、「いかに宇宙の法則に則って行動するか」ということです。何を隠そう、私が今の人生のパートナーと出逢ったのは27年ほど前になりますが、今思い返してみると、その当時の私の状況は、知らないうちに宇宙の法則に

則っていました。

彼と出逢った当時の私は、離婚が成立して、裁判所に通うことから解放され、当時のお姑さんからのDVから逃れ、看護師の国家試験に合格して、可愛い娘と共に再出発し始めたばかりでした。毎日が充実していて、キラキラしている環境に感謝と喜びを感じて生きていました。

私はバツイチ子持ちという境遇でしたが、彼は同い年で初婚、それもまだ出逢ったときは24歳という若さでした。大学を卒業して2年目という感じです。出逢った当初の私は再婚を考えておらず、彼と交際に至る前に、バツイチで子持ちであることを伝えました。彼は「今の若い女の子は、中絶している子も多いんでしょ？　あなたの場合は、子供を生んでいる、ただそれだけのこと。俺は全然気にしない」と言ってくれました。それどころか、毎週末に私の実家に来ては、娘（当時3歳）と遊んでくれたうえ、「娘が私たちの結婚を嫌がるのなら、成人するまで待つ」とまで言ってくれました。

私は、彼と出逢ったことで、自分の人生を浄化したくなりました。そして、自分のポジティブな部分を素直に出せるようになりました。そんな若い2人が結婚を決めたところ、なんと、ホテルの挙式・披露宴無料キャンペーンに見事当選し、ほとんど費用をかけずに挙式と披露宴をすることができたのです。今考えると、出逢ったときの私自身の波動が今のパートナーを引き寄せたのだと確信しています。

では、当時の私はどのような状態だったのでしょうか？　自分自身の日々の生活に充実感があり、何かの目標に向上心を持って取り組んでワクワクしている状況だったと思います。「自分自身が不完全であるから、完全になるために誰かを必要とする」というような発想はありませんでした。

宇宙の法則に照らし合わせると、こういう発想がある場合は、同じように感じている人を引き寄せてしまうのです。こんな2人が出会ったら、お互いに相手を当てにしているので、「あなた、私のこの欠けている部分を補ってよね！」となるのです。しかし、そんなにうまくお互いの欠けている部分を補い合うことはできないので、期待外れになってしまいます。「期待していた通りに相手が動かない」、あるいは「自分が期待していた能力を相手が持っていなかった」というような現象が起きると、お互いに不満が出てきて、相手に責任転嫁してしまいます。そうなったときに、相手へ不満をぶつける人もいるでしょうし、不満を持ちながらも「仕方がない」と諦めて生きる人もいるでしょう。その人たちが発している波動は、誰のためになるのでしょうか？

あなたの考えていることや波動がすべてを引き寄せています

私が最初の結婚をしたときの波動は、現在の生活からの逃避願望が強かったと思います。自分だけでは不十分だったので、誰かを必要としていたのです。その波動で引き寄せた相手は、外見はまあまあ素敵だったかもしれませんが、彼の母親が子離れできておらず、一人息子が親元から独立していくことを阻《はば》んでいました。

母親は、彼が「自分のもとから離れるのであれば容赦《ようしゃ》しない」とばかりに、職場の上司に彼を退職に追い込むために電話をかけ続けるなどの異常な行動を取りました。また、当時妊娠8カ月の私の髪の毛をつかんで、「おなかの子供なんかどうなってもよい」などと叫びながら、私を振り回したりしました。その現場には当時の夫とその父親もいましたが誰も助けようとせず、私が逃げられないように、入り口を仁王立ちになって塞《ふさ》ぐような状況でした。「このままでは、私も子供も殺される！」、私は恐怖を感じて、裸足《はだし》でその場から逃げ去るような有り様でした。いろいろなことがありましたが、この出来事によって最終的に自分の中で結論を出すことになりました。

妊娠中の私は、おなかの中にいる子供が大好きでした。その子には悪い影響を与えたくなかったので、憎しみや怒りの感情を持つことを避けるために、このような出来事があったときも冷静に判断していたと思います。私はこのとき、自分が選択した道が間違っていたことに気づき、元の道に戻ることを選択しました。そして、そのような人々とご縁を持ったことは、すべて自分の責任であったことにも気づきました。不安な波動や自分の欠落した部分を埋めたいという波動でパートナーを探しても、自分の欠落した部分を増幅する人を引き寄せるだけであることがわかりました。

不調和を解消するために行動するのではなく、まず、不調和は自分自身の責任で起こっている事実を受け止めて、不調和の解消に努めることが大切です。自分が存在しているだけで素晴らしいということに気づき、今の環境の良い面を意識して、感謝する気持ちにフォーカスしていくことから始めてみるのはいかがでしょうか？　それは、太陽の光の素晴らしさや、今あなたの周りに存在している人々への畏敬《いけい》の念や感謝です。自分にないものやなくなったものに意識を向けるのではなく、今あるものに意識を向けるのです。すると、あなた自身が輝き、幸せになるためにはどうしたらいいのかが自ずと見えてきます。どのようなものが見えてきても、すべては必然であり、自分の責任でもあり、感謝すべきことなのです。もしかすると、あなたの思い癖などが見え、手放すべきものがわかってくるかもしれません。そんなときは、「ありがとう」と言って、手放すものが見えたことに感謝して、光へ変換してみましょう。

あなたの考えていることがすべての引き寄せの中心となっています。誰かに頼るのではなく、あなたの外側に自分を素敵な気分にさせてくれる何かを求めるよりも、まずあなた自身が「素敵な気分でいる！」と決めることが大切です。

とにかく、あなた自身を輝かせていく方向へ自分のベクトルを合わせていくことです。すると、あなたが探し回らなくても運命の人が必ず素敵なタイミングで現れます。それは出逢った瞬間にわかります。そして、なぜかその人と自然と会うようになるのです。自分の好みではなくても、意外な感じがするのに妙に落ち着く相手であったりします。

私が今のパートナーと出逢ってから27年になりますが、何時間いても、何日一緒にいても飽きないのです。そして、どんなに長く話をしていても話題が広がる一方で、話が尽きません。現在、一緒に役割を担って、ほぼ四六時中行動を共にしていますが、毎日楽しく過ごしています。もちろん意見の相違もありますし、ケンカもしますが、次へと発展していくことがほとんどです。ケンカをしたときはお互い折れませんが、魂のつながりを感じて、それを深めていっているようにも思います。

真のパートナーとの出逢いは、あなたの人生を180度変えることがあるかもしれませんが、宇宙がサポートしてくれるので、ワクワク喜びの人生へと導かれることでしょう。

男性性と女性性の本質について、正しく理解しましょう

最近、男性性、女性性に焦点を当てたワークやセッション、講演などが関心を集めているようです。「今の世の中は男性性の強い社会なので、女性性を癒す必要がある」「あなたの中にある女性性を目覚めさせる」「男性性と女性性のバランスをとって統合させる」——そんなことをよく耳にします。

それはそれで結構なことだと思うのですが、「そもそも男性性や女性性とは一体何なのか」と

いうことが充分に検討されているのか怪《あや》しいものが多いように感じられます。また、男性性や女性性についての捉え方が漠然としていて、その捉え方を受講者に委ねっぱなしにしたまま、癒したり、統合したりしているケースも散見されるようにも感じます。女性性を強化するつもりが男性性を強化してしまうもの、男性性を強化するつもりが女性性を強化してしまうものなどが混在した状態になっているのではないかと思います。

男性の活躍の場が多く、圧倒的に男性が有利な社会で活躍を目指した女性が、自らの女性性を否定し続けることで起こる弊害は現代において深刻な問題の一つと考えられます。そのストレスから心身の健康が損なわれることは、社会的にも大きな損失なので、「女性性の回復」が重要な問題として考えられるのもうなずけます。

しかし一方で、日本は女性の進出が困難で男性が有利な社会であるにもかかわらず、最近の現象として、ある意味、感情的（ヒステリック）な女性のように振る舞う男性が増え、女性的な社会になっていっているようにも見えます。政治家はシングルイシューで民衆をあおるポピュリズムに走り、クレーマーやモンスターペアレンツは、以前だったら問題にならなかったような些細《ささい》なことを問題にし、マスコミは恐怖と不安をあおり、理性的で本質的な議論を後回しにする――昨今のさまざまな場面でこのような社会現象を見るとき、「現代は男性社会というよりも女性社会では？」と思えてきます。

私たちは、「男性性」「女性性」という言葉をそのときの状況に合わせて都合よく使っている可能性があるのではないでしょうか。そして、そのおかげで不必要なストレスにさらされ、間違った方向に力を注ぎ、その回復のために無駄な癒しを必要としているとしたら、これは重大な損失です。

私は、もし男性性と女性性の本質について、その定義をみんなで共有できるのなら、無駄なストレスを減らすことができると考えます。それはきっと、恋人や夫婦といったパートナーシップだけにとどまらず、親子や兄弟、会社や学校など、男性と女性が共存する社会のあらゆる場面で役立つものになると思います。

「男性とは、女性とは」という本質的な理解がなければ、女性性を回復するにしても、男性性を発揮するにしても、そのための手法は根拠を失ってしまいます。場合によっては、女性性を回復するつもりで男性性を強化してしまうようなアプローチをしかねませんし、そうしていても気づかないということが起こるでしょう（すでに起こっているようにも見受けられますが……）。

「アシュタールメソッド」は「自立支援」をテーマにしているので、その学びの内容は、誰にでも使えて、自分で判断できるようなものでなければ意味がないと考えています。「偉い先生に答えを聞きに行かないとわからない」というようなものでは使えませんし、「これは男性性？　女性性？」と迷ったときによりどころとなる考え方が必要です。それではまず、男性性と女性性についで考えていきたいと思います。

男らしさ・女らしさの定義は社会情勢によって変化します

一般的に「男らしい」とか「女らしい」と言われることにはどのようなものがあるでしょうか。例を挙げて考えてみましょう。

男らしさの例

- 行動力がある
- 攻撃が得意
- 大まかで雑
- 些細なことで動じない
- 勝負する、競争する
- 外に出て闘う
- 独立心が旺盛《おうせい》
- 冷静に判断できる
- 強いものが好き

女らしさの例

- 大人しくて控えめ
- 家や家族を守る
- 繊細・細やかな気遣いができる
- 傷つきやすく動じやすい
- 勝負よりも共感・協調が重要
- 優しい
- 依存心が強い
- 感情的になりやすい
- 美しいものが好き

他にもいろいろあると思いますが、代表的な特徴はこのような感じでしょうか。男らしさや女らしさについて考えたときに、これらは一般的にはそんなに外れていない内容だと思いますが、中には疑問を感じる方もいらっしゃるかもしれません。たとえば、「いざとなったら女性のほうが肚《はら》がすわってどっしりしていて、男性のほうが落ち着きなく慌てる」とか、「たくましい男性には出会ったことがなく、女々《めめ》しい男が多い」とか、「女性よりも男性のほうが傷つきやすいの

では？」などなど……。

なぜこのような違和感が発生するのかというと、男らしさや女らしさについて語るときに、生まれ持った本能的な性と、育っていく中で社会的に形成されていく性の混乱があるからではないかと思います。このことは一般的に、「生物学的な性（セックス）」と、「社会的に形成された性（ジェンダー）」に分けて考えることができます。しかし、巷間《こうかん》で気安く「癒す」とか「統合する」とか言われている男性性と女性性は、どちらについて語っているのかが疑問です。多くの場合、その部分には触れないで、曖昧《あいまい》なまま、雰囲気だけで行われているように感じられます。

たとえば、ジェンダー的な理解で考えると、本来の女性は大胆で、大ざっぱで、強い存在なのに、「あなたは女の子なんだから、乱暴はやめなさい」とか「優しくしなさい」「女の子だから傷つきやすいのよね」などと言われながら育ってきたために、本来持っていた性質と反対の「優しく、繊細で、控えめにすること」を「女らしさ（女性性）」と理解してきた可能性があります。

反対に、男性は傷つきやすく、泣き虫で、お母さんにすぐ甘えるので、「あなたは男の子だから、いつまでも泣いていてはいけません」とか、「強くなりなさい」「自分でちゃんと立ちなさい」などと言われながら育ってきたために、本来持って生まれたものではない性質を「男らしさ（男性性）」として理解している可能性があります。

そして、社会的に形成された性別であるジェンダーは、それを規定する社会によって定義が変化するということも言えます。国や地域、文化や伝統、時代やそのときの社会的情勢などによって、性的役割はいくらでも変化する可能性があるのです。それはたとえば、「卑弥呼《ひみこ》が生きていた時代には女性の力が重視されていたが、江戸時代では女性は控えめでなければならなかった。でも現代では、江戸時代ほど女性は控えめである必要はない……」というようなことです。

性のことを考えるとき、完全に社会との関わりを無視することは不可能かもしれませんが、できるだけ変化しないものを拠《よ》り所として、男性性・女性性の理解を深めたいと思います。つまり、社会情勢によって変化する性ではなく、生まれながらの性、生物学的な2種類の性として考えていきます。

話をシンプルにするために、この稿での前提として、性同一性障害やインターセックス（性器、卵巣・精巣といった性腺、染色体などが男性型・女性型のどちらかに統一されていないか、または判別しにくい状態）の事例は、とりあえず横に置かせてください。2種類の性、男性と女性についてて考えたいと思います。

すべての人は男性性と女性性をバランスよく使って生きています

この地球上には、女性と男性の2種類が存在します。そのことについて、生物学的特徴を拠り所として考えていきたいと思います。やはり一番の違いは、「女性は子供を産む、男性は子供を産めない」ということです。

その違いを基準に考えると、女性は受容的であるということが言えると思います。本来受容的な能力や素養を持ち、それをより強化することを求められて生きています。女性の身に起こる、生理、妊娠、出産、子育てという一連のプロセスは、時には女性の意思に反して起こります。ある程度はコントロールできても、完全に制御することは不可能です。

そして、それに伴って身体を通じて起こる痛みや苦悩、あるいは歓《よろこ》びについても、自らの意思で完全にコントロールすることは不可能です。生理の不快感に悩み、妊娠によって意図しない体調不良に苛《さいな》まれたり、新しい命と共にいる歓びを感じたり、出産による不安に駆られたり、命の誕生に感激したり……。そして子育てでは、予測不可能な赤ちゃんの挙動に毎日毎日振り回されたり、自分の思い通りにならない苛《いら》立《だ》ちを感じたり、子供が発した言葉や笑顔で救われたりします。全部受け入れるしかなく、受け入れることで愛を表現するのです。ゆえに女性性とは、受容的であるということを拠り所にできると考えられます。

それに対して、男性はどうでしょうか。男性は子供を産むことはできませんが、女性も男性なしには子供を産むことができない仕組みになっています。男性が女性に関わっていくということは、自らの意思です。自ら意図しない経験をさせられる女性とは正反対です。男性には、女性に起こる生理のような現象もありません。男性は意図して行動しないと何も起こらないということを経験し、「結果が出るのは意図して行動したからなのだ」というふうに考え、結果を得るためにそのアプローチを研究することに余念がないのです。ゆえに男性性とは、能動的であるということを拠り所にできると考えられます。

あくまでも一般論ですが、男性は「自分が関わったことで結果が得られた」と感じること、そして女性は「チャンスを引き寄せたり、つかんだりすることで結果が得られた」と感じることで満足感を得る特徴があると思われます。

そして、すべての人が男性性と女性性を両方併《あわ》せ持っていて、その時々に応じて、それぞれの特徴をバランスよく使いこなしていると言えます。また、その使い方やバランスのとり方も人それぞれなので、どれが良いとか悪いとかいう問題ではありません。女性だから何でもかんでも受け入れないといけない、能動的に何かをすることは正しくないということもありませんし、男性が何かを素直に受け入れるのは不自然なことではないのですから。

女性性の強化は、外見を変化させることから始まります

女性が受容的であるということをベースに考えてみましょう。受容的であるがゆえに、受け取る力や感受性が男性より優れていると思われます。それはたとえば、周りの人の動向に目を配りながら、複数のことをこなすようなマルチタスクな能力に現れたり、あるいは周囲の視線を男性

よりも敏感に感じたりすることで現れたりします。

女性は、自分が周りからどのように見られているかに敏感なため、お化粧をしたり、髪形や服装を気にしたりすることにつながるのです。この点では、男性よりもはるかに高い意識を持っていることは間違いないですね。「どのように見られているか」ということは、「自分は周りからどのようなエネルギーを送られているか」に敏感とも言えます。男性の目線だと「自意識過剰なのでは？」と思ってしまうかもしれませんが、一般的な男性は受け取る力が弱いので、そう感じてしまうのも仕方がないでしょう。

また、女性が外見を気にすることは、自分が望む人や物、意識などのすべてのエネルギーを受け取るための準備をしているとも言えるのです。受容的である女性性の真価の発揮は、いかに上手に引き寄せて、最も好ましいものを受け取れるかにかかっていると考えられます。機会（チャンス）をつくって、能動的に好ましいと思うものを取りに行く男性性ではなく、機会を待って受け取る準備を怠《おこた》りなくするという感覚です。そのような価値観で考えると、自然とどのように見られるかが気になり、ファッションやお化粧の仕方、仕草《しぐさ》を研究することにつながるのは、非常に理にかなっています。また、そのような行動は内なる女性性からの要求であり、女性性の強化につながることと言えるでしょう。たとえば、朝のお化粧がうまくいかなくて、あるいは髪形が決まらなくて一日中気分がブルーになるというのは、男性よりも女性にはありがちなことではないでしょうか。

このように考えていくと、女性は外見からの変化を内面に取り込みやすい性質を持つので、「自分を変えたい」と考えたときに、外見から変化を試みることは非常に効果的なのです。装いを変えてみたり、髪形やお化粧を変えてみたり、色遣いを変えてみたり、ジュエリーなどの装飾品を身につけたり、逆に装飾を減らしたり……。華美《かび》にするのか質素にするのか、明るくするのか暗くするのかなど、自分を変化させる内容については、その人が目指す好ましいものによって異なると思います。

このように、外見から自分を変えていくというアプローチは、特に女性の場合は自然なやり方であり、効果的であると言えるでしょう。これは女性性の強化に役立つことですので、女性性を強化したい男性にも同様に効果があると思います。

逆に、内面へのアプローチを強化することは男性性の強化につながります。「どのように考えて、どのように行動するのか?」「どのように行動すると、どのような結果を生むのか?」というようなアプローチをすることは男性性の強化に効果があります。男性が活躍するビジネスの世界で、男性顔負けの結果を出したい方々には意味があるでしょう。

すなわち、女性性を強化したいと願っているときに、「外見ではなく、中身が大事」と言わんばかりに、外見にとらわれる気持ちを否定して、内面の強化によって変化を求めるアプローチをすることは逆効果だと思われます。それは、「女性性は受容的である」ということに依拠《いきょ》して考えるとき、一般的に女性が苦手とする手法であり、男性性の強化につながるアプローチなのです。

また、それゆえに女性にとっては新鮮に感じられ、受けが良く、修行している実感の強いアプローチと言えるのかもしれません。

ただ、内から外への変化を推奨することについての発信源は、ほとんどが男性です。中身が変わらないと外見を気にしても意味がないというのは、朝、出かける前に髪形が決まらなくてもさほど気にならないという男性的な感覚の裏返しです。

内観することの意味と考え方／男性的なアプローチでは女性性を伸ばせません

自己啓発や心理学、スピリチュアル的なアプローチなどのさまざまな場面で、内観することが推奨されているのがよく見受けられると思います。これは、「すべての現象は内面の発露《はつろ》であり、その投影である」とか「自分の外側で起こっている物事をどのように捉えるかでその価値が決まる」という考え方がベースになっています。その考え方の中には、自分の外側で起こっていること、あるいは自分の周辺が物事をどう捉えているかで自分の内面が形成されていくという概念はありません。つまり、内観することで周りに起こっている、または起こっているように見える現象の原因を見つけて、それを修正すれば、起こっている（ように見える）現象も修正されるという、原因から結果への因果律がベースにある考え方なのです。

男性性・女性性の観点から考えると、これは明らかに男性性を強化するアプローチであり、いかにも男性が思いつきそうなアイデアです。自分が望む結果を得るために原因を改善しましょうと考えるのは、女性性ではありません。

私たちは、男性性と女性性の両方を持ち、そのバランス（必ずしも半々ではない）をとりながら、人生を歩んでいます。どちらかだけしかないということはあり得ません。内観しながら女性性を強化することは不可能ではないと思いますが、冷静さと温かさを同時に伸ばすのが難しいように、内面の強化で女性性を否定してしまうことがないように注意する必要があります。もし「内観で女神性を伸ばす」というようなワークがあったとしたら、それは相反するものを同時に伸ばすことなので、非常に高度なワークと心得なければならないでしょう。

男と女の考え方・感じ方の違い／正しくあろうとする男性と、いい人であろうとする女性

では引き続き、「女性性とは受容的なものであり、男性性とは能動的なものである。その根拠として、生物学的に女性は子供を産むという機能があり、男性は子供を産ませるという機能があ

る。ゆえに女性性は受容的、男性性は能動的である」という理解をベースに、男性性・女性性についてさらに考えていきたいと思います。

男性にはなかなか理解しづらいかもしれませんが、女性にとってコミュニケーションは愛情表現の一つであると言えると思います。まず、共感することを大切にする傾向があります。それは、この環境で自分が受け入れられることを確認し、協調していける安心感があるかどうかが重要になるからです。それは、子供を産み育てるという本能に関連しているのと、自分の周りの人が自分をどう扱ったかどうかで自分の価値を測る特徴があるように思われます。

パートナーに対して求めることも同じだと言えるでしょう。女性は、相手の男性に特別に扱われたかどうかで、自分の価値を測定する傾向にあります。なぜなら、女性は受け入れることで愛を表現する性であるがゆえに、自分が受け入れられることで愛されていると理解するからです。

男性・女性にかかわらず、すべての人は自分にしてほしいことを他の人にしようとします。女性は、自分がしてほしいことはきっと他の人もしてほしいことだと理解しているので、周りの人が自分に受容的かどうかで、周りの人の自分に対する愛を測ることになるのです。

女性にとって理解しがたいと思われる男性の価値観は、「結果に重点を置くところ」です。自分が関わったから結果が得られたと実感したいのです。男性は、仕事などにおいて「僕が○○した結果、△△が見事に成功したんだよ」というような自慢をする傾向があり、自分の行動やアイデアがどのような結果になったかに強い関心があります。男性は、行動や結果のレスポンスを通して自分を知るため、男性は周りの人やパートナーに評価されているときに安心感を得ることができます。女性の場合と同様に、自分にされたら嬉しいことをパートナーに求めてしまいます。

たとえば、妻が夫に「今日、職場でこんなことがあったのよ〜」と、仕事で問題になったことや自分が感じたことを話しだしたとき、それを聞いている夫が話をさえぎるように「あ〜それは簡単なことだ、こう考えればいいんだよ」とアドバイスを与えたとします。すると妻は、「あなたは私の話をまったく聞いてくれない！」と怒りだしてしまい、夫は「いや、聞いていないどころか、ちゃんと聞いているから僕のアドバイスを伝えられるんだよ！ 何を怒っているのか全く理解できない」と戸惑《とまど》いながら返答する……そのようなご経験のある方も多いのではないでしょうか。実は私たちの間でも、しょっちゅうあります。

この場合、妻はきっと、そのときの職場で感じた感情や問題意識を否定されて、さらに「それは、君の能力がないからそうなっているんだ」というふうにバカにされたように感じるでしょう。なぜならば、女性にとっては感情レベルで共有したいためコミュニケーションをとっているのに、夫はいきなり問題解決のアドバイスを行い、なんら共感することのない返事をしてしまっているからです。共感することが愛情表現である女性にとっては、「きっと私への愛がなくなったんだ」と感じられるのでしょう。

しかし夫のほうは、共感することよりも結果を得ることのほうが大切なので、「妻は問題を解決するためのアドバイスを必要としているのだ」と感じ、感情的なことよりもアドバイスすることを最優先してしまいます。夫は、自分の考えを述べ、「自分ならそうしてほしい」と思うことを行っているのです。

往々にして、相手の力になりたいという思いが強いと、お互いが自分の最も望むやり方で問題を解決しようと真剣に望めば望むほど衝突してしまうことがあります。それは、お互いの違いを知らないがゆえに起こるトラブルであり、男性は、女性が受容的であるがゆえに受容的な態度を望んでいることを知り、女性は、男性が能動的であるがゆえに能動的な態度を望んでいることを知ることができれば、そのストレスを解決することができるでしょう。

既婚の女性の方は、夫が仕事から帰ってきても、ロクに話もせずにテレビやゲームに没頭してしまうようなことはないでしょうか。そして、「今日の会議はどうだった？」「電車に遅れそうって言っていたけど、間に合ったの」などといろいろ聞いてみても、夫は「別に」「あ〜大丈夫だよ」と気のない返事をして、両方とも不機嫌になったことはありませんか。きっと妻は、仕事でいつも疲れている夫をいたわりたいと思って話しかけているのですが、夫は「仕事で疲れているんだから、家に帰ってきたときぐらい自分の好きなことをさせてくれよ」などと思っているのです。

女性は誰かに感情を共有して、受け入れられることで、気持ちを整理して安心したりリラックスできたりするので、疲れた夫に少しでもリラックスしてほしいと思って声をかけているのですが、夫の態度から「お前とは共有したくないんだ」と言われているように感じられて、とても傷つくことでしょう。

一方、結果が大切で感情の共有が理解できない夫は、なぜ妻が不機嫌なのか全く見当もつかず、「そんな細かいこと気にしなくて大丈夫なのに」と、細かいことをいちいちチェックされて、まるで子供扱いをされたような心境になるでしょう。男性は、誰かとしゃべるよりも自分で内観して整理して気持ちを整えたいと考えているし、妻にもその時間が必要だと思うので、あれこれ聞かずにその間合いを保とうとしているのです。そして夫は、「そんな細かいことより、なぜ僕の仕事の成果を褒めてくれないんだろう。僕がこんなに頑張っているのに、彼女はどう考えているんだろうか?」と感じるのかもしれません。

一般的に、男性はじっくり考え、確かめてから話すことを好みます。主張するために話すので、熟考して考えをまとめて内観する必要があるのです。それに対して女性は、いろいろとしゃべりつつも、周りの反応を見ながら考えをまとめるのが得意です。そして、主張があるから話すというよりも、外に打ち明けることで感情を整理し、何が大事か核心部分に迫ろうとしているのです。お互いに相手を思いやるからこそ、妻は夫に話しかけ、夫はあまり話さずに、双方とも自分ならこうしてほしいと思うやり方で相手に接していることが、亀裂《きれつ》を生んでしまうという皮肉な結果をもたらしています。

女性は受容的であり、男性は能動的であることを前提にこの話題を分析すると、女性は周りにどう受け入れられるかを確認するために話す必要があり、男性は結果に至る原因や思考を分析するために黙る必要があるということでしょう。

「周りにどのように受け入れられるか」を優先する女性は、ともすれば周りに拒絶されることを恐れ、できるだけ多く受け入れられるために、いい人になろうとしがちです。自分のパートナーに愛されたいので、自分のパートナーにとっていい人になろうとして、無意識のうちに自分を犠牲にして、自分が何を求めているのかわからなくなる場合も多いようです。

一方で、男性はより確かな結果を得るために、間違いのない方法や技術、考え方に傾倒していきます。そしてより確かな結果を得られると思われるやり方や考え方が正しいと思い込み、好きか嫌いかなどの感情を軽視してしまいがちです。そして、それをパートナーや周りに押し付けて、相手が間違っているのなら正すべきだと考え、相手が正しいのなら自分の間違いを指摘できるはずだと考えてしまいます。

正しくあろうと思う男性。いい人でいようと思う女性。この違いに気づかないことが、男と女で噛み合わないケンカをしてしまう原因になっていると思われます。

自分の抑圧された男性性・女性性と向かい合うことで成長が促されます

男性は、女性に対して一度愛していると言ったらずっとそうに決まっているのに、女性がたびたびその愛は今も継続しているのかの確認を要求することを不思議に感じています。男性からすると、なぜ何度も確認されるのか疑問なのです。

（何度も述べているように）女性は受容的であるがゆえに、周りからどう評価されているかで自分自身の価値を測るところがあります。つまり評価は周り次第であり、周りが変わればその評価も変化する可能性があることを知っているのです。そのため、評価が変化していないのかをたびたび確認する必要があると感じるのでしょう。それに対して男性は、得られた成果によって自分の価値を測定します。妻が目の前にいる限り、その成果は変わらないので、たびたび確認する必要を感じないのです。

誰しも自分の中にある男性性・女性性のバランスをとりながら生きていることは間違いありません。男性が男性性だけで生きようとすると、自分勝手で独りよがりな正義感だけで内にこもってしまうでしょう。また、女性が女性性だけで生きようとすると、いい人であろうとしすぎて、自分が本当は何を求めているのかがわからなくなるでしょう。男性性と女性性、この両方のエネルギーが必要で、それを求め合っているとも言えるでしょう。

男性的な女性は、女性的な男性を求めがちで、女性的な男性は男性的な女性を求める傾向があるようです。それは、お互いにない部分を求め、補い合おうとしているように見えるのですが、実はもっと深い意味があると考えられます。

男性的な女性は、自分の中の抑圧された女性性をたくさん持っていると言えます。相手の男性が女性的であれば、表面的には補い合うだけに見える関係ですが、やがてその男件の女性性の部分から、自分自身の抑圧された女性性が刺激されることになります。そして、自分の抑圧された嫌な面を垣間《かいま》見るような気持ちになって、相手にうんざりしたり、嫌いになったりするかもしれません。

それは、とりもなおさず自分の女性性に対するメッセージなので、それを乗り越えるには自分の抑圧された女性性と向かい合うしかないのです。結局のところ、自分の中に抑圧された女性性を認め、それを成長させる以外に解決方法はなく、その意味で、女性性の強い男性が、自分の女性性を刺激するので成長を促すことになる相手と言えるのでしょう。

男性的な女性に惹《ひ》かれる、女性的な男性側から見た場合も同様で、相手の中にある男性性に刺激されて、自分の中にある抑圧された男性性が嫌になって情熱が冷めることもあるでしょう。しかし、本当は男性らしい男性として評価されることを望んでいる抑圧された男性性を認め、相手の女性に男性性を代償してもらうことから離れない限り、理想的なパートナーシップを築くことはできません。

相性の良い相手とは、相手を変えようとしたり、自分を否定したりせず、違いを認め、刺激し合う関係であると言えます。自分がより自分らしくなるための刺激を受け、そのことがお互いの関係をより強いものへ変えていけるようなあり方が理想ではないでしょうか。

スピリチュアル的な理解を加えると、女性性とは子供を産む力であり、つまり見えない魂エネルギーを胎内に宿して子供という形にして育てる力を持っているということです。いわば、「無から有」、「空から色（※151ページ参照）」とも言えるでしょう。それに対して、男性性を「有から無」、「色から空」と考えると、これは何を表すのでしょうか。それは、形あるものに魂を入れるというようなことを指しているのだと思います。

女性性は受容的な力＝感受性が強いので、見えないエネルギーを受け取ることにも長《た》けていると考えられます。ですので、巫女は女性なのです。巫女の力とは、通常の五感では捉えられないエネルギーを感じることであり、それに対して、審神者《さにわ》は男性ですが、男性性の力は通常五感で得られる情報を駆使《くし》して冷静に判断する力と言えます。原因から現象を変える／考えるのが男性性、現象から原因を変えられるのが女性性です。脳で言い換えれば、女性性は右脳的で、男性性は左脳的ですね。

男性は成果を重視します。自分の出した成果に注目しているということは、つまり、未来を見ているのではなく、過去を見ています。なぜ過去を見ているのかというと、死ぬことを意識していて、「自分が死んだ後にどういう結果が残るのか」という視点で人生を見つめているからです。そして、命の使いどころを探しているとも言えます。「使命感」とは男性性の言葉だと思います。

それに対して、女性性は生命を生み出し、生命を育《はぐく》む役割がありますので、生きることを見つめています。どう生きていくかに関心があり、未来を見ているのです。過去に出した結果への執着は、男性よりはるかに少ないと言えます。「どう生きるか」という視点で人生を見ていますので、命を使う（使命）という感覚よりも、役割を果たすという感覚に近いと思います。女性が時に男性よりも現実的な面があるのは、生きることに関心が強いからでしょう。

かつて日本には武士がいて、彼らは生き恥をさらすよりも名誉ある死に方を好みました。男性性は「すること」を象徴し、女性性は「あること」を象徴しているとも言えると思います。

第4章

現実生活と密接に関わっている科学とスピリチュアリティ

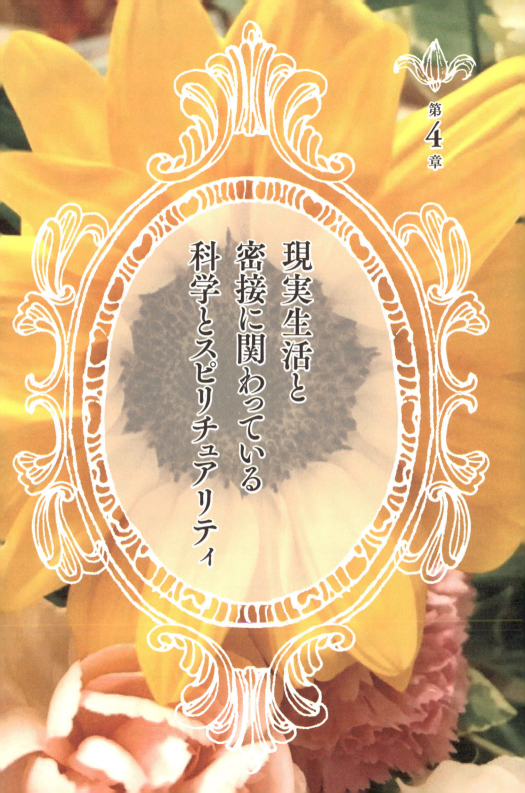

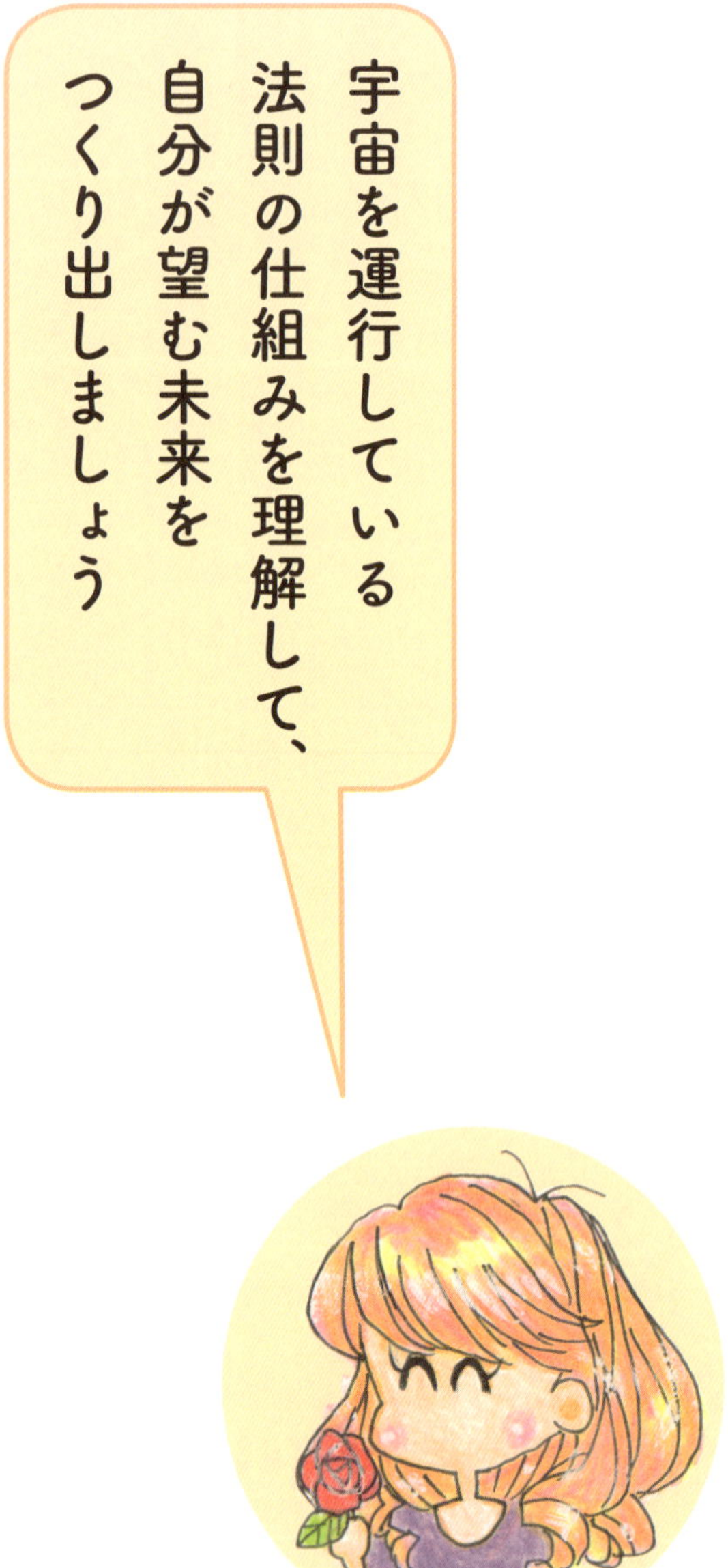
宇宙を運行している法則の仕組みを理解して、自分が望む未来をつくり出しましょう

ユニット①

あなたの脳で何が起こっているのか、その働きを知りましょう

コーチング理論で最も優れた願望実現方法とされているのは「アファメーション」

第4章から第8章までは、「アシュタールメソッド」基礎コースの各テーマに相当する内容になります。まず、この章の初めに、「スピリチュアルは科学的ではない」という考え方に対して異論を唱えてみることにしました。「スピリチュアルは科学的、あるいは学問的な捉え方ができない」などというのは、全くのフィクション（つくり話）であることを示し、スピリチュアル的な視点が、科学的な視点より劣るかのような錯覚を取り除くことが狙いです。

もともと科学もスピリチュアルも既知《きち》の理解ではわからないことを解明しようとする取り組み

であることから、その根っこにある動機は全く同じであるはずです。それにもかかわらず、「科学的ではない」、あるいは「論理的ではない」という批判に対して、卑屈になったり、引け目を感じたりする方が案外多いので、まずそのような概念を捨て、一般常識のブロックを一つでも外していただきたいと思います。

それではまず、最先端の脳科学、認知心理学、コーチングなどの学問的・専門的な取り組みから生まれた結論が、スピリチュアルの世界で認識されていることと共通していることを学びましょう。

たとえば、イマジネーションやアファメーション（肯定的な言葉で自分自身に宣言すること）などを実践するために、必ずしも理屈が必要なわけではありません。しかし、いきなり感性に訴えることに抵抗のある人がまだまだ多いのが実情ではないでしょうか。この章を通じて学問的・専門的な理論について理解を深めていただくことで、スピリチュアリティの必要性を認識する一助になれば幸いです。

アメリカでは、もともとスポーツの世界で使われていたコーチング理論が、ビジネスや教育機関、政府などの公的機関でも有効であることが認められて発展してきました。そのコーチング理論の発展には、認知心理学をはじめ、社会心理学、脳機能科学、精神医学などの分野の世界一流の専門家が関わり、それらの理論をわかりやすく取り入れて、実際のスポーツ界やビジネス界、教育界の現場で活用されてきた背景があります。

今やコーチングと言えば、ビジネスの世界の用語になっているくらいですが、その最新の知見によると、困難な目標を達成するために最も有効な手段が「アファメーション」であると言われています。スピリチュアルの世界では、たとえば新月のときに実現したい願い事をアファメーションとして紙に書く……というような手法が比較的よく用いられています。そして、最新の学問的な知見を駆使したコーチング理論でも、「願望を具現化するためには、アファメーションが効果的」との結論に至っているのです。

もちろん、このコーチング理論においては、「引き寄せの法則」的な「自分の外に何か特別なエネルギーが存在していて、そのエネルギーの力を借りて……」というような考え方はしません。また、「宇宙のマスタークリエイターの意思が……」というように、自分の外に原因を求めるスピリチュアル的な考え方も決してすることはありません。すべては自分自身の脳の中で起こっていることであり、脳内の働きとして説明できるという、いわば唯脳論的な立場です。一般的に、その考え方の違いが科学的と非科学的の境をなすものと考えられているとも言えます。

そのような科学的な見地に立っているコーチング理論で、願望を実現するための最も優れた手段だとされているのが、スピリチュアルな世界で一般的に利用されている「アファメーション」であることがとても興味深いと思われます。

脳が情報を認知するメカニズム／無意識のうちに必要・不必要な情報を判断する網様体賦活系《もうようたいふかっけい》の働きで「盲点」が生まれる

では、どのようなメカニズムでアファメーションが有効だと考えるのかについて学んでいきましょう。まず、我々の脳はどういうメカニズムで物事を認識しているかを理解していきたいと思います。脳は五感を通じてキャッチした情報を都合よく簡略化する性質があります。それは、網様体賦活系の働きとして知られています。

私たちは、脳に入ってくる信号を次のような順番で処理していると言われています。

1. 五感から信号をキャッチする。
2. その情報は必要かどうかを判断する。
3. 必要な情報に注意を向ける（フォーカスする）。
4. その情報が自分にとってどのような意味を持つのか、意味づけする。
5. その情報が今の自分に不必要だと判断した瞬間、あたかもそこには存在しないかのように、信号をキャッチする能力をシャットアウトしてしまう。逆に、「今の自分に必要だ」と判断

網様体賦活系

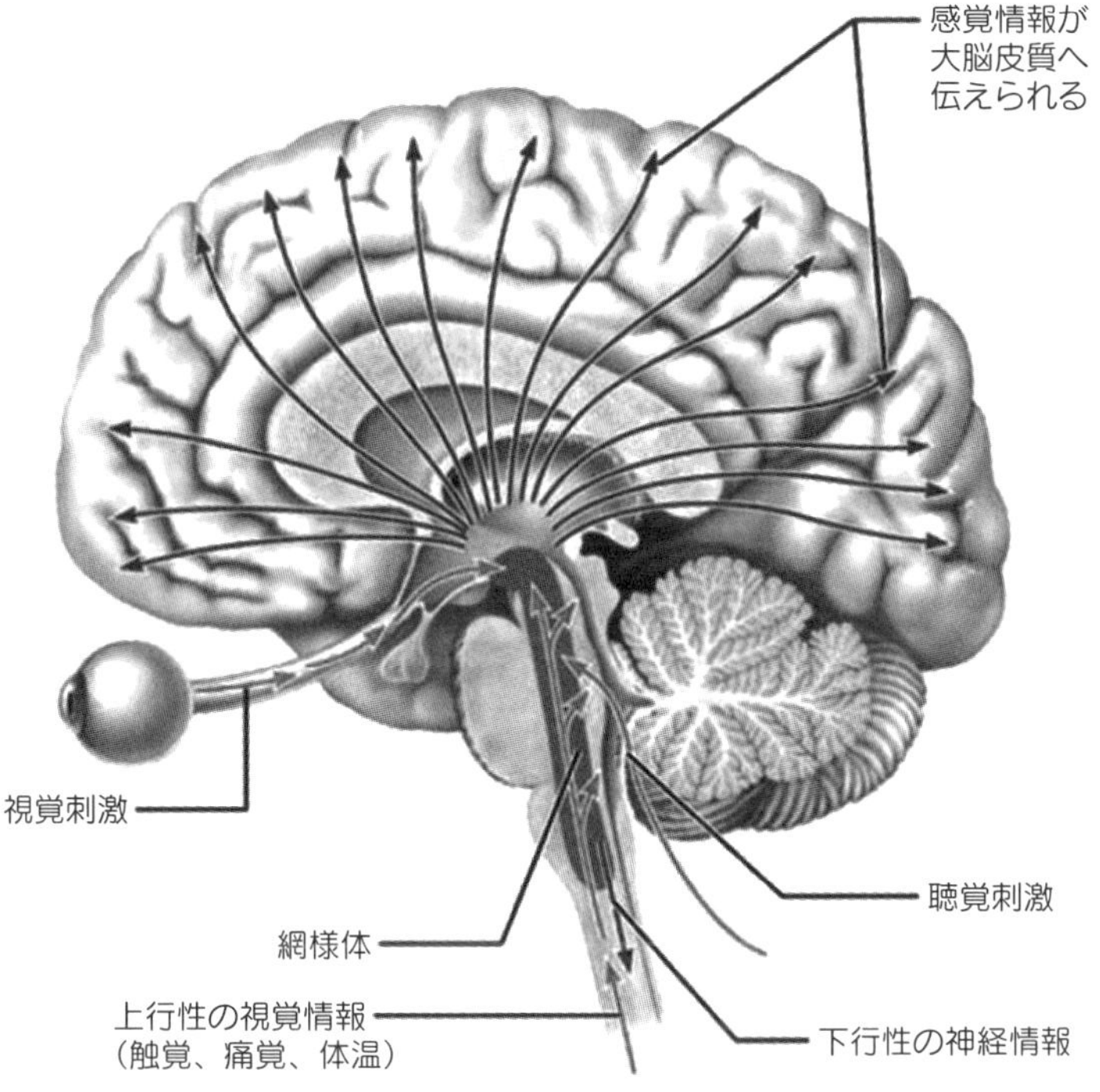

したら、その情報ソースにまるでズームアップするように焦点を当て（フォーカスして）、情報収集を行う。

脳の中では、このような働きが無意識のうちに行われています。たとえば、目の前にメガネがあるのに「メガネをなくした！」と思って慌てた瞬間、目の前にあるものが見えなくなってしまったりします。

もちろんメガネに限った話ではなく、カギや携帯など何でもよいのですが、「なくしてしまった！」と思った瞬間に、「なくした」という情報にフォーカスしてしまい、目の前にあっても気がつかないということが起こるのです。「ない」という情報にフォーカスしてしまうと、「ない」という情報を集めてしまうということが起こってしまいます。「ポケットの中にもない、鞄《かばん》の中にもない、引き出しにもない、ここにもない、あそこにもない……」というように。

では、あなたが毎日見ている携帯やスマホのメニュー画面を思い出してください。今、その画面を見ずに、どこに何のアイコンが並んでいるか、紙に描いてみましょう。毎日見ているはずなのに、案外描けないのではないでしょうか。この視覚情報は、一日に何回も、毎日毎日繰り返して脳に入ってきているはずですよね。しかし、脳は「道路にある信号機って赤は右端だったっけ、左端だったっけ」などと、情報処理をサボっているものなのです。このように、今の自分に関係ないと思われる情報を無意識のうちにシャットアウトしてしまう脳の働きがあります。

また、心理学で「カクテルパーティー効果」と呼ばれる現象があります。それは、「雑音に埋もれているはずの音が聞こえる。騒がしいパーティー会場で呼ばれた自分の名前が聞き取れる。特定の刺激のある情報だけを選択的に知覚する。注意を向けた刺激は聞き取れるが、向けない刺激は聞き取れない。興味のある異性の声は雑踏の中でもよく聞こえる」というような脳の働きです。無意識のうちに情報をシャットアウトしてしまう先ほどの例とは逆の話です。脳は自分に関係がある情報があると判断した瞬間、無意識のうちにその情報に注意を向けて、フォーカスすることもできるのです。

ちなみに、カクテルパーティー効果は、

- ブロードベントのフィルター説：注意を向けていない刺激はシャットアウトされる。
- トレイスマンの減衰器説：注意を向けていない刺激は小さくなる。
- カーネマンの限界容量説：注意能力には限界がある。

などの説があります。カクテルパーティー効果によって、「夜中に赤ちゃんの泣き声がしたとき、お母さんはすぐに反応して起きるが、お父さんは全く起きない」というようなことが起こるのです。

このように、脳には、キャッチした情報を自分にとってどういう意味があるのか関連づけてから処理する働きがあります。処理する必要のない情報は処理せずにシャットアウトしてしまうことで、実は脳を守っているのです。もし、すべての情報をキャッチして脳にインプットしていたら、脳はすぐに酸欠状態になってパンクしてしまうと言われています。たとえば、「今日すれ違った車の数は？」「今日出会った人の服の色は？」「この部屋に入ってからどこに触った？」などと聞かれても困ってしまいますね。

人間は情報処理して意味づけする必要のない情報に大量に接しており、それらに注意を向けず、無視することでも脳を守っています。そして、脳が注意を向ける必要がないと判断した情報は、それ以降キャッチしないようになるため、「目の前にあっても、聞いていても気づかず、情報を得ることができない」「盲点（ブラインド）が発生する」ことが起こります。

盲点（ブラインド）とは何でしょうか。必要ではないと判断した情報を処理しないように脳はプロテクトされていますが、では、脳は何を基準に必要だと判断するのでしょうか。それは、「今までの自分が重要だと判断していたもの」です。だから、人は簡単には変われないようになっているのです。

本当は、あなたが大金持ちになる情報も、一流のスポーツ選手として大活躍する方法も必要な情報は目の前にすべてあります。しかし、あなたが無意識でも、網様体賦活系が過去のあなたに基づいて情報を厳選しているので、あたかもそこには存在しないように思っているだけなのです。たとえば、新車を買おうと思った瞬間から、テレビや雑誌や新聞に載っている自動車の広告、クルマの雑誌の記事などが今までよりもよく目に飛び込んでくるようになります。今までと同じ生活をしているにもかかわらずです。これは、目標（ゴール）を決めた瞬間に盲点（ブラインド）が外れて、情報が飛び込んでくるようになる現象の例です。車を買おうと思った瞬間から、今まで不必要な情報としてシャットアウトされていた情報が、必要な情報に変わったためにブラインドが外れ、網様体賦活系が無意識に必要な情報を集めるようになるのです。

ここまでが認知心理学的に捉えた認知のメカニズムですが、これは唯脳論的な考え方として、必要なものはすべて目の前にあるということが大前提になっています。確かに目の前に気づいていないことがあるかもしれませんが、実際にはすべての人に必要なものがすべて揃っていると考えるには無理があるように思われます。これでは、たとえば「イチローのようなメジャーリーガーになりたい」と思えば、誰でもなれるかのようです。「引き寄せてくる」などという発想もないので、このあたりが唯脳論の限界のように感じられます。

ゲシュタルト心理学から考える脳の認識／人間は、物事を「複数の要素の集合体」ではなく「全体像」で理解する傾向がある

ゲシュタルト心理学という心理学の一学派をご存じでしょうか。人間の精神は、部分や要素の集合ではなく、全体性や構造に重点を置く傾向にあります。この全体性を持ったまとまりのある構造をドイツ語でゲシュタルト（Gestalt、「形態」という意味）と言います。

左の絵を見たときにあなたは何が見えますか？　この絵は有名なだまし絵で、一つの絵の中に、若い女性の後ろ姿と、わし鼻の老婆が見えますが、おわかりになりましたか。ここで大事なことは、若い女性の後ろ姿の絵だと思って見ているときは、わし鼻の老婆が見えなくなり、また、わし鼻の老婆の絵だと思って見ているときは、若い女の人は見えなくなってしまいます。つまり、一つの絵の中に両方の側面があるということは理解できても、両方同時にリアリティを持って認識することができないのです。

人間は、ある物事が複数の要素から成り立っているということを理解できるのですが、要素の集合体として理解するのではなく、全体像で理解しがちなのです。そして、リアリティを持つ全体性を維持できるゲシュタルト（全体像）は、同時に一つだけしか認識することができないとされています。「Aさんは怖い人」とか、「パソコンは難しいもの」というようにまとめて、理解する傾向があります。本当は、Aさんが優しいときも、冗談を言うときもあることを知っているのですが、「Aさんは怖い人」というように一言でまとめてしまいます。

だまし絵

脳は人工的につくられた信号と生体からの信号の区別がつかない

最近の脳科学の研究では、「五感などを通じて脳が認識する感覚は、必ずしも実際の物理的現実世界のものとは限らない」ということがわかってきました。ロボットの開発とともに発展してきたブレイン・マシン・インターフェース（BMI）という技術の研究では、人間の脳から出力される微細な信号を正確にキャッチし、人間の動作の代わりをするロボットとコミュニケーションをとることに成功しています。それらの研究の中で明らかになっていることの一つに、「私たちの脳は生身の身体が発する生体の信号と、機械が発する信号の区別がつかない」ということがあります。

つまり、義手や義足などを制御するロボットの開発によって、脳から神経に出される信号をロボットが直接キャッチして、動かせるようになるにつれて、反対に、ロボットがつくった信号を脳もキャッチできるようになったのです。脳が実際に手を動かしているのと同じ認識を持つようになることは、脳は人工的につくられた信号も生体から得られた信号も区別がつかないということを意味します。

さらに、人工的に合成した記憶の信号を脳に送ると、脳はそれを自分が体験したものとして認識してしまい、本当の自分の記憶と合成された記憶との区別がつかなくなることが実験でわかってきているそうです。

実は、脳の認識は物理的現実世界に実際に存在しているかどうかよりも、臨場感を持って認識したかどうかで現実認識を行うことが知られています。そして脳は、物理的現実世界で起こったことと、変性意識下で起こったこととの区別がつかないと言われています。

それはたとえば、次のような例が挙げられるでしょう。

- 映画などを熱中して観ているとき、怖いシーンで心臓がドキドキしたり、手に汗をかいたりするのは、映画館の椅子に座っているという物理的現実世界より、映画のシーンに臨場感があるために、脳が反応している証拠。脳は物理的現実世界に反応するのではなく、より高い臨場感に反応している証拠である。
- 「火鉢の炭が腕に当たった!」と思い込ませると、腕に実際にやけどの跡ができることがある。
- 火渡りの行で熱いと思ったらやけどし、熱いと思わなければやけどしない。
- 「妊娠したかも?」と思っただけで生理が来なくなる。
- 医療の現場では、プラシーボ効果(患者に偽薬を処方しても、薬だと信じ込んで服用することによって何らかの改善がみられること)がよく知られている。

アファメーションの効果的な方法――過去の記憶によって形成されたリアリティを変化させ、未来の記憶をつくり出す

過去の経験によってつくられた盲点（ブラインド）を認知のメカニズムから都合よくシャットアウトしていると、多くの場合で現状が変えられないことになります。私たちが過去に経験した記憶は、強い感情を伴った出来事の記憶（情動記憶）が支配的になっていることが多いと言われています。たとえば、幼い頃の失敗の記憶や成功の記憶、痛かった記憶、苦しかった記憶などがそうです。子供の頃にレストランで騒いで怒られたという人は、「レストランでは騒いではいけない」という情動記憶が残った状態で育ちます。

さらに、私たちはその情動記憶に基づいて、感情レベルで、「痛いだろう」「傷つくだろう」「恥ずかしいだろう」などといった思いを知覚すると、無意識のうちにそれを拒絶する（あるいは選択する）習慣を身につけていきます。その結果、盲点（ブラインド）を持った認知のメカニズムで、過去によって形成された無意識の選択をベースに、いろんな物事に対してゲシュタルト（一つのまとまりのある全体像）を構成していると考えられます。

そのゲシュタルトは、自分の周りのさまざまな物事に対して形成されますが、「私は〇〇が苦

手です」というように、自分自身にも形成されるということに注意が必要です。今までの自分から変わろうとしても、過去の記憶によって形成されたゲシュタルトを変えることができなければ、変われないのです。

認知のメカニズム、盲点やゲシュタルトの性質を利用して（逆手にとって）、自分の望むゴールに向かうように脳をコントロールする方法がアファメーションです。ゴールのリアリティを高くし、より臨場感を持てる状態をアファメーションでつくり出し、脳を錯覚させるのです。

アファメーションとは、自分の未来に行ってきたかのように、未来の記憶をあらかじめつくってしまうことです。より臨場感のあるアファメーションによって、過去の記憶を元にしたリアリティ、つまり現在持っている自分自身に対するリアリティを上回ることができるようになると言われています。そのためには、自分がやりたい（自分が最もワクワクする）ゴール設定が必要となるのです。

実は、アファメーションをする際には、到達する方法がわからないような、一見とんでもないと思われるようなものが、ゴール設定としてふさわしいのです。現在の状況の延長線上にあるような、具体的に計画したり、計算したりすることができるようなゴールは、最終的に現状を認めてしまうことになるため、現在持っている盲点を外すことができなくなります。そうすると、新しい情報を脳が認知してくれないので、ゴール設定としてはふさわしくないのです。

重要なことは、ゴールに至るプロセスをイメージすることではなく、ゴールに至ったときの状況をどれだけリアルに臨場感を持ってイメージできるかなのです。また、アファメーションの言葉をつくるだけではなく、それをイメージにして、ゴールに至ったときの感情を味わうことが重要になってきます。

このように、アファメーションという一見スピリチュアル的な手法が、脳機能科学や認知心理学でも「目標達成に効果がある」とされ、推奨《すいしょう》されています。これには脳の認知のメカニズムを逆手に取った考え方が背景にありますが、見方を変えれば、スピリチュアルな世界で実践されているアファメーションなどの手法は、正しく研究されれば学問的な裏付けが取れたものとして考えることができるということです。同様に、科学的に解明されていないが効果が認められる手法が、後に科学的見地によって解明されることも充分にあり得ます。言い換えれば、スピリチュアルの世界にはまだまだ科学が追いついていない領域がたくさんあると言えるのです。

脳科学によって証明された瞑想の効果
――脳内の状態が飛躍的に改善され、幸福感を高める作用も

ここで、瞑想に関する興味深い実験とプログラムについてご紹介したいと思います。

♛ チベット仏教僧の瞑想中の脳波を調べる実験

この実験は、「脳機能画像（ｆＭＲＩ）診断」を用いて、チベット仏教僧が４つの瞑想法を行っているときのそれぞれの脳波を調べるというものです。その中でも、「慈悲の瞑想」の際の脳波に驚異的な数値が検出されました。慈悲の瞑想が行われているとき、脳の広い領域で極めて速いガンマ波帯域の周波数が共鳴していて、それはまるで連続的なアハ体験（不思議な閃《ひらめ》きを感じる体験）のようだということがわかったのです。しかも、その持続時間は意図的にコントロールすることもでき、時間の長さは普通のアハ体験の約３０００倍から６０００倍にも及ぶそうです。

ここで注目されている「ガンマ波」とは、難解な問題が解けたときや閃いたときに出る脳波なので、通常は０・１秒程度しか持続せず、瞬間的にしか出ないのですが、それが慈悲の瞑想中には5～10分間という長時間にわたって観察されたのです。慈悲の瞑想は、共感や母性愛の神経回路を含む情動回路を活発にし、他者の苦痛に対して敏感になり、喜びを大きくし、行動の準備に関わってくる効果があるとのことです。

さらに、瞑想は脳に一時的な変化をもたらすだけでなく、閃きや直感と関連する脳の活動を持続的なものにさせ、逆にネガティブな感情と関連した回路は次第に力を失い、消えていくようにする作用があると推測されています。また、慈悲の瞑想をすることで、思考や創造性を担い、積極性や喜び、善意と関わりが深い前頭前野の左側の部分が活性化し、抑うつ状態と関わりがある右側の部分の働きが抑えられるようです。このことから、慈悲の瞑想はうつ病の予防や改善に役立つ可能性があるとされています。

刑務所で実施されたヴィパッサナー瞑想のプログラム

自分の身体や感覚、心の動きを観察し、自覚する瞑想を「ヴィパッサナー瞑想」と言います。「ヴィパッサナー」とは「洞察」を意味する言葉で、自分の存在をあるがままに見ることによって、知恵が生まれてくると考えられています。

ある刑務所でヴィパッサナー瞑想を取り入れたプログラムを行ったところ、以下のような結果が出たそうです。

- 10日間の瞑想で釈放後1年の再収監率が75％から50％に減少。
- 犯罪と結びついているすべての薬物中毒（コカイン、覚せい剤、マリファナからアルコールなど）が激減し、それと並行して、自己や人生への肯定感、幸福感が大きくなることが明らかになった。
- 脳の右島皮質（心臓、胃、腸などの内臓や、歯、舌など体表面からの情報、体温、痛み、官能的感触などホメオスタシスに関わる情報、愛情、憎悪、欲望、嫌悪、敵意などの情動脳とも関連があるとされている）が増大した。
- 心身で起きる出来事を自覚し、観察し続けるヴィパッサナー瞑想は、

身体のホメオスタシスの知覚、他者の情動への共感の鋭敏さを増し、さらに人格と行動の仕方を変容させるものだと推察された。

前頭前野の加齢による萎縮《いしゅく》が停止した。

瞑想は、それに取り組んでいる人々の間では確実に効果があると認識されており、欧米の一流のビジネスパーソンの中にも実践者は一定数いるようですが、本人の気持ちの問題として済まされるケースが多いと思われます。

しかし、脳に侵襲《しんしゅう》をほとんど加えることなく脳内の状態を正確に観察するセンサーや機器が発達したことで、脳科学はさらに発展を遂げています。物理的に脳の信号が計測でき、まるで筋肉を鍛えるように脳の一部が肉厚になっている様子も観察されるようになり、瞑想の効果が物理的に実証されてきているのは興味深い現象だと思われます。スピリチュアルな取り組みに科学的なエビデンスが追いついてきた一例として紹介させていただきました。

ユニット②
科学的・学問的なロジックからスピリチュアルを考えましょう

人の五感で認識できる領域とできない領域／私たちは限定された情報の中で生きている

人間は、自分以外の情報を視覚や聴覚などの五感を使って感じ取っています。でも、その感覚には限界があります。人の目で確認できるのは、可視光線のみです。138ページの図のとおり、光のうち、認識できる領域はごく限られたものなので、人の目が認識できない領域に何か存在していても不思議ではありません。言い換えれば、見えないから何もないとは言えないのです。

たとえば、虫は人が見ることができない紫外線の領域が見えますが、赤に近いところは見えないようです。彼らの世界には赤いものは存在しないのかもしれません。紫外線ランプに虫が集ま

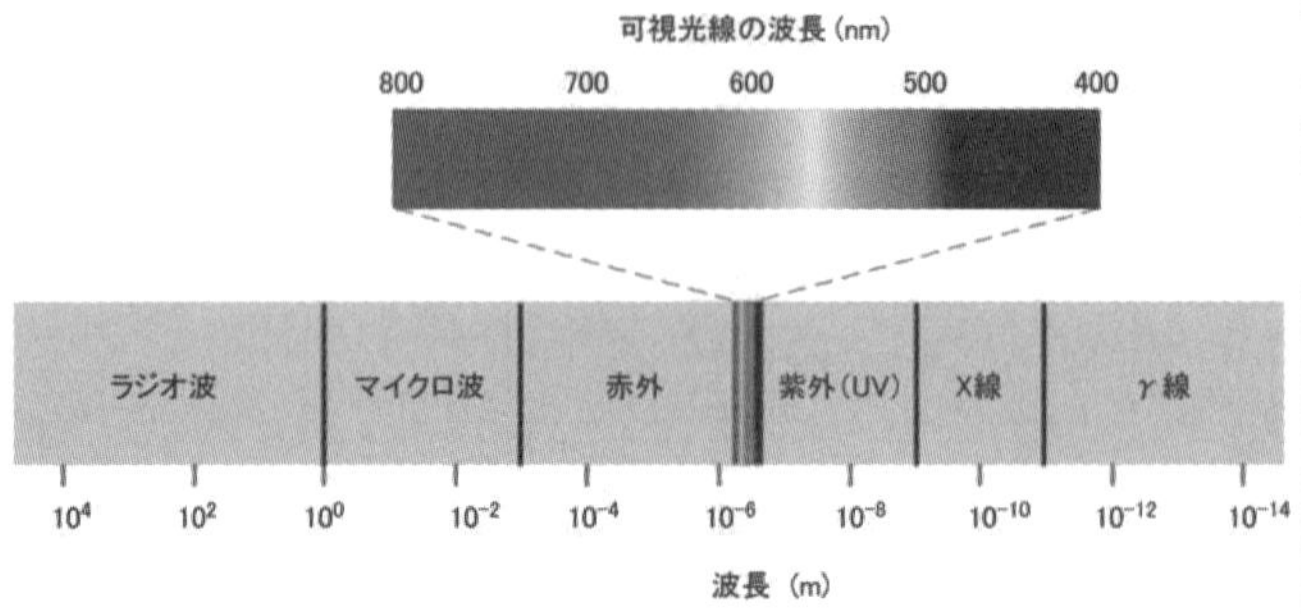

視覚、可視光線の領域

ってくるのは、人間には見えない紫外線がとても明るく見えるからです。逆に、高速道路の照明などに使用されているライトは、人間には明るく見えますが、虫には見えないようになっているので、虫は集まってこないのです。

人の目で認識できない領域と、人の目で認識できる領域（可視光線）を出入りするものがあったらどうなるか、考えてみましょう。たとえば、聴覚の可聴領域は20Hz～2万Hzだそうです。嗅覚、味覚、触覚にも限界があります。目で見えたり、聞こえたりする世界はごく限られているのです。見えない世界のほうが圧倒的に多いのに、見えないからという理由で存在を否定してしまったら、テレビも携帯電話も使えないということになってしまいますね。

さらに私たちは、五感に制限があるのに、盲点（ブラインド）をつくり、得られる情報を制限するという働きがある脳を持っています。人が、「わかっている」と思っていることは実は怪しいと思ったほうがいいのではないでしょうか。私たちの身の回りに起こる事象を検討するとき、五感がキャッチしないことを理由に存在を否定するのは、とうてい科学的であるとは言えません。むしろ私たちは、限定された情報の中で生きていることに気づくべきではないでしょうか。

本来の「科学」は「神とつながること」と同義だった／真理の追究という名の金儲けをしている現代科学

科学（science）は、未知なるものを探究するところから始まっていると考えられます。ですので、科学的な人とは、さまざまな現象に対して最も自由な発想ができる人でなければならないはずです。ではここで、最近の科学でわかったことから少し考えてみましょう。

ヒトゲノムのうち、意味のあるものは約2％で、その他（98％）はジャンク（意味のないもの）だと言われている。

人間の脳細胞は6～8％程度しか使われていない。90％以上は特に意味がない。宇宙を構成するもののうち、最後の素粒子とされる「ヒッグス粒子」を発見したが、それでも宇宙の5％ぐらいしか解明できない。その他の95％を解明するには、ダークマター（暗黒物質。見えない何か）の存在が必要と考えられている。

いかがですか。科学の世界で重要な発見だと言われていることをよく見ると、「わかった！」というよりも、「ほとんどわかっていない」と言ったほうがしっくりきそうですね。また、科学でわかったとされていることは、そのほとんどが暫定《ざんてい》真理であり、「この世の中で起こっている現象のほとんどはわかっていない」と言い換えることができます。つまり、科学の世界では、さまざまなことがまだ解明されていないのです。その意味では、ほとんどわからない世界を探究しようとするスピリチュアルな取り組みと、科学は同じ根っこを持つものと言えるでしょう。

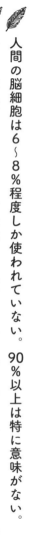

「科学的」という言葉を「客観的事実である」という意味で用いるのなら、客観的事実はほとんどわかっていないということになりますし、「再現性がある」という意味で用いるのなら、あるルールの存在が複数の人たちによって確認されているスピリチュアルも科学的であると言えると思います。スピリチュアル的な取り組みを科学的でないとして排除しようとする方たちの多くは、その根拠が希薄で単に思い込みが強いだけで、自由な発想ができていないのではないでしょうか。

科学とは、わからない世界を探究するという目的があると思います。万有引力を発見し、物理学の基礎を築いたアイザック・ニュートンは錬金術師だったと言われていますし、地動説を唱えたガリレオ・ガリレイは当時の社会では異端の徒であったことは有名です。

science の語源は、ラテン語の scientia（スキエンティア）からきているようですが、ただ「知る」というだけでなく、「正しく知る」という意味が含まれています。つまり、それは「未知なるものを正しく知る」ということなので、「見えない」「聞こえない」世界に興味を向けること、あるいは生きている意味や精神性などを探究することと根っこは同じでしょう。

昔、科学（science）をする人たち（特に大学の教授など）は、聖職者として扱われていました。大学の教授は広く一般の人たちに知識を伝える人として、「神に呼ばれた一部の人たち」という意味があり、大学も教会と同じく寄付で賄《まかな》われていたそうです。大学教授たちも知の探究を生きがいとしていて、お金を稼ぐ道具として科学を使うことは軽蔑《けいべつ》の対象であったと思われます。

教会でミサに訪れた人たちにかごが回されて、そこに寄付金を入れる仕組みがありますが、お金がなかったらお金を入れるフリだけでいいそうです。また、その昔、医者に往診に来てもらう際には、患者は医者の持つ黒い鞄の中に手を突っ込んで診察代を支払うという仕組みだったと言われています。お金がない人はお金を払うふりでもとがめられず、払えるときに払えばよかったのです。医者は一度に何件も往診に行って鞄にお金を集めるので、誰が支払って、誰が支払っていないのかわからないようにしていたので、支払えない人も安心して診察が受けられる仕組みだったとのことです。

そのため、神とつながることと、科学（science）をすることは、いわば役割が違うだけで聖職者と同じ使命を持っていた人たちと言えます。それが本来の科学（science）なのだと思います。

それが、産業革命やさまざまな思想などとともに、「使える『知識（knowledge）』こそ、意味のある知識である」というような考え方が主流になっていきました（ここでいう「知識」は、ラテン語のscientiaからではなく、「知る」という動詞「know」の名詞形からきていることに注意）。

そして、科学（science）もどんどん「使えるかどうか」が中心的な関心事になっていき、「使えるもの＝形あるもの」に支配されていったと思われます。

医学を含む現代科学の大半は、真理の追究という名の金儲けをしているだけと言えます。その成果や実績がいかに意味のあるものかをどれだけ強力にアピールできるかが興味の中心であり、残念ながら、決して真理の追究ではないのです。

量子物理学の観点から、物質について考える／「ハイゼンベルクの不確定性原理」からわかる電子の性質

物質を構成している元である「原子」は、一体どのようなものなのでしょうか？

古典的な原子モデル

原子＝原子核＋電子。その他の部分は？
99・9999999……％以上は真空？
そこにあると思われている物質は、限りなく真空で構成されている？

では、ここで「原子」＝「原子核」の周りを「電子」が回っているイメージをしてみましょう。

原子核の周りを回っている電子のイメージ

中心の「原子核」がソフトボールぐらいの大きさだとしましょう。そうすると、「電子」の大きさはパチンコ玉よりまだ小さくなります。たとえば、甲子園球場の真ん中に「原子核」であるソフトボールを置いたとしたら、「電子」はどの辺を回っているでしょうか？　答えは、球場よりも外側です。

ソフトボールを「原子核」に見立てると、甲子園球場の外側をパチンコ玉より小さな「電子」が回っているイメージです。それぐらいの距離があります。では、「原子核」と「電子」の間、つまり甲子園球場分の空間には何が存在しているのでしょうか？

その答えは、真空です。何も存在していないと考えられています。

どうですか、そんなことって信じられますか？　目の前にある机も、このテキストも、私の体もあなたの服も、すべての物質は真空でできているのです。さっきお昼ご飯を食べて、お腹がいっぱいになったと思っていたとしても、限りなく真空に近いものでお腹をいっぱいにしていたのです！　これが科学的な答えです。あなたは、どう理解しますか？

では実際にどうなっているのでしょうか。ドイツの理論物理学者であるハイゼンベルクは、電子が実際にどの辺りを回っているのかを測定しようと考えたことがあります。その実験イメージが次ページの図です。

電子に光線を当てて、その反射を測定し、どこを回っているのか特定しようとします。図の中にある丸が電子とします。でも、電子が小さすぎて、反射せずにすり抜けてしまうということが起こります。では、すり抜けないようにしっかり当てようとすると、今度は電子が吹き飛んでしまい、どこを回っているのか特定できなくなるのです。

ハイゼンベルクの不確定性原理

- 位置と運動量を同時に特定することは不可能。
- 電子の位置は確率でしか示すことができない（どこを回っているかを特定できない）。

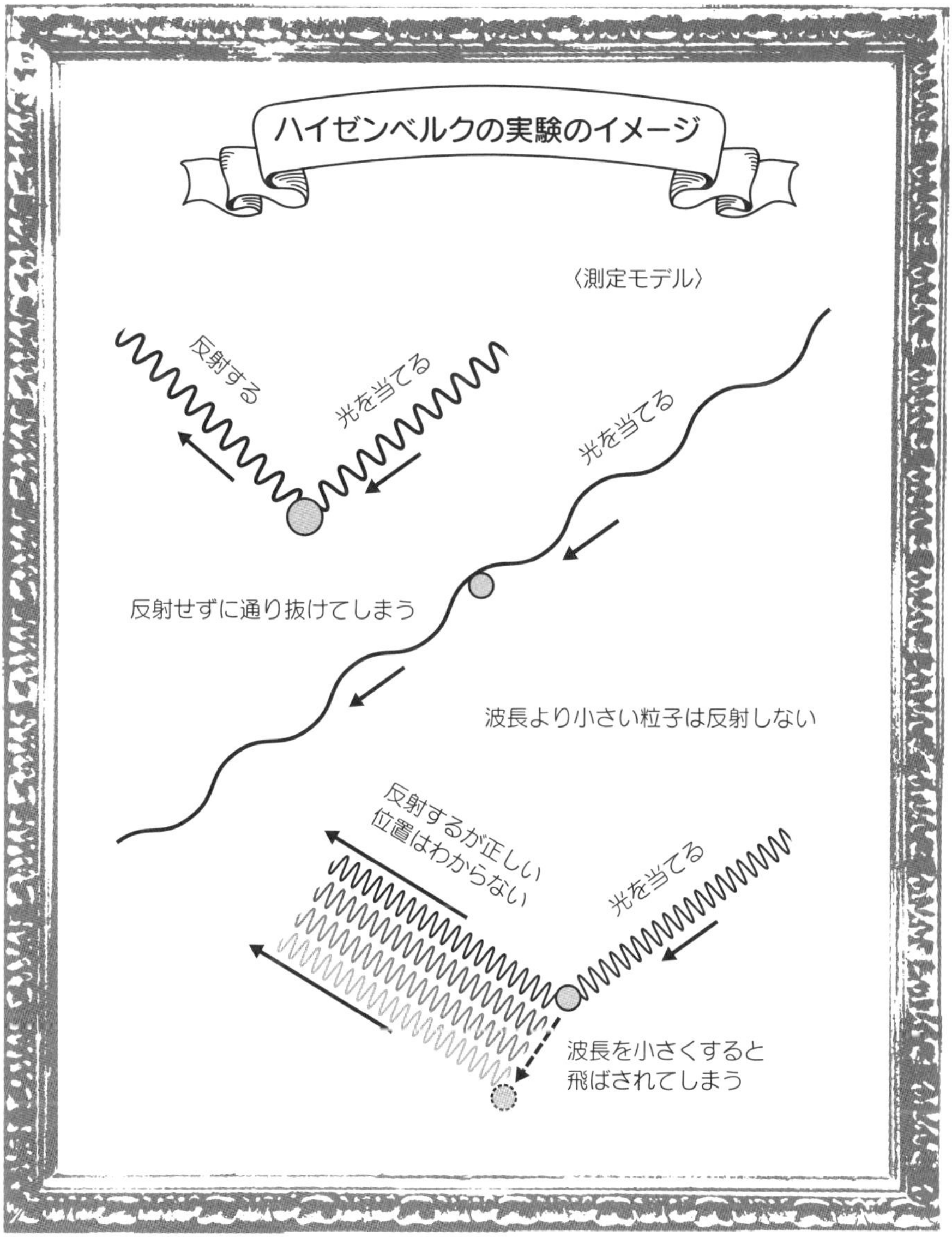
ハイゼンベルクの実験のイメージ
〈測定モデル〉
反射する
光を当てる
光を当てる
反射せずに通り抜けてしまう
波長より小さい粒子は反射しない
反射するが正しい
位置はわからない
光を当てる
波長を小さくすると
飛ばされてしまう

これは言い換えると、測定しようとすると、相手（被測定物＝この場合は電子）に影響を与えてしまうということです。私たちが客観的に相手（被測定物）を測定していると考えていても、実際は相手（被測定物）の状態を客観的に見ているのではなく、相手（被測定物）との関係性を見ているにすぎないということを示しています。

素粒子（電子）の位置を特定できず、確率的に存在している（○％の確率で存在する）ということは、「○％の確率で存在しない」とも言え、「あるかないかわからない」という状態なのです。つまり、「すべての物質は、あるかないかわからないもので構成されているのだとわかった」ということになりますね。

位置を測ろうとするとき、私たちはその光を反射する固いものをイメージしています。位置を測るために光を当てるのですが、光はエネルギーなので、その粒子の運動量に影響を与えます。運動量に影響を与えないようにエネルギーを下げると、位置がわかる反射が得られないのです。2つの要素（位置と運動量）のそれぞれだけに注目することはできないということがわかります。

光は波であり、粒子でもある／私たちが時空を超えていて、3次元の物理世界に存在していないことが科学的に証明されている？

それと少し似たような話ですが、光は、波長によって色が変わったり、干渉し合ったりすることが知られています。つまり、波の性質があるということですね。でも、もし光が波ならば、太陽光線は真空の宇宙空間をどのように伝わってきたのかが説明できなくなります。そのため、光は粒子として飛んでくる性質があるということになっています。つまり、光は波でもあり粒子でもあるとされています。このように、どちらかを確定すると、もう一つが不確定になってしまう性質のことを、相補性（現実に両方の性質を、常に実際に持っていることで成り立っている）と言います。

実は、光の粒子（光子）や電子などの素粒子も、「波」の性質を持ちながら「粒子」でもあるということが知られています。これは、二重スリット実験から明らかになっています。

二重スリット実験

粒子は点として存在するので、縞模様《しま》は発生しません。しかし、二重スリットを通すと縞模様が発生します。それは、波としての挙動を表します。時間をかけて電子を1個ずつ当てるのに、同時に波がぶつかったような縞模様ができるのはなぜでしょうか？　電子の挙動は時空の概念を超えているのでしょうか？

電子は、観測（観察）していないときは「波」として伝わり、観測（観察）しているときは「粒子」として存在しているのです。縞模様ができるのは、「波」の証拠ですが、観測されるのは

二重スリット実験のイメージ

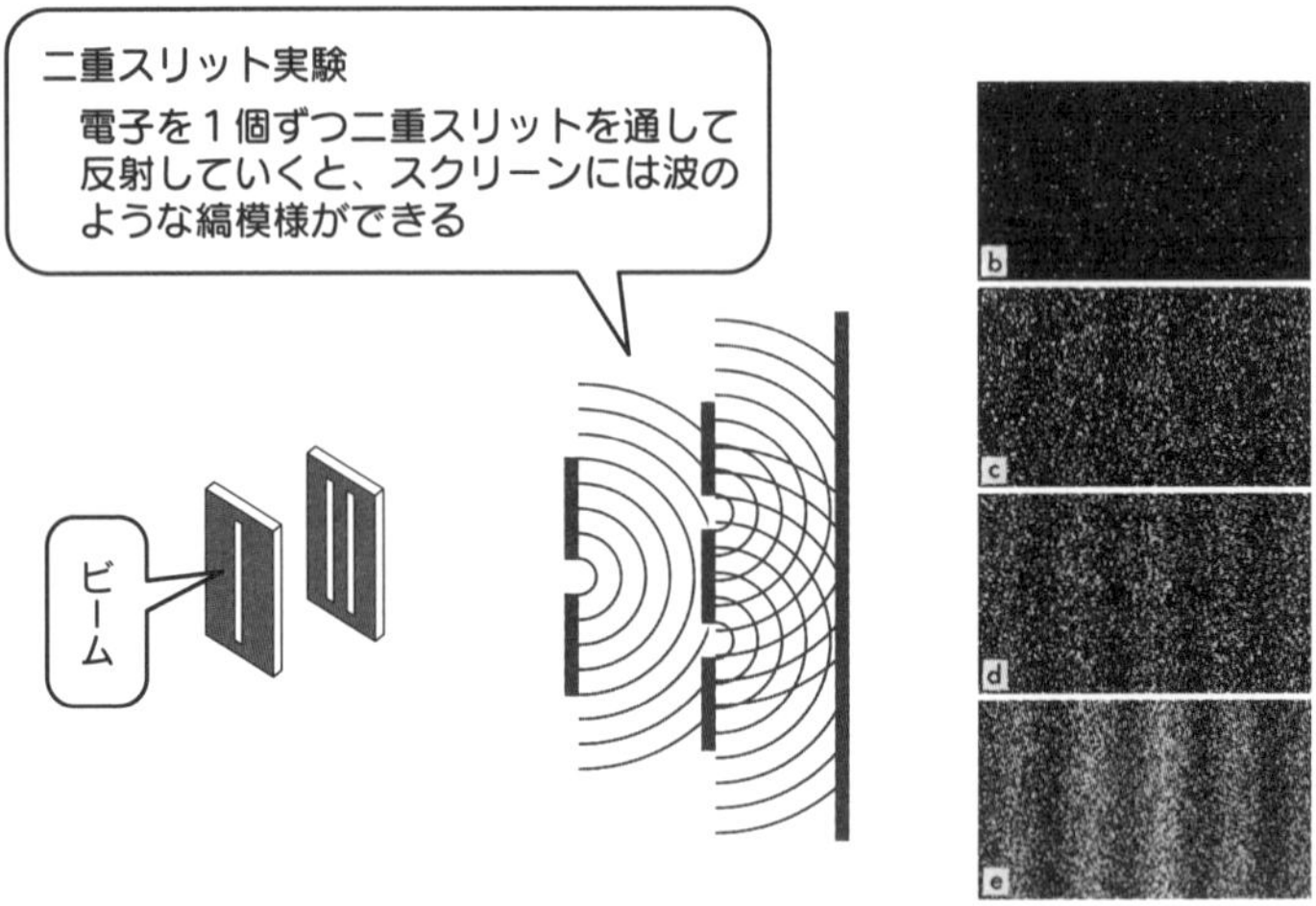
二重スリット実験
電子を１個ずつ二重スリットを通して反射していくと、スクリーンには波のような縞模様ができる
ビーム
b
c
d
e

「電子銃から電子を発射して、向こう側の写真乾板に到達させる。その途中は真空になっている。電子の通り道にあたる位置に衝立となる板を置く。その板には２本のスリットがあり、電子はここを通らなければならない。すると写真乾板には電子による感光で濃淡の縞模様が像として描かれる。その縞模様は波の干渉縞と同じであり、電子の波動性を示している。この実験では電子を１個ずつ発射させても、同じ結果が得られる。すなわち電子を１度に１個ずつ発射させることを何度も繰り返してからその合計にあたるものを写真乾板で見ると、やはり同じような干渉縞が生じている」

点である「粒子」。電子などの素粒子は観測者の都合で挙動を変化させるようです。それは、この世界の物質が客観的な存在よりも関係性によって成り立っていることを示しています。

たとえば、1日かけて1万個の電子を1個ずつ発射していき、縞模様ができたとします。そして、1万個目から1個目を見ると1日前の出来事であるにもかかわらず、1万個目と協調して縞模様をつくることができるのです。これはなぜでしょうか？ このように、関係性によって物質の性質が定まっていくのなら、この世は人間がつくり出している幻想とも言えるのではないでしょうか？

かつてアインシュタインは「神はサイコロを振らない」と言い、「量子は確率的にしか存在することができない」という量子論を否定し続けました。そして、「確率的にしか存在しない（物質はあるかないかわからない）」という量子論の概念に生涯にわたって反論を試みていましたが、生きている間には決着することはありませんでした。

アインシュタインはインドの哲人タゴールとの対談でも、「我々が月を見るからそこに月が存在する」と言うタゴールに対して、「そこに月が存在するから我々は月を見る」と言ったそうです。タゴールは「この世界は人間の世界で、科学は一側面にすぎない」ということを語り、アインシュタインは「人間の存在に無関係な客観性がある」ということにこだわり続けたと言われています。

♛ ハイゼンベルクの不確定性原理の式

Δl×Δv＞h（位置と速度の変化を乗じたものは、プランク定数より大きい）

Δe×Δt＞h（エネルギーと時間の変化を乗じたものは、プランク定数より大きい）

それぞれの値は、ゼロになることはなく、プランク定数という限られた単位を持っています。ということは、この3次元世界における時間や空間は、小さな単位が連なっているだけなので、この3次元世界における時間や空間は不連続なのです。

上記の式のΔeの部分に、E＝mc^2（エネルギーは質量×光速の2乗）を代入すると、エネルギーは質量に置き換えることができます。つまり、質量がゼロになることはないので、真空（質量がない空間）は存在しないということになるのです。

hは、プランク定数6・6×10のマイナス34乗という極めて小さな値ですが、ゼロではありません。この不等式では、どんなに小さくなっても、「プランク定数よりは大きい」ということになるので、3次元の物理世界では「時間」も「空間」も不連続であることがわかります。それはつまり、連続しない時間と空間を超えて存在する私たちが、3次元の物理世界に存在しないことを証明しているのではないでしょうか。

量子論と「空」の概念はよく似ている／この世に完全なものは存在しないことを証明した「ゲーデルの不完全性定理」

「空」の概念

「色即是空　空即是色（色すなわちこれ空なり　空すなわちこれ色なり）」

「空」とは、般若心経などに出てくる仏教の概念の一つです。色とは、形、体など実体のあるもの、３次元的な物質として顕現しているものを指しています。「色」とはすなわち「空」であり、「空」はすなわち「色」です。それは、形あるもの（物質）と形のないものがつながっていることを示していて、「形のあるものが実態で、形のないものが実態ではないと考えることが幻想である」ということがわかります。

龍樹の『中論』

インド仏教の僧・龍樹は、著作『中論』で「空」の概念について以下のように説明しています。

「草木を材料に庵《いおり》をあんだとき、庵ができれば庵という現象が成立しているが、解体して元の草木に戻してしまえば庵は成立していない」

現代の物理学（量子論）や数学は、論理的に突き詰めた結果、「空」の概念と同様の結論を導いているのではないでしょうか。ないように見えるが、限りなくあるのが「空」の概念であり、ハイゼンベルクの不確定性原理であると言えます。

近年に発見されたヒッグス粒子は、巨大な量子加速器で狙ったエネルギーを発生させることで、狙った質量を測定するというやり方で発見されました。これは、目に見えないエネルギーが物質化するということを示していると思います。

不連続な時間・空間を超えることとは、物理現象ではなく生命の証であり、３次元に住んでいないことの証明と言えるのではないでしょうか。３次元とは、高次元から投影した映像を見ているに過ぎないのです。

また、「真空は存在していない」ということとは、「空」の概念を証明しており、何かが伝わったり、出現したりしてもおかしくないということを示しています。

人間である私たちの視覚情報（写真や映像など、平面に表現できる）は、２次元的な情報しか入らないにもかかわらず、３次元に存在しているということを私たちは知っています。それは、私たちが高次元から２次元を俯瞰《ふかん》しているために、「ここは３次元である」とわかるのだと思います。つまり、ここは３次元の世界だと知っているということが、すなわち私たちが４次元以上の存在であることを証明しているのではないでしょうか。

ゲーデルの不完全性定理

かつては、数学的に導き出された答えは完全であると信じられていました。しかし、数学者・論理学者のゲーデルは、1930年に「数学的に完全であると証明することができない」ということを証明してみせたのでした。すなわち、この世は完全なものは存在せず、不完全であることが示されたのです。これにより、さまざまな分野の学者が論理的・科学的に突き詰めていくことで真理につながると信じていたにもかかわらず、それが間違いである（いくら積み重ねても真理には到達しない）ということがわかりました。

不完全性定理をごく簡単にわかりやすく説明してみると、こういうことです。たとえば、「私は嘘つきだ」と言ったとき、もしこの言葉が真実であるなら「嘘つき」になりますが、「嘘つき」なのに真実を語ったことにもなり、矛盾してしまいます。また、この言葉が嘘だとして、この私は「正直者」だとしたら、「正直者」が嘘を言ったことになってしまうのです。

また、「私は正直者だ」と言ったときは、その言葉が真実なら「私は正直者だ」と真実を述べたことになるので矛盾なく成り立ちますが、嘘つきが「私は正直者だ」と言っても「私は正直者だ」と嘘をついているので、矛盾なく成立してしまいます。つまり、証明できないのです。

この不完全性定理は、数学のみならず、理論体系一般すべてに適用することができます。そのため、哲学者、科学者、法律家など「論理的に突き詰めていけば、どんな問題についても真偽の判定ができ、それを積み重ねていけば、いつかは真理に辿り着けると信じていた人々」に大きな衝撃を与えました。これは「ゲーデルショック」と呼ばれています。

論理的に矛盾なく説明できることと、真実かどうかは無関係なのです。つまり、論理的に説明できない直感的な解答のほうが真実である可能性もあるということですね。私たちはついつい論理的な思考で「直感的なもの」を否定しがちですが、論理的ではないという理由で直感を否定することはそれこそ論理的ではないのです。

余談ですが、不完全性定理は「この世には完全なものは存在しない」と証明しているに等しく、つまり、「この世（この3次元世界）に完全なものをつくる全知全能の神は存在しない」ということになります。若くして不完全性定理を証明してしまったゲーデルは、敬虔《けいけん》なクリスチャンであったため、「神が不完全な世界をつくった」という自らの証明に生涯悩み苦しみ、精神的な病になり餓死するという悲しい最期であったと言われています。

ユニット③

宇宙の法則・総論
――バイブレーションの法則（波動の法則）

この世を動かしている「ある法則」を知り、ミラクルを起こす魔法を使えるようになりましょう

あなたは今、何を望んでいますか？「ゆっくりしたい」「安心して生活したい」「自由にのびのび生きたい」「とにかく、少しでいいから自分の自由な時間が欲しい」など、さまざまな希望や願望が出てくると思います。ん？出てこない？それは、どうしてでしょうか？この内容を読み進めていくうちにさまざまなことが変化していくことでしょう。もしかしたら、刺激が強すぎて頭がこんがらがる方もいるかもしれません。

実は私は、あることをきっかけに、頑張って生きていく信念自体が違っていること、そして、

この世の中はある法則で動いていることに気づきました。その法則に則って生きることで、リラックスして、私らしくいられることができるようになりました。

疑い深い私は、その法則をすぐには受け入れられなかったのですが、騙されたと思ってその法則に則って日々を過ごしてみることにしました。すると、体調が改善し、職場での成績も一気にアップしました。それも、いとも簡単にスイスイと、従来の常識ではあり得ないスピードでみるみるうちに結果が出ました。それも、「ありのままの私」に戻って、あることをするだけだったのです。それは誰でもできて、いとも簡単に日々の生活にミラクルが起き始めるのです。

でも、「信じない人」「我欲が強く、その通りに実践しない人」「ミラクルを起こさないと自分の心の奥底で決めている人」「変化を強固に拒んでいる人」などは、すぐに魔法は使えないと思います。でも、諦めないでください。この本を読み進めていくうちに自然と魔法が使えるようになります。ある瞬間、不必要なものが外れて、日々の生活にミラクルが起きるようになってくることでしょう。それでは、この世を動かしている、ある法則の正体についてご紹介していきます。

皆さんは、毎日の生活の中で、目には見えないけれど何かを感じるというご経験をされていると思います。たとえば、「空気を読む」という言葉がありますが、その場の空気って目に見えているものではありませんよね。でも、「空気を読む」という表現を使います。それは、あなた自体がどこかの器官で何かのエネルギーを感じ取っているのです。

日常生活の周りを考えてみてください。ラジオの電波は、目で見えますか？　携帯電話の電波は？　私たちの目には見えないけれど、確実に存在していますよね。電波の周波数に合わせると、ラジオはその電波をキャッチして、電波を「音」に変換しているのです。それは、電波だけに当てはまることではありません。

すべての物質は原子というミクロの世界で常に動いています。

「動いている」＝「エネルギーが発生する」

エネルギーは波のような動きをしています。そのエネルギーを「波動」と呼びます。エネルギーがあるということは、そこには波のような動き、つまり波動が存在しているということになります。

私たちがいるこの世界は、目に見えていませんが、確実に「ある法則」で動いています。成功哲学などでは、成功者と呼ばれている人々の共通点を統計学的に捉えて、それを実践することで成功者になれると説いています。また、「引き寄せの法則」というものもあります。実は、それらはこれからお伝えする内容のほんの一部分なのです。「ある法則」の全体像を知ることで、基本の流れの法則を知ることができます。基本の流れを知ると、あなたの日々の生活で実践的に使っていけるのです。

たとえば、「ビジネス」にも「子育て」にも。ストレスのない「人間関係」や「健康」を手に入れ、裕福に楽しく生きていけるのです。

そして、何か遠い未来ではなく、「今」が変わるのです。あなたの望む「今」に「ミラクル」を起こしていける「魔法の法則」があったのです。これからお伝えする内容は、とても簡単に願望実現する「実践マニュアル」です。

肉体は波動の変換装置／宇宙の「ヴォルテックス」に波動を共鳴させることで、発信した波動通りの未来が実現する

あなたは「自分には能力がない」「感じない」と思い込んでいませんか？

実は、私たちの肉体は、波動をキャッチして変換する装置です。そして、波動の変換装置には「受信機」と「発信機」があります。

まず、あなたの受信機からご説明します。「目」は、「目」で波動をキャッチして「映像」に変えています。「耳」は、波動をキャッチして「音」に変換しています。「鼻」は香りに、「舌」は味に変換しています。「皮膚」は、波動を感じ取っています。エネルギーを感じて毛穴が引き締まるなどの体験をされたことがあると思います。

次に、発信機です。まず、あなたは声帯から発声します。そして、最も変換能力に優れている

肉体は波動の変換装置

●受信機

●発信機

●受信機と発信機

装置が「感情」です。あなたが持つ「感情」が変換装置となり、あなたの全身から放たれる「波動」になります。そして、「ありのままのあなた」が発している希望や願望をキャッチする優秀な変換装置なのです。

私たちの日常生活で起こっていることは、すべて波動に置き換えることができます。私たちの目には見えない次元である宇宙空間には、「ヴォルテックス」というエネルギーの塊が存在しています。その「ヴォルテックス」は、地球で起こる波動を司り、私たちの生活に影響を与えています。私たちが適切な方法で自分の望む未来に波動を合わせ、宇宙のヴォルテックスに共鳴させれば、あなたの日常生活の中でどんどんミラクルが起こってきます。

ミラクルが日常生活の中でどんどん起こってきたら、「偶然」と済ませるのではなく、あなた自身が自分の生活を創造し始めたのだと実感して、喜びましょう。「宇宙の法則に則って生活する！」と、ご自分で決めたのであれば、ミラクルが起こったら「喜ぶ」ということも決めましょう！「喜ぶ」という波動はとてもエネルギッシュなので、より強力なパワーとなって、宇宙空間へ働きかけるのです。すると、あなたの願望はいとも簡単にスイスイと実現していくのです。「宇宙の法則」では、宇宙に存在していて地球の運営を司っている「ヴォルテックス」が、私たちが発信している波動をキャッチして、その波動に見合った未来を実現していっています。これは、あなたが望む・望まないに関係なく、あなたが発信した波動で未来を決定しているのです。あなたは気づいていなかったかもしれませんが、今までも、そう動いていたのです。

3）宇宙空間に存在している地球を司るヴォルテックスが私たちのクリエイティブパワーをキャッチする
2）宇宙へ発信
4）ミラクルパワーとして地球に降りてくる
1）地球上でクリエイティブパワーが創られる
5）願望が実現する
「宇宙の法則」を使いこなす原理

つまり、ポジティブな波動を発信すればポジティブが実現し、ネガティブな波動を発信すればネガティブが実現してしまうのです。忘れてはならないのは、あくまでも「あなたが発信する波動」で決まるということです。ただ、軽く思ったり感じたりするだけでは、あなたが発信する波動に変換されないので、未来には影響がない場合もあります。重要なポイントは「感情」なのです。感情が強く動いたときには、しっかりと波動に変換されることでしょう。

あなたの魂の中にある「クリエイティブヴォルテックス」の波動をキャッチしましょう

宇宙には、「地球を司るヴォルテックス」というエネルギーの塊が波動を感知して、その波動に合わせた未来を宇宙で創り、その「宇宙で創った波動」を私たちに送るというシステムが存在します。では、私たちは願いを実現するために、このシステムをどう使っていけばよいのでしょうか。

まず、私たちがいう「願い」とは何か？　ということを、シェアしておく必要があります。それは、あなたのエゴから発せられるものを指すのではなく、「心の奥」つまり「魂」から発せられるものを指します。

あなたの心の奥底で存在している「あなたの真実の声」があります。それこそが「ありのままのあなたの声」なのです。「ありのままのあなたの声」、それはつまり、あなたの魂からの声です。あなたの魂はエネルギーでできていますが、その魂エネルギーから発する波動を感情という波動変換装置に共鳴させて、「クリエイティブパワー」をつくり出すのです。そして「クリエイティブパワー」があなたの願いを宇宙空間へ発信し、宇宙に存在する「地球を司るヴォルテックス」と共鳴させるのです。

願いを実現させるためには、まずは「クリエイティブパワー」をつくり出すことが先決なのです。今までのメソッドの多くは、ここが抜けていました。だから、いくら「ワクワクすることをしましょう」と言っても、あなたの浅い部分にある感情で「ワクワク」しているだけだったのです。「一瞬ワクワクした気がするけれど、長続きしない」というのは、表面的な浅い部分での「ワクワク」だったため、クリエイティブパワーに変換されず、当然、日々の生活でミラクルが起きなかったのです。ここが、とても大切なポイントです。

あなたは、こんな経験をしたことはないですか？　友人からある集まりに誘われました。そのときは、「わっ、楽しそう。行く行く～」と二つ返事で引き受けました。そして数日後、その集まりの直前になって「あ～、やっぱり気が重い。行きたくない。断りたいけど、断れない。でも行きたくない。どうして、行くって言っちゃったんだろう」という気分になってしまった――これは、まさしくあなたの浅い部分の「ワクワク」で判断した例です。浅い部分で判断した結果は、短時間ですぐにブレてしまいます。

でも、魂からの「ワクワク」は、ちょっとやそっとではブレませんし、コロコロと変化することがないのです。魂からの「ワクワク」に出逢ったら、それを実現するための障害物も障害物とは感じなくなって、時間が経つのも忘れて没頭して、「ワクワク」を継続しながら事を成し遂げていきます。

「ありのままのあなた」である、あなたの深い部分に存在している魂からの声をキャッチした状態が「魂からのワクワク」です。このキャッチの仕方を習得することで、あなたは「いつもコロコロと意見が変わる人」から「しっかり魂の声を聴いて人生を楽しく謳歌《おうか》する人」に変身するのです。社会での信頼度も超アップしますね。

そして、あなたの深い魂レベルの部分に「クリエイティブヴォルテックス」が存在しています。これは、常に振動を続けていて、あなたの奥深いところに存在している魂エネルギーです。この「クリエイティブヴォルテックス」は、「ありのままのあなた」であり、あなたがこの世界でどのようにして生きていけば幸せになっていくのかを知っている「ヴォルテックス」なのです。

この世界であなたらしく楽しく有意義に生きていくためには、まずはこの「クリエイティブヴォルテックス」の波動をキャッチすることが必要です。これは、いつも振動しているのですが、それをキャッチするためには、あなたの「感情」という波動変換装置を静かな状態にしている必要があります。つまり、あなたが感情的になっているときは、波動の変換装置は正常に機能していないことになります。

たとえば、あなたが有頂天になって喜んでいるとします。これは一見、素敵なことのように思えますが、ピンク色のサングラスで世の中を見ている状態なのです。逆に、気分が落ち込んでいるときは、グレー色のサングラスで世の中を見ていることになります。これらは、真実ではありません。真実を見るためには、クリア（透明）なサングラスで世の中を見なくてはなりません。波動の変換装置を正常に機能させたいときは、すべてクリア（透明）にしたうえで、感情を静かにさせる必要があります。

あなたの「感情」という波動変換装置が魂からの波動と共鳴したとき、「ワクワク」を感じ、「クリエイティブパワー」に変換されます。今まで多くの方がワクワクして生きることの必要性を説いていましたが、こういうことだったのですね。でも、自分の表面的な浅い感情での「ワクワク」とは、意味が全然違っていました。

魂の声・インスピレーションを受け取る方法／シンクロは、宇宙があなたの願望を叶えるために動いているサイン

次に、あなたの魂からの声を（あなたが）キャッチしているときはどういう感じになるのか、

その見分け方をご紹介します。

「なぜ、そう思うか」の理由が出てこないとき。言葉で表現できない「いい気分」は、本物の証拠！

「なぜ、そう思うのか」という論理的な理由が出てきたら、それはあなたの頭で考えた内容です。言い換えれば、それは世間体や今までの常識にとらわれた内容で、「ありのままのあなた」からの声ではないのです。

多くの人々は、このような判断で日常を送っていることが多いと思います。したがって、「ありのままのあなた」を生きておらず、ストレスを感じたり、疲れたり、笑顔でいることが少なくなったりします。ひどい場合には、「ありのままのあなた」の声を知りません。

では、「ありのままのあなた」の声をキャッチするにはどうしたらいいのでしょうか？　魂と共鳴すると、「気分がイイ〜♡」「ワクワク〜♡」と感じて、「クリエイティブな波動」がつくられます。これが「クリエイティブパワー」なのです。すでに述べましたが、クリエイティブパワーが発信されたときに初めて、あなたの意図した願望が実現するのです。そして、それが宇宙に存在する「地球を司るヴォルテックス」と共鳴して、どんどん願いが実現していくのです。宇宙があなたの願いを実現するために動き出します。「地球を司るヴォルテックス」と共鳴すること

クリエイティブパワーとは

で、あなたの願いを実現する波動が届いて、それが現実化していきます。

次に、宇宙からあなたにインスピレーションやメッセージが届きます。「宇宙からメッセージが来ても、私にはわからない！　そんな能力はないから無理だ〜」と思わないでください。あなたが日々の生活の中で急に何か閃いたり、「なんだかこんな感じがする」といったインスピレーションを受けたりしたことは、一度ではないはずなのです。

そのインスピレーションを受け取るときにも条件があります。それは、頭で考えるのをやめているときにやってきます。インスピレーションを受け取ることができる状態は、脳の働きがストップしているときなので、日々の生活でボ〜ッとしているときがベストな環境です。

私たちは、今まで「頭」を使うトレーニングを強《し》いられてきました。そして、「頭」で考えて答えを導き出すトレーニングをしてきました。「頭」を使って考えることでのみ、答えが導き出されるのだと思い込んでいたのです。いえ、もしかすると、思い込まされていたのかもしれません。

あなたは、いつも何かを考えていませんか？「頭」が休まるときがないくらいに考えることが習慣になっていませんか？　そして、それが当たり前に評価されることであり、「頭」を使わない人はバカなのだと思い込んでいませんか？　でも、実はそこに落とし穴があったのです。歴史的な発明も、「頭」で考えて導き出されたものではありません。偉業を成し遂げてきた人々は、何かしらのインスピレーションを受け取って行動していました。見えないエネルギー、つまり

「波動」をキャッチして行動していくことで、自分の進む方向がわかり、世の中に貢献することができたのです。

そして、インスピレーションを受け取ることができるのは、稀にみる発明家やアーティストや選ばれし能力者だけではありません。私たちがそのインスピレーションを受け取るコツは、ボ〜ッとしていることなのです。最近、私がインスピレーションをキャッチするのは、朝に歯を磨いてボ〜ッとしているときが多いので、私はなるべくボ〜ッとするようにしています。

ある日、主人と一緒に買い物に行ったときの話です。その当時の私は、パンが必要ない生活をしていたにもかかわらず、無意識に食パンを手に持っていたことがありました。主人が「なぜ、食パンを持っているの?」と私に質問しました。私もなぜかわからず、そのとき主人に理由を説明することができなかったので、食パンを買わずに帰宅しました。

その日の夕食は、私が初めてチャレンジする「ガスパチョ」のメニューです。ガスパチョのレシピを見ていると、必要な材料に「食パン」がありました。先ほど食パンを無意識に手にしていた私の判断は正しかったのです。私は、無意識にインスピレーションをキャッチしていたにもかかわらず、自分の頭で考え直して、せっかくのインスピレーションを無駄にしてしまったのです。

そんな経験をいくつか積み重ねていくうちに、本物のインスピレーションは、言葉で説明できないことが多いとわかってきました。そして、それこそが本物の証拠なのです。また、インスピレーションに従って行動していくと、日々の生活の中でどんどんミラクルを体験するようになりました。

よく似たことが日常的に無意識のうちに皆さんの周りでも起こっていると思います。少し意識をそちらに向けると、「ある！　ある〜！」ということがわかってきます。結局、インスピレーションを受け取るのは頭を使っていないときであり、それを実行するときも「頭を使わない」のがコツだったのです。脳の機能が静止しているときに、ある回路が開くので、インスピレーションを受け取ることができるのです。

そんなときには、「シンクロ」と呼ばれるような現象がよく起こるようになります。それは、あなたの願望が宇宙に受け入れられ、宇宙がその願望を叶えるために動いている証拠なのです。そして、その「シンクロ」がよく出てきたときには、素直に「喜ぶ」ことが重要です。喜ぶことで「波動」がエネルギッシュになり、より強力なパワーとなって宇宙へ到達し、願望が実現しやすくなるのです。

感情の変換装置を正常に機能させた結果、自分自身がモヤモヤした気持ちになったときは、「ありのままのあなた」、つまり、魂のエネルギー波動と不協和音を鳴らしているときなのです。そのモヤモヤは、あなたの魂からの「そっちではないですよ」というメッセージです。せっかく、あなたが魂からのメッセージをキャッチしていても、あなたが行く方向を修正せずに進んでいくと、そのモヤモヤした感情があなたの全身から発する波動に変換され、「地球の運営を司るヴォルテックス」に届いてしまいます。

そして、その波動に見合ったことを実現する波動エネルギーが宇宙から地球へ送信されます。あなたが、望むと望まないに関係なく「波動」に共鳴した現実がこの地球上で実現されることになるのです。

マスタークリエイターは私たちをパーフェクトな状態で誕生させた／自分の思い通りの人生を生きていく選択をしましょう

あなたの存在そのものは、「肉体」と「魂」から成り立っています。最近の医療現場でも「肉体」と「魂」を全体的にケアすることが見直されてきているほど、この事実は当たり前の認識になってきています。私たちは、この宇宙に魂エネルギー体として誕生したとき、ほぼパーフェクトな状態で誕生しています。この「魂エネルギー」も波動と言えます。

宇宙に誕生したときのパーフェクトなあなた自身を「パーフェクトセルフ」と呼びます。

私たちの今の状態は、このパーフェクトセルフのエネルギー体から一部抜け出して、「魂」として、肉体の中に入っています。ということは、パーフェクトセルフは本当の自分自身であり、自分の本質と言えます。パーフェクトセルフは、この宇宙を創造したマスタークリエイター・創造主・魂の根源が誕生させました。マスタークリエイターは、さまざまな呼び方がありますが、この書籍では「マスタークリエイター」と呼ぶことにします。

パーフェクトセルフは、マスタークリエイターと共鳴していて、実に波動が高い存在なのです。あなたの地球での役割、つまり、天職・天命を知っている存在であり、あなたがどの方向に行けば幸せになるのかを知っている「案内人」なのです。今もなお、同時に異空間で存在しています。そのパーフェクトセルフの一部分が抜け出して、あなたの「肉体」に「魂」として入っているのですから、あなたの深い部分に存在している「魂」は、素晴らしい「案内人」の案内をキャッチしている存在なのです。

そして、マスタークリエイターが私たちを誕生させたということは、私たちはマスタークリエイターの子供であり、クリエイターと言えるのです。そして、この宇宙に魂エネルギー体として生まれたときからずっと自分の人生のシナリオは自分で決めてきました。もちろん、この地球に生まれてくることもあなたが決めてきたのです。「両親は誰にするのか?」「いつ、どの国に生まれるのか」「この地球での人生をどのように送るのか」――そんなシナリオを描いてきました。シナリオのキャスティングは、宇宙にいたときに協力を得た存在たちが協力してくれています。

逆に、あなた自身もさまざまな方々のキャストとして協力しているのです。過去世でクリアできなかったことを今世でクリアしたいから協力を依頼され、許可をしていることもあります。それは、過去世でひどい目に遭わされた魂かもしれませんが、宇宙では関係ないのです。今世のことは今世のうちにすべて清算されるのですから、来世に引きずることはありません。この世で自分が果たす役割を決めて、志願して、マスタークリエイターと約束して、地球に降り立ったのです。決して、あなた以外の誰か他の存在に操られ、支配やコントロールされて決めてきたのではありません。

「自分がすべて決めたならば、きっとずっと幸せに幸運に恵まれるように設定してきているに違いない！」と言う人がいますが、それは肉体を持っている今のあなたの意見です。宇宙にいた頃のあなた自身の記憶がない状態で、判断するのは少し乱暴だと感じませんか？　あなた自身はきっと、とても勇敢な魂の持ち主だったからこそ、この地球に生まれてきているのです。

そして、勇敢なあなたは、ハードルを高く設定して、課題もたくさん設定してきてそれをクリアして、魂の成長拡大をしようとチャレンジしたのです。そこには、「必ず乗り越えられる！」という確信があったに違いありません。ただ、それを忘れている勇敢なあなたが今、ここに存在しているだけなのです。

「え〜っ！　でも、今の私には無理！」、そんな声が聞こえてきそうです。安心してください。先ほどもお伝えしたように、あなたは、今もクリエイターなのです。つまり、創造者のあなたは健在なのです。

自分が設定したシナリオが嫌ならいつでも書き換えることができます。「前世・過去世の自分のシナリオを引きずってきている」という思想がはびこっていますが、それは真実ではありません。一つの人生の中で、プラス・マイナスを清算してゼロにするようになっています。たとえば、今回の人生の中でマイナスが多い人は、肉体と魂が離れるとき、つまり「死」を迎えるときにすべて清算されます。

ひどい場合は、「今、あなたは、あなたの先祖がしでかした罪を背負っているから、その罪を受けなければならない。仕方がありません」というような思想もあります。これも、事実とは違っています。魂エネルギーの癖はありますが、前世での因果が今世に及んでいるとか、過去世の罪を今世で償《つぐな》うことなどないのです。そういった思想は、今のあなたから逃れる、逃避する絶好の言い訳となる思想なのです。誰かからそんな話を聞いたとき、その前世の話も真実かどうか怪しいのに真実だと見なして、あなたが変わらないことを認めてしまうのです。そして、過去の虜《とりこ》になってしまうのです。

本当のあなたはクリエイターであり、あなたの未来をどんどん望む未来に変えていける存在なのです。なんと、素晴らしいことでしょう。宇宙は「今」「今」「今」……今の一瞬一瞬で動いています。今、あなたが発信した波動で未来が決まります。あるいは、今の波動をどう発信するかを、あなたが決めることができるのです。

「嫌なら変更できる」、これが宇宙です。ある法則で動いているのは、確実なのです。だったら、この法則を自分のものにして、自由自在に自分の思う通りに人生を生きていくことを選びましょう。「あの人だからできたのよ」と、幸せになる自分から逃げるのはもうやめにしませんか？　同じことを繰り返す人生にピリオドを打ちませんか？　それは、とても簡単です。ただ、波動をコントロールすればいいのです。ただ、そうするためには条件があります。

クリエイトが実現する条件

自分は、無限の可能性を秘めている存在であることを認めている。

「自分の住んでいる環境は、愛で満ちている！」と感じている。

クリエイトできない事

マスタークリエイターと約束して来た役割使命
真の人生のパートナー

これらは、残念ながら変更できません。

逆にこれ以外ならば、寿命さえも変えることができるのです。

この本を読み進めていくうちにこの条件をクリアしていくプログラムとなっていますので、ご安心くださいね。

日々の生活であなたがキラキラ輝くことを探しましょう／視点を変えれば、見える世界も変わってくる

たとえば、あなたが身長120センチの体で一日過ごすことになったとしましょう。そして、次の日の身長は200センチになっていると想像してみてください。これは物質的な見え方の違いの例ですが、きっと、見える世界が変わりますよね。

「わたしがキラキラするものはないかなぁ」と思いながら過ごす一日と、「嫌だ嫌だ」と思って過ごす一日とでは、あなたが感じ取れるものが全然違ってくるのです。キラキラしていると、同じ日々の中でも新しい発見が増えることは間違いないのです。そして、視点を変えることで、あなたの発する波動が変化します。すると、宇宙が動き出し、あなたの環境がみるみるうちに変化してくるのです。

このキラキラすることを探すノウハウは、今後「アシュタールメソッド」を卒業されても、いつでも使い続けることができます。キラキラが実現して、次のキラキラを探すときにも役に立ちますし、今、キラキラすることがわからない方でも今日から一緒に探していくことができます。さっそく今からキラキラを探すトレーニングを開始してくださいね。

エクササイズ

あなたがキラキラ輝くことを発見しましょう

では、具体的に日々の生活の中で、現在のあなたの生活や人生の枠を超えてキラキラを発見していくワークです。実生活の中で「こうなりたい！」と思う部分をピックアップしていきましょう。あなたの生活の各領域のすべてにパーフェクトな設定をするのです。健康・家・ファッション・豊かさ・人間関係などなど……あなたが住んでいる環境すべてにおいてパーフェクトな情報を収集していきましょう。

今までに、「アシュタールメソッド」参加者の方々がこの方法だけでどんどん変化していきました。ある50代の男性は退職さえ考えていましたが、このアドベンチャーの旅を開始し、同じ職場で「キラキラ輝いている人」を見つけたのです。そして、どうしてキラキラしているかの理由を聞き、自分の部下にもキラキラすることを探す提案をしたのでした。すると、どうでしょう。数カ月後、その男性は、よりキラキラを実現できる、自分の希望の部署に異動になったそうです。

また、ある方は朝から「キラキラすることはないかなぁ」と探していると、ふと自分の口角が上がり、キラキラしている自分を発見しました。その3日後、遠方に住んでいて、いつも無理難題を持ちかけてくる親戚から連絡があり、にこやかな明るい声で「もう、あなたを困らせないわよ」というようなことを言われたそうです。ただただ、「『キラキラすることはないかなぁ』と思って3日間過ごしただけなのに、自分の波動が変わるってすごいパワーがあるのですね」と語っておられました。

まだまだご紹介しきれないエピソードがありますが、「百聞は一見にしかず」です。まずはあなたが行動して、体験してみましょう。重要なポイントは、「幸せな気持ちでいること」「すべてが順調だぁ～」という気分でいることです。

第5章

あなたの中にある実現力を200％にパワーアップしましょう

オーラとエネルギーセンター
を活性化して、
宇宙に発信する
波動を高めるレッスン

ユニット④

宇宙の法則・各論

共鳴（レゾナンス）の法則――あなたの波動に合ったものや出来事が、まるでテレビのスイッチを押したように実現する

あなたの周りの友達について考えてみましょう。あなたの友達は似た人が集まっていたり、惹かれ合ったりしていませんか？「類は友を呼ぶ」ということわざがありますが、実は、友だけではなく、この世の中で起こっていることすべてに言えることなのです。

たとえば、テレビが映る仕組みを見てみましょう。テレビアンテナから放送局と同じ周波数の電波を受信すると、アンテナの電波は放送局の電波と共鳴し合ってテレビが映ります。これと同じようなことが、私たちに起こっているのです。あなたが出した波動の周波数に共鳴した人たち

が集まってきます。出来事も例外ではありません。

先にもお伝えしましたが、あなたの出した波動が宇宙のヴォルテックスに伝わって、あなたの未来が創られています。もっと言いますと、あなたは今まで無意識に波動を発信していました。この宇宙の法則を知って、あなたの波動を変えていくと、あなたの望むことがどんどん実現していきます。

しかし、この法則を知った今のあなたは「こんなに欲張りなことは無理！」とあなたに制限を付けていませんか？　テレビの例に戻りますが、番組を提供してくれるのは宇宙の仕事です。そして、ハッピーなことに、宇宙にはありとあらゆる番組が用意されていて、無限のチャンネルが存在しています。しかも、そのチャンネルの選択の権利は、私たちにあります。あなたが合わせた磁力ははるか宇宙にまで届き、波動が似た他のあらゆるものを引き寄せて、それがあなたのもとにやってくるのです。

すべては、波動で動いています。あなたの周りで起こっているすべてのことです。あなたの波動に合った存在やものや出来事が、共鳴し合う。あなたに起こっている現象や出来事を見れば、あなたが発した波動がどのようなものであるかがわかるのです。あなたが望む未来に波動を合わせることでどんどん生活にミラクルを起こすことができるのです。

タイミングの法則――
宇宙に偶然はなく、すべてはベストなタイミングで起きています

私たちが住んでいるこの世には「偶然」や「たまたま」はありません。すべては必然で、ベストで、絶妙のタイミングで起こるべくして起こっています。そもそも「偶然」自体、宇宙には存在しないのです。あなたが発した波動で着々と未来が決まっています。あなたの周りで起こっていることに文句を言ったり責任転嫁したりすることは、とても不自然なのです。あなたが希望する未来に波動を合わせれば、今このタイミングでくる出来事に深く納得できる体験をするでしょう。

たとえば、天候にも意味があります。その波動に伴って、あなたにとってベストな天候が用意されます。今、この時代に生まれている人すべては、自発的に自分の意志でこのタイミングを狙って生まれてきているのです。生まれてくる環境・国・時期・親もすべてあなたが決めてきているのです。あなた以外の誰かに決められてきたのではないのです。もっと積極的に、自主的に決めてきたことを知っていただきたいのです。

何度も言います。嫌なら今後のシナリオは書き換えることができます。この日本という国に生

まれ、この本を手にしていること自体、決して偶然ではないのです。まさにベストタイミングであり、その「本当の意味」を思い出すこと、「智慧」を学ぶことが真の目的なのです。

決して、焦らないこと、急がないことです。なぜならば、その波動があなたから発信されて、宇宙に届いてしまうからです。あなたが、焦ったり、急いだりしても誰にも何も得がありません。そのことを知っておいてください。あなたが発した願望の波動は、宇宙ではすでに実現していります（ただし、その波動を「クリエイティブパワー」として発信することが条件ですが）。そして、すべてはベストなタイミングでやってくると信じ切ることが大切です。

ステージの法則——進化することでステージが変わっていき、自由度が高くなります

宇宙には、絶対的な善悪の基準は存在しません。その現象が存在すること自体、宇宙が認めているという証明なのです。宇宙には、「差」ではなく「違い」があります。それは、進化のスピードの違い、プロセスの違い、ステージの違いなどです。「差」という部分では、身分の差もありません。

また、宇宙には、ジャッジというものが存在しません。したがって、「良い・悪い」という差

もありません。しかし、明らかにステージの「違い」が存在します。「共鳴（レゾナンス）の法則」的に言えば、同じステージの者同士は集まりやすいという現象です。

進化することは、ステージが変わるということです。ステージを変えるコツとして、宇宙船で瞬間移動をイメージしてみてください。そして、ステージを変化させることをあなた自身が許可することが重要なポイントです。

ステージが進むほど「自由度」が高くなります。逆に言うと、今の自分の自由度を見れば、自分の今のステージがわかります。ワクワクと楽しみ、「ありのままのあなた」を「主《あるじ》」として、自由に人生を謳歌していますか？　あなた以外の誰かの言動に左右されるのではなく、いつも「ありのままのあなた」に確認していますか？　誰かの意見に左右されているということは、自由ではありませんよね！　今の自分に問うてみましょう。いかがでしたか？

進化するほどに自由になります。進化は突然に、急激に、いとも簡単にやってくるので、進化を常に受け入れる態勢を用意しましょう。そのためには、人生の変化を楽しめるあなたになるのが大切なポイントになります。今までのステージのあなたをいつでも手放せるように、「執着」を手放すトレーニングが必要です。あなたは、今「執着」を手放せているでしょうか？　ちょっとここで、あなた自身に確認してみましょう。

自由の法則――
他人の自由に干渉すると、自分の自由を失うことになります

他人の自由に干渉することは自分の自由を失うことです。あなたが意識を傾けたことは、すべてあなたの真実となります。つまり、あなたの外側で起こることばかりに意識を向けていると、本来のあなたが望むことやあなたの人生の役割や天職、天命から遠ざかっているのです。

この世の中にはさまざまな人がいます。「あれは良い悪い、あれは正しくてあれは間違っている」というように注目する人がいます。たとえば、他人の噂話が大好きな人々です。そのような人々は、自分の人生の役割や世の中への貢献に意識を向けていません。そして、自分の波動が自分の望む方向と正反対に働いていることに気づいていません。その人たちの人生は、自分の望む現実をつくり出すことよりも、この世界を共にする人々の行動や人生経験を分類することが中心となってしまっているのです。

分類屋さんになってしまった人々は、自分の幸せは他人の行動に左右されると思い込み、恐怖や不安感から他人の噂話をし、ジャッジする毎日を過ごしています。他人の行動や考えに目を向けて、「自分には合わない」とか「必要ない」などと思っているうちに、自分が望んでいない波

動をいつの間にか発信して、自分の人生に引き寄せてしまうのです。そして、なぜ望まない方向に人生が進むのかの理由がわからないため、もっと不安に思ったり、疑い深くなるのです。

今までの私は、ここまでのお話でどこか遠くの関係ない人の話のように伝えていました。「近所に噂話が好きな人がいますよね」という具合に、自分には関係がないものと思っていたのですが、ある体験をしたときに、自分がこれに陥ったことに気づきました。

自分が誰かに危害を加えられ、被害者になったときです。相手が私に何をしようと相手の自由なのです。他人の自由に干渉することは自分の自由を失うことであると感じました。それに気づくまで、「どうしてあの人は、あんな仕打ちを私にしたのだろう?」と考えていました。でも、それは、相手の自由ですよね。相手がいくら私を傷つけようと、相手の自由なのです。大切なのは、「私に起こった現象をどう意味づけをして、どう捉えるか」ということだけなのです。「他人の自由に干渉することは自分の自由を失うこと」、私もまさにここに陥っていました。そのことがわかったら、自由な自分に戻りました。「わぁ〜解放されたぁ〜!」という感じでした。このような出来事を体験したことで、皆さんにより深くお伝えできるのがとても嬉しいです。

調和・ハーモニーの法則──バランスが崩れれば、それを元に戻そうとする力が働きます

すべてのエネルギーは、揺れたり戻ったりしてバランスをとっています。すべてのエネルギーは自然に「調和・バランス」を整えようとする性質を持っています。

私たちの身体や生命には「ホメオスタシス」という恒常性の機能が備わっています。つまり、バランスを保とうとする力のことです。風邪を引くと熱が出るのは、体温を上げて免疫力を活性化させて、風邪のウイルスに対抗しようとする身体のメカニズムです。これは身体に限ったことではなく、政治・経済・お金・感情・パートナーシップ・人間関係のバランスが崩れれば、それを元に戻そうとする力、バランスを保とうとする力が働くことになります。

私たちの日常で、一見ネガティブと思われることが起こった場合、あなたはどう感じますか？「これは私の何かの学びだから、ここから何か学ばなければいけない」と捉えていませんか？ そのことを課題と見なして、自分自身の悪いところを探して修正しようとしていませんか？ そのときのあなたを思い出してください。どことなしか元気がなく、あなたから発する「キラキラ感」は、なくなっていませんか？

実は、私自身も先日までそう考えていました。しかし、その思考自体が必要ないと判明したのです。こういう場合、「良いことが起こる前兆！　予兆！」と捉えるのです。言い換えれば、「大難を小難に変えた」と捉えてみてもいいでしょう。

たとえば、あなたが旅行に行くとき、飛行機に乗る直前に転んで、ひざに怪我をして出血したらどう感じますか？　「あ〜、この旅行は不吉な予感……よくないかも？」と感じると、不安な感情が湧き出て、不安の波動を全身から発信します。

それが宇宙に伝わり、それが実現します。でも、宇宙の視点では、大難を小難に変えているのですから、これを知ったあなたは、今後そのような出来事があったときに「わぁ〜、この旅行は、もう安全な旅行になったぁ〜」と確信するのです。するとその波動が宇宙に伝わり、それが実現します。

バランスの法則で見てみますと、「出血」は血が流れることですよね。もしかすると、この旅行で何らかの事故に遭って出血する予定だったものが、少ない出血で「小難に変換した」と見なすと、「今回の旅行は無事に終了する」と捉えることができるのです。

それは、ローンの前払いや一括払いをした感じに似ています。たとえば、あなたが３０００万円借りたとして、ローンを月々支払っていったら、返済の合計金額が３５００万円に増えてしまい、５００万円多く支払わなければなりません。それを前払いや一括払いにすると、もしかしたらその恩恵をこうむって、２８００万円で済むかもしれませんよね。そのようなことが「バランスの法則」で起こるのです。

プロセスの法則――この世のあらゆる現象には始まりも終わりもありません

この世の自然界・森羅万象は、すべてプロセスで成り立っています。始まりも終わりもありません。結果もなく、すべては「プロセス」の中にいるのです。

あなたの前にリンゴの木があります。あなたは、そのリンゴの木からリンゴをもぎ取って口にしました。それで、終わりでしょうか？　いいえ、あなたはもごもごと口で咀嚼《そしゃく》したリンゴを飲み込みます。まだ、続きます。そして、そのリンゴはのどや食道を通って胃に到着します。リンゴは胃で消化・分解されます。そして、小腸でまた分解され、必要なものとそうでないものに分けられます。次の大腸では不必要なものは排出されます。自然の摂理においては、排出物は大地へ戻って肥やしになります。もしかすると、排出物の中にリンゴの種が入っていて、また新しい命が誕生するかもしれません。

そのように、始まりも終わりもなく、回り回っているのが自然の流れなのです。自然界を見ていても、そのようなことが普通に起こっています。「生命（人生）」にも終わりはありません。

「死」イコール「生命の終わり」ではありません。「死」も生命が生まれ変わるための「プロセスの途中」の一部なのです。肉体が朽《く》ちて、肉体から魂が抜け出して、宇宙へ帰ります。その魂は、また次のステップへ進むだけなのです。

あらゆる現象を「原因」と「結果」に分けることはできません。一つの「結果」は次の「結果」を生む「原因」となり、その「原因」がまた新たな「結果」を生み出します。「結果」など初めからないのですから、「結果」を求めたり、「結果」にこだわったりする必要もありません。すべては「プロセスの途中」なのです。

ありのままの法則——ありのままでいることを許し、受け入れることで自由へと導かれます

あなたがありのままのあなたで、あなた以外の人がありのままのその人であることを許して受け入れましょう。あなた以外の人やあなた自身を理解し、許して受け入れることが重要です。そこから発する波動は、とても心地よい波動なのです。その波動から生み出されて導かれる自由を目指しましょう。ありのままのあなたや他の人を許し、受け入れることで、「ありのままのあなた」に自然と生まれ変わることができるのです。

「感情というナビゲーションシステム」を活用して、「ありのままのあなた」が望んでいる方向に向かっていくことこそが、あなたの人生の最大の幸せなのです。そのシステムを上手に使いこなすためには、ある方法があります。後で詳しくお伝えしますので、楽しみにしてくださいね。

皆さんは「人生という道を運転するハンドル」を握っています。いくら人生のナビゲーションが「こっちだよ〜」と言っていても、ハンドルを握っているあなたが逆にハンドルを切ったのでは、望む方向には進みません。「ありのままのあなた」であなたの人生のハンドル操作をしていきましょう。

と伝えていたのは、少し前のお話です。新時代の今は「人生のハンドル」を手放し、宇宙に委ね、宇宙に自動操縦してもらうのが、スムーズに流されるコツなのです。

この事は後ほどゆっくりお伝えします。

ミラーの法則——あなたは、他人を通して自分の良い面や悪い面を見ています

あなたの周りで起こっている現象は、すべて自分の内面が映し出されたものです。投げかけたものが返ってきて、投げかけなければ返ってきません。「天に唾《つば》する」ということわざがありま

すが、これと同じような意味だと思います。それは、自分の出したエネルギーが鏡に反射されて返ってくるようなものなのです。

宇宙に存在している「地球を司るヴォルテックス」は、鏡のようなものとイメージしてみるとわかりやすいと思います。鏡の中の現象を変えたくても、実像である自分自身を変えなければ、現象は変わりません。実際に起きている現象は、あなたが発したものが返ってきているということなのです。この世には、自分以外の責任にできることは何一つないのです。

たとえば、鏡を見ると、鏡の中のあなたのヘアスタイルが乱れていました。通常ならば、鏡に映っているあなたの頭に手を伸ばして直そうとしますよね。しかし、通常、鏡の見えない生活の中で起こっている場面になると、鏡に手を伸ばして鏡に映るあなたのヘアスタイルを直そうとしていることが多いのです。

日常生活の中で、あなた以外の人を見て「あの人のここが嫌い」と感じることがあると思います。それは一見、あなた以外の存在の嫌な部分を見ているように感じているのですが、本当はその人を通してあなた自身の嫌な部分を見ているのです。その部分に直視すると辛さを感じるときもあるでしょう。「認めたくない」と反抗するあなたもいるでしょう。でも、それが真実なのです。だったら、あなた以外の人の良い面を探してみましょう。すると、あなた自身の良い面もたくさん発見することになります。

まずは、簡単な方法でご提案しましょう。実は私も数年前までは、自分を卑下したり人を批判したり、このような癖がついてしまっていました。

そして無意識のうちに、人や自分自身を傷つけていたのだと思います。

しかし、あるときに批判することは人や自分自身を傷つける行為なのだと気づき、目が覚める思いがしたのです。

そのときは、とても自分自身で恥ずかしいと思いました。自分の生き方を変えようと強く感じたのです。

そして、人のことも自分自身のことも批判するのをやめよう！　と強く決意したのです。

人生のいつにおいても「決意」というのはとても重要なことです。決意すると、あなたから発する波動そのものが変化します。

すると、人を批判したり不必要な情報を持ち込む環境には関わらないようになってきます。

あなた自身が一気に変わろうと頑張る必要はありません。少しずつ減らしていけばよいのです。

次に大切なのは、人やご自分の批判をしている環境に近づかないことです。

そのような環境下にいるとついつい批判の波動と共鳴しがちになります。

そして、誰かと話をしているときに人の噂話になりそうだったら、さりげなく話の方向性を変えてみましょう。

しかし、ときにはそのような環境に引きずり込まれ、実際には批判の世界から離れたつもりがいつの間にかはまりこみ、またなえることがあったとしても、人間というものはパーフェクトではありません。

ですから、もしそのようなことがあったとしても、ご自分を責めすぎないことがとても重要です。

まず、ご自分を認め、今後は改めていきましょう。

魂のくせについては、後ほどもっと掘りさげてお伝えします。

エクササイズ

肉体の声をキャッチするワーク

肉体は大親友です。あなたの思い癖や行く方向が違っていたら教えてくれます。肉体の声を聴くトレーニングです。肉体に意識を向けることで、あなたがブロックしている部分がわかります。自分がブロックしている部分から、課題から逃れようとしている自分が見えるかもしれません。

ワークに入る前に、「自分自身に正直になる！」と決めましょう。せっかく、ここまで来ているのですから、変化するあなたを選びましょう。

何が出てきても大丈夫です！　どんなあなたも、ありのままのあなたなのです！　肉体には、ありのままのあなたに飛躍・前進する大きなヒントが隠されています。肉体という大親友の声をキャッチしてみましょう。

1. それでは、まずあなたの身体に起こっていることを感じてみましょう。何か違和感がある場所があれば、それを感じてみましょう。

2. その違和感を言葉で表現してみましょう。たとえば、「腰がだるい」「頭が重い」など。

3. 2で起こっている原因は何だと感じますか? なるべく、頭で考えずに感じてみましょう。身体の違和感の部分に意識をフォーカスしてみましょう。これに対する答えを見れば、この違和感を引き起こした人や状況に対して、あなたがどう感じているのかがわかります。

4. この肉体の違和感が原因で、あなたができなくなっていることはありますか?

5. もし、あったのであれば、それは何でしょうか?

6. この肉体の違和感が原因で、あなたはどんなあなたになれずにいますか? 「私は、○○な人になれずにいる」といった内容になります(○○の部分には、形容詞などが入ります。たとえば、「活動的」な人など)。

7. あなたがもし、○○な人になったとしたら、あなたに、困ることがありますか?

8. もし、あるとすれば、どんなことでしょう?

9. あなたが○○な人になったとしたら、他の人に迷惑をかけますか?

10. それは、どんな迷惑でしょうか? この最後の答えは、あなたのためにならない思い込みがわかります。思い込みは、あなたがなりたい人になることを阻止します。その現象として、あなたの身体に違和感が出てきます。「○○な人になれずにいる」の「○○な人」は、本来あなたがなりたい自分を表しています。実は、なりたいあなたになるのを阻止しているのは、あなたの思い込みだったのです。

あなたは、このワークを通して何を感じましたか？　なりたい自分を阻止しているのは、あなたの思い込みであることを自覚できましたか？　もし自覚できたなら、あなたが「なりたい自分」になることを阻止している思い込みは、今のあなたに必要かどうかあなた自身に確認してみましょう。

その思い込みが必要だと感じた場合、あなたがあなたの人生の主人公なのですから、その思い込みを持ち続けることができます。ただし、思い込みを持ち続ける限り、あなたの人生に変化は訪れません。それを自覚することが必要です。

その思い込みが必要だと感じながらも、「思い込みがあれば幸せになれない」と感じていれば、その思い込みから徐々に解放されていきます。「ありのままのあなた」へ向かって進んでいます。「これ以上、思い込みを持っているのは嫌だ」と心の底から思うのなら、自分に対して、なりたい人になることを許し、そのために必要な行動を起こしましょう！

エクササイズ　許しのワーク

あなたを許すことによって初めて、あなたは自分を愛することができるようになります。その結果、心臓に変化が起こります。さらに、あなたの血液にも変化が起こって、あなたの身体全体を、愛に満ちた新たな血液が魔法の薬となって駆け巡ります。そして、身体全体の細胞を変化させ、本来の調和状態に導きます。これは、頭で考えないことが成功のカギです。実際、あなたがあなたを許すことで、何か失うものはありますか？

1．まず、あなたの感情にフォーカスしてみましょう。
2．あなたの周りで起こっていることは、あなたに責任があることを認めましょう。
3．「ありのままのあなた」でいることを許しましょう。
4．もし、身体の違和感の原因になる相手が存在するのならば、相手を許しましょう。あなたを許し、相手を許すことで、あなたはとても自由なステージへ進むことができるのです。そこでは、あなたが望むすべてのことが実現していけます。あなたの望む人生を活き活きと歩んでいくのか？　それとも、過去にこだわり、あなたの執着している心にしがみついて生きるのか？　どちらを選ぶのかはあなた次第なのです。

「すぐには許せない」と心が叫んでいるとき、許せないあなたを責めないでください。傷が大きく、深く、しかもエゴが強力に抵抗する場合には、許しに至るまでに時間がかかる場合があります。

許すことを通して、「ありのままのあなた」でいることが大切です。あなたが、ある人を許すということは、その人の意見に同意することではありません。あなたがさまざまな視点で物事を捉えて、心の目で相手を見ることができるようになったということなのです。

自分を愛するとは、自分をありのままに受け入れ、あらゆる経験をすることを自分に許すということです。そうすると、あなたが望む人生がどんどん実現していくことでしょう。

ユニット⑤

人生を変える朝5分の過ごし方

オーラを調整することの必要性／オーラは一種のアンテナで、他人の気持ちを感じることができます

あなたの周りで「オーラ」という単語を最近耳にすることがありませんか？「あの人はオーラがある」というような表現を耳にすることがありますが、では「オーラ」って一体何なのでしょう？オーラというのは、「気」と言われるものです。日常では、「気迫」「気力」「活気」などの言葉で使われます。私たちは、肉体と魂からできています。魂は、私たちの全身から発せられているエネルギーと言ってもいいと思います。

理想的なオーラは、身体を中心にして見ると卵形をしていて、直径は両腕を伸ばしたときの指

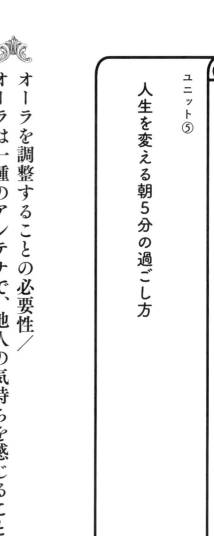

先ほどの大きさです。元気がないときは、肉体から30センチくらいになっています。一般的に、活気がある人のオーラを見て、「オーラがある」という表現をしているのだと思います。オーラは、あなたの日常生活の中でとても影響が大きいのです。

たとえば、「他の人の感情がとても気になって仕方ない！」「今日の出来事が気になって眠れない！」というような経験をしたことはありませんか？　このようなときは、オーラの調整ができていないことが多く、あなた自身のエネルギーのバランスがすぐに崩れるために生じます。

このようなことを感じたら、オーラが広がりすぎている証拠です。それは、オーラを縮めるイメージをするだけで、ずいぶん楽になります。オーラは一種のアンテナで、他人の気持ちを感じることができるのです。他人の気持ちを感じすぎてしまうのは、あなたのエネルギーが不必要に消耗しているからです。夕方になると異常に疲れやすかったり、ネガティブな思考が抜けなかったりする方は、ぜひオーラの調整をしてみましょう。嘘のように楽に一日を過ごすことができるようになります。

オーラは、層が外になるほど高い周波数となります。

エーテル体……肉体の影響が強いエネルギー体

アストラル体……一般的にオーラと呼ばれている部分で、感情やその人が発する波動により色が変化する

オーラの構造

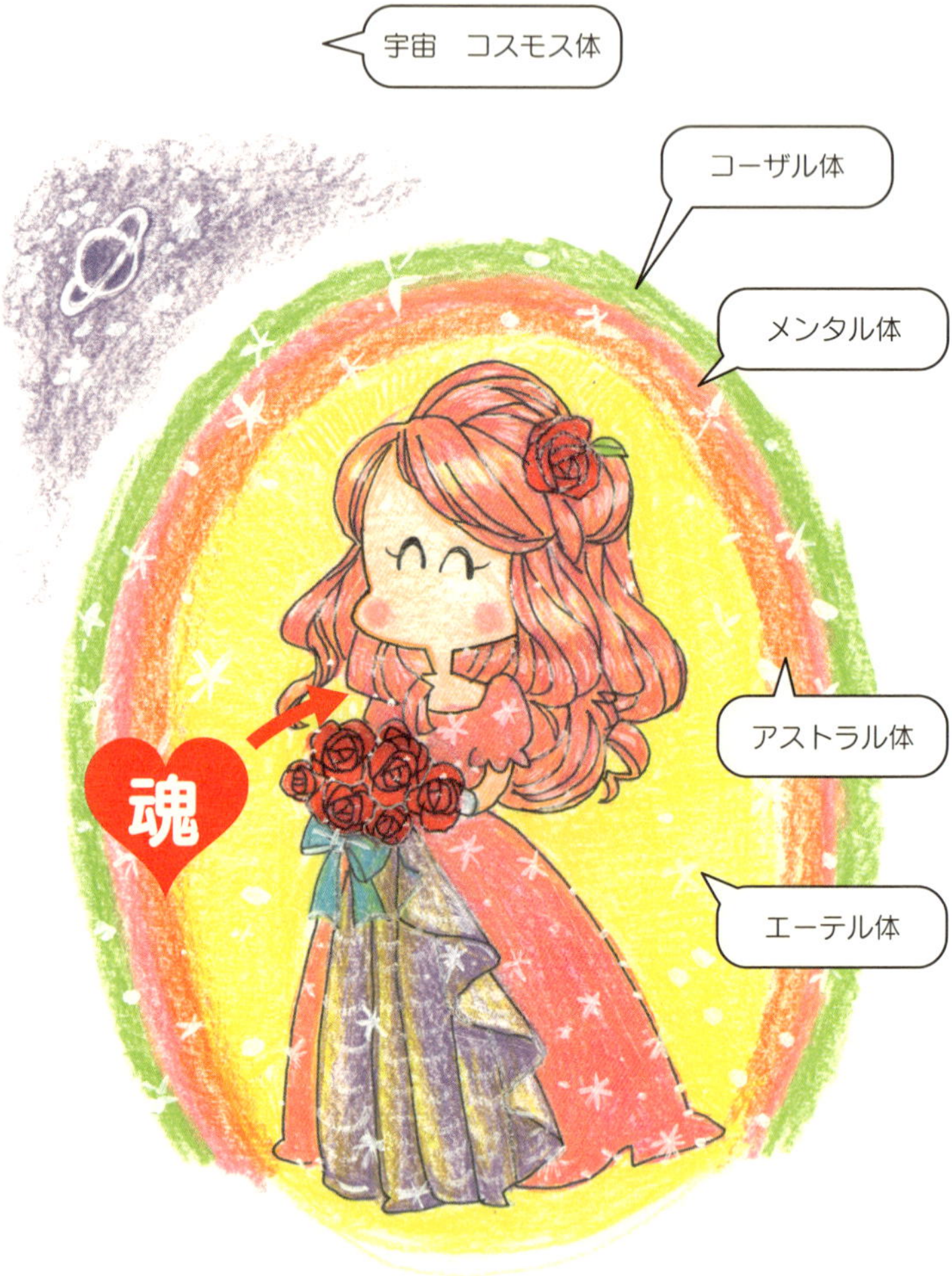

宇宙　コスモス体
コーザル体
メンタル体
アストラル体
魂
エーテル体

メンタル体……高次元での精神活動を司る部分
コーザル体……個人の役割のエネルギーが存在している
コスモス体……宇宙

エネルギーセンターのクリアリングをしっかりして、エネルギーを流れやすくすると、コーザル体に存在する役割の情報をキャッチしやすくなります。

自分の身体の周りをすっぽりと卵形に包んでいるオーラをしっかりと床まで引き下ろします。パソコンを長時間使うデスクワークが多い方や頭脳労働が多い方はオーラが上がりがちです。その結果、オーラから足が出てしまうので、冷え性になっていることが多いのです。オーラは肉体の周りを均等に包んでいるのが理想なので、地面の中にも数十センチめりこんでいるのが正解なのです。

他人のエネルギーを吸い取るエネルギーバンパイアにご注意！

余談ですが、あなたの知人で、会った後にいつも疲れると感じる人はいませんか？　だとしたら、その人はエネルギーバンパイアかもしれません。あなたにコードを付けて、あなたのエネルギーを吸い取っているのです。
それは、その張本人が知らず知らずのうちにしていることもありますが、故意にそうしている場合もあります。そのコードは、あなたと離れても存在し続けますので、別れた後もあなたのエネルギーを吸い続けるのです。優しい気持ちの持ち主ほど、たくさんのコードを付けられている場合があります。

そんな人は、夕方になると異常に疲れやすかったり、ネガティブな思考が抜けなかったりします。それは、あなた自身のエネルギーのバランスがすぐに崩れるために生じます。それも不必要なエネルギーの消耗と言えると思います。

でも、大丈夫です。あなたが今「そのコードを切る！」と決めた瞬間に切ることができます。このコードは、親子や夫婦でも切ることをお勧めします。これは依存を生むコードなので、ある意味、双方の意思によって成り立っています。つまり、あなたの協力があるからこそ成り立っているのです。それぞれが独立した魂なので、依存のエネルギーはどのような関係性の人々でも不必要だと思います。すべてはあなたの意思で決まるのです。

では、これからご紹介するワークですべてのコードを外します。そして、コードがたやすく付けられないように、あなたのオーラを保護する光でフィルターを創ります。

まずは、エーテル体を感じるワークをしますが、そのときに付けられたコードがわかる場合が多いです。コードが付けられている部分に触れると、個人差がありますが、スースーしたり、ザラザラするように感じたり、風が吹いている感じがしたり、その部分だけ他と違う感覚があります。

ですから、むやみやたらに自分以外の人に体を触らせないという注意も必要ですね。自称ヒーラーの人の中にそのような人が多く存在しますので、その部分もあなたのインスピレーションを信じましょう。いくら有名でも、あなたの周りの人がすごいと言っている人でも、あなたがエネルギーを吸い取られる相手であったりしますので、ご注意ください。

そして、そのコードを付けている相手が親子であっても切るほうがいいのです。コードを付けているということは、「依存関係にある」ということなのですから、お互いにとって不必要なコードなのです。このオーラの調整を続けることで、信じられないほど日常生活が楽に過ごせるようになります。

エクササイズ

エーテル体を感じてみましょう

頭の周りや体の周りの10センチほど体から離れた部分で掌をかざしながら、掌や自分の身体を感じてみましょう。20センチほど離れた部分に来ると、エーテル体に触れます。

エーテル体に触れると、ピリピリとしたエネルギーを感じたり、その部分に触れると何か違う感覚をキャッチしたりします。顔の前、頭頂部、首の後ろなどをじっくり感じてみましょう。

先ほどお伝えしたコードは、首の後ろ、頭頂部、腰のあたり、肩甲骨のあたりによく付いています。スースーする部分、ザラザラする部分、穴が開いて抜けているように感じる部分を感じてみましょう。それに触れたときに浮かんだ顔がそのコードの持ち主である場合がほとんどです。

エクササイズ

オーラを感じて、調整してみましょう

軽く目を閉じましょう。次に、あなたの足の裏を感じてみましょう。温かいでしょうか？ 冷たいでしょうか？ あるいは、ジンジンしているかもしれません。どんな感じがするでしょうか。

次に、あなたの耳からキャッチする波動や音を感じてみましょう。

それでは、あなたの身体の周りのオーラを感じていきます。まず、あなたの吐く息が体の30センチの範囲に届くようにしましょう。ゆっくりとオーラの内側にちりばめるイメージで呼吸を繰り返してみましょう。

その呼吸を続けながら、あなた自身のオーラを感じてみましょう。リラックスをして、あなたのインスピレーションで感じるまま、ありのままのオーラを感じましょう。

オーラの厚さはいかがですか？ 薄いですか？ 分厚いでしょうか？ 大きく広がりすぎていますか？ それともしぼんでいますか？ 弾力はあるでしょうか？ 弱々しい感じでしょうか？

次に、あなたのオーラがあなたの身体の前方にどれだけ広がっているか観察しましょう。インスピレーションで結構ですので、感じてみましょう。息を吐いて、その呼吸が跳ね返ってくる感

覚を感じてみたり、映像で見たり、オーラに直接聞いてみるのもいいでしょう。

そして、あなたの左右のオーラの広がりを感じてみましょう。リラックスをして、あなたのインスピレーションで、ありのままのオーラを感じましょう。

頭上のオーラはいかがでしょうか？　足の下のオーラはどうでしょうか？　頭上と足の下のオーラの違いも感じてみましょう。

最後に、あなたの背後にあるオーラを感じてみましょう。どんな方法でも結構です。呼吸を使ったり、イメージしてみたり、聞いてみたり……とにかくどのような方法でも結構ですので、チャレンジしてみましょう。

これで、あなたは自分のオーラの様子を把握することができました。次に、あなたのオーラの調整をしていきましょう。

あなた自身の全身をすっぽりと覆う、卵形のオーラを感じましょう。その大きさは、あなたの片腕の長さを目安にするとよいでしょう。イメージや呼吸を使ってもいいですし、実際にあなたの手を使って惹き寄せたり、伸ばしたりしてみてもよいでしょう。初めは、足の下のオーラが広がりにくい感じがあるかもしれませんが、根気強くチャレンジしてみましょう。

次に、あなたのオーラを浄化していきます。あなたの頭上に輝くゴールドの太陽を感じてみましょう。そのゴールドの太陽からは、ゴールドに輝くシャワーのような光が降り注がれます。イメージしてみましょう。この素晴らしい感覚を充分に味わいましょう（2分間続ける）。

次に、白く輝く光があなたのオーラをすっぽり包み込んでいます。イメージや肉体で感じ取ってみましょう。この光は、あなたの波動を高波動へ移行させる効果があります。あなたの肉体に意識を向けて、このエネルギーを感じてみましょう（1分間）。

この光の中に入ることにより、温かくエネルギーが満ちてくるのを感じたり、あるいは、今までに溜まっていた古いエネルギーが燃焼することで圧力を感じたりするかもしれません。

これであなたのオーラの調整が完了しました。瞬《まばた》きをしながら、あなたのタイミングで結構ですので、徐々に目を開けてみましょう。

今回、白く輝く光の中は1分間でしたが、徐々に時間を延長していき、自分に適した時間を調整してみましょう。オーラをプロテクトするのは、物質世界が嫌いだからするのではありません。プロテクトは、ある種のフィルターだと思ってください。それは、あなたにとってポジティブなものは通し、ネガティブなものは通さないという働きがあるのです。そう考えると理解できることがたくさんあるのではないでしょうか？　これは、余計なエネルギーの消耗を予防し、セルフヒーリングの効果もあります。

日常生活において、オーラの境界線をきっちりとつくり、不必要な波動から自らを守ることはとても大切ですが、境界線のことばかり、つまり自分を守ることばかりに集中していると、あなたの中の光の意識が薄くなってしまいます。オーラを調整してプロテクトすることは大切ですが、自分の中の光を強く拡大していくことにも意識を向けていきましょう。光が強くなって拡大すると、ネガティブな波動を吹き飛ばしていく効果もあるのです。そうなったという確信が得られるまでは、双方のバランスをとって生きましょう。

地球を味方につけて、パワフルに生活しよう

グランディングすることで、望みを現実化する力が強くなります

地球で生きていく上で、地球のことをもう少し知っておく必要があります。
今、宇宙の歴史が始まって以来、初めてのことがおころうとしています。
これまで、金星などの星々は、滅亡してゆく運命をたどってきました。
そして「星が滅ぶ前兆がある」という宇宙の常識があったともいいます。
今までの星々には意志がなく、
地球が「宇宙で初めて意志をもった」惑星なのだそうです。
「光の地球になる」と、地球がマスタークリエイターに意志表示したのです。

そこで皆様!! ちょっと考えてみてください！

昔々、マンモスくんや恐竜がいた時代を想像してみてください。

今、恐竜は絶滅しましたが、それよりも充分にひ弱な人間が生き残り子孫を増やし続けています。これ不思議ではないですか？

実はフルトランスのアシュタールに聴いた話ですが、地球は意志を持ち始めたとき、人間を地球のパートナーに選んだのです。

ですから私たちがマスタークリエイターと約束した役割・使命をスムーズに進めるためには地球のエネルギーをチャージすることが大切なのです。

つまり、そうすることで地球が私たちをサポートしてくれるのです。

いかがですか？

だから、日々の調整の中には、毎朝歯を磨くのと同様に地球のエネルギーをチャージすることが大切なのです。

そうすることで1日がとてもパワフルにすごしていけるのです。

この地球で生きていくうえで、コミュニケーションを取っていく必要があるのは、友人や親子、仕事仲間などの「横」のつながりだけではありません。さらに、お食事をしたり、肉体をお手入れしたりすることの他、日常の雑事や農作業で、「土」「地面」「地球」とコミュニケーションすることを忘れてはいけません。「天」「人」「地球」とバランスよくコミュニケーションを取って生きていくことが重要です。私たちの「下」である、足元・地球とつながることを「グランディング」と言います。

まずは、人として日常生活をスムーズにこなせることが重要です。グランディングは、望みを現実化する力が強くなるスキルの一つです。土いじりや農業もグランディングに効果的です。ジャガイモなどの根菜類は、土の中で育ち、地球のエネルギーを存分に吸収していますので、グランディングするのにいい食べ物と言われています。

エクササイズ　グランディングしてみましょう

それでは、軽く目を閉じて、鼻から息を吸って、口から吐き出していきます。まず、あなたの床の上にある足の裏を感じてみましょう。深い呼吸をするのを忘れずに続けましょう。耳から聞こえる音にフォーカスします。あなた自身の呼吸とともに、身体がだんだんリラックスしていきます。あなたの呼吸とともに、頭の中心部に意識を集中させていきましょう。意識がさまよいだすのを無理に止めようとせず、ただ、あなたの頭に意識を集中させましょう。

そして、できる限り大きく呼吸をしてみましょう。あなたの身体にどんどん活力が甦《よみがえ》るのを感じてみましょう。次にもう一度、床の上にあるあなたの足を感じてみましょう（30秒間）。

そして、あなたの意識をハートの中央に置きます。そのハートの部分から光のコードを地面に伸ばしていきましょう。両足の間を通して、光のコードを伸ばしましょう。光のコードの太さは、あなたのインスピレーションで浮かんだ太さで結構です。床を通り抜けて、どんどん伸びていきます。地面にコードが伸びたならば、次に何層にもなっている地層を通り抜けて、どんどん地中深くに降りていきます。

そして、ついに地球の中心のマザーアースのところまで来ました。地球の神聖なる意識が存在している部分に到着しました。あなたのグランディングコードをマザーアースに固定します。あなたがやりやすい固定方法で結構です。ぐるぐる巻きにしたり、吸盤のようにピタッと固定したり、UFOキャッチャーのように固定してもいいでしょう。

そして、どのような感じがするのか、感じてみましょう（1分間）。あなたの意識の変化を感じてみましょう。地球の中心にあるエネルギー体から滋養のエネルギーを受け入れましょう。ただただ、そうなっていると感じる、あるいはイメージするだけで大丈夫です。地球の滋養のエネルギーがあなたのグランディングコードからチャージされているのを感じてみましょう。もしかすると、どこかに痛みが生じたり、震えたりするかもしれません。それが肉体的な痛みでも感情的な痛みでも、そうした感情や身体の痛みに気づかされたことに喜びを持って受け入れましょう。

それでは、手足を動かし、瞬きをして、自分のタイミングで結構ですので、目を開けましょう。

エクササイズ　グランディングしてみよう

これで、あなたがこの地球であなたの役割を実現していくためのエネルギーチャージが完了しました。グランディングコードの色は、今回は光のコードで実施しましたが、あなたがその時々に浮かんだ明るい色を選択して、いろいろと試してみましょう。このグランディングコードに慣れるまでは、時々ちゃんと固定されているかチェックしてみましょう。

　このコードを日常のあなたの管理の中に入れるだけで、驚くほどパワフルな日々を過ごすことができるようになります。一度、試しにやってみましょう。気持ちがよかったら、気が向いたときにやってみましょう。いつしなければならないといった決まりはありません。ゲームのように気軽に楽しみましょう。

8つのエネルギーセンターのバランスを整えると、心身ともに活性化されていきます

これからご紹介する8つのエネルギーセンターはさまざまな役割をしています。

①頭頂部のエネルギーセンター

この部分を活性化することで宇宙からのインスピレーションを受け取りやすくなります。

②眉間の奥あたりにあるエネルギーセンター

８つのエネルギーセンター

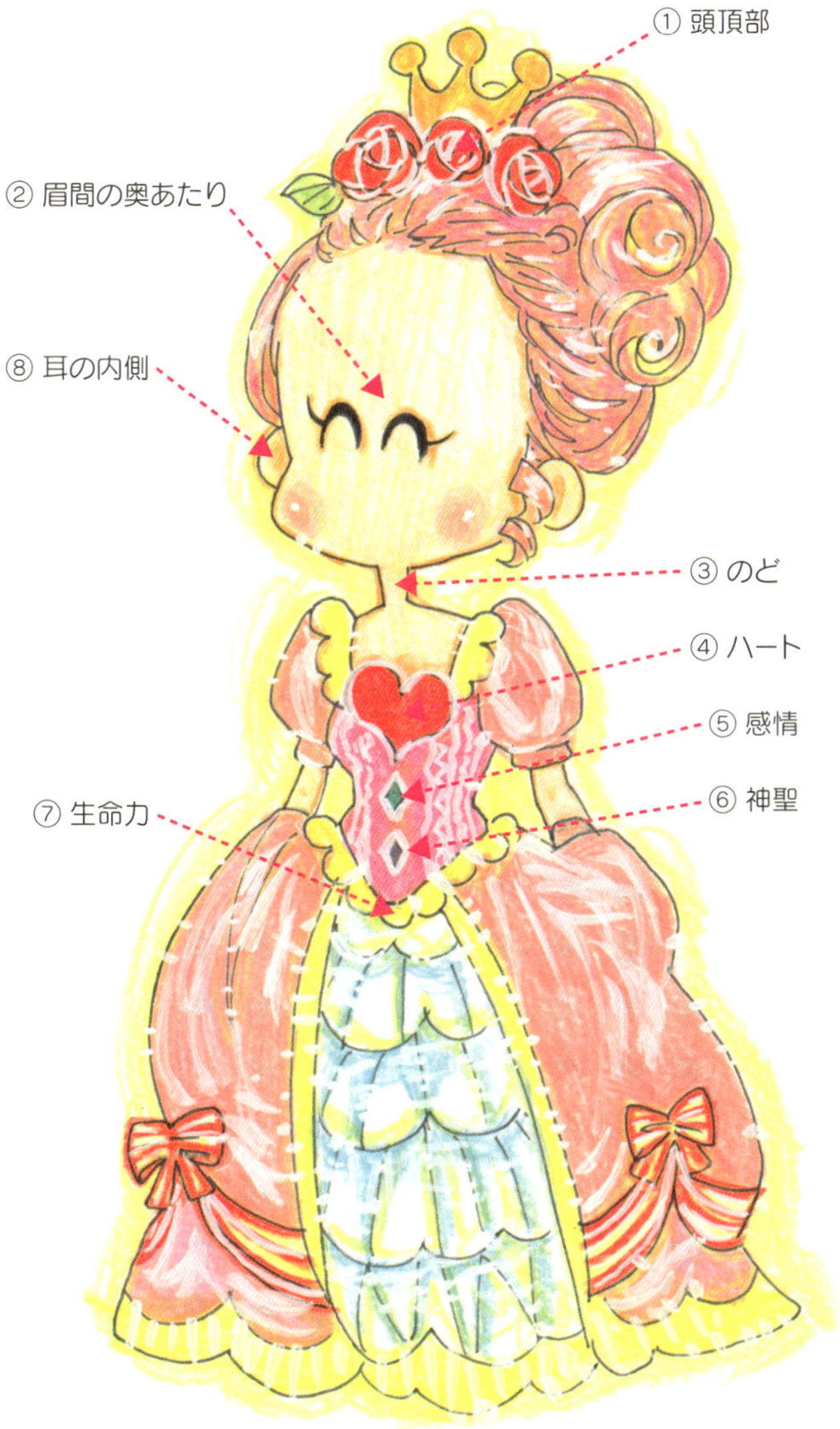

肉体に存在している目では見えないエネルギーを映像化してキャッチします。

見え方は、たとえば「昨日の夜に食べた夕食は？」と聞かれて
イメージする映像のようにキャッチします。

松果体が存在する部分とも言えます。

このエネルギーセンターはまるでサンキャッチャーのように108面体であり、
キラキラ美しいエネルギーセンターです。

活性化することで脳内にある松果体・脳下垂体・視床下部にも影響を与えます。

肉体のホルモンバランスを整え、若返りホルモンや幸せを感じるホルモンも活性化します。

③のどのエネルギーセンター

神聖なるコミュニケーションセンターともいえる部分です。
言いたいことがいえない。ストレスなどたまっている人はこの部分をクリアリングすると
エネルギーの流れがスムーズになります。
この部分をクリアリング活性化することにより、
宇宙からのメッセージを自然と伝えていたという現象が起こります。
あなたがご自分の意思とは関係なく言葉を自然に発している場合は、
この現象であることが多いでしょう。

④ハートのエネルギーセンター

人類の愛にかかわるエネルギーセンターです。この部分はあなたが今までに愛により傷ついたエネルギーが、存在していたりします。この部分をクリアリング活性化することにより宇宙からのメッセージを体感することが増えるでしょう。

誰かが発している言葉を耳にして毛穴が締まった感覚があるとき、それは、この宇宙を創造したマスタークリエイターがあなたに「Ｙｅｓ」のサインを送っている現象なのです。

または、あなたの嗅覚や味覚でエネルギーを感じる現象も増えるでしょう。

たとえば、どこかに行ったとき、その場所には絶対にない香りが、ふわりと漂ってきたり、その香りは誰かを思わせるものである場合、その人のエネルギーをあなたが嗅覚でキャッチしているということになるのです。味覚も同様です。

ハートはセンサーの働き、宇宙への窓口・血液を運ぶポンプでもあります。

⑤感情のコントロールセンター

あなたがイライラしたり感情的になっていると、この部分に支障が出てきます。

さまざまなエネルギーを受け容れるエネルギーセンターでもあります。新時代・変化が激しいときには、このエネルギーセンサーのクリアリング活性化が必須となるでしょう。

⑥神聖なるクリエイトセンター

マスタークリエイターから与えられた能力が集合している部分です。

新時代を生き抜くためのあなたが担う能力がつまっているエネルギーセンターです。

クリアリング活性化することで、宇宙と共鳴し能力がアウトプットしやすくなります。

あなたが決断するという行為がこのエネルギーセンターにスイッチを押すことになるのです。

⑦生命力のエネルギーセンター

この地球において、ご自分ならではの個性を発揮するエネルギーセンターです。

女性性や男性性といったセクシュアリティの源でもあります。

この新時代あなたが、この物質世界で役割使命を果たすための原動力の倉庫といえる部分です。

⑧耳の内側に存在している宇宙からのメッセージを音でキャッチするエネルギーセンター

このエネルギーセンターは、あなたが聞きたくなかった音や言葉など不必要なエネルギーが付着している場合があります。
この部分をクリアリング活性化することで、
宇宙や光の存在からのメッセージを音でキャッチしやすくなります。
活性化する方法にはさまざまありますが、
クラシック音楽などを聴くのが身近で簡単な方法でしょう。

宇宙のエネルギーを使いこなすノウハウを身につけましょう

「ありのままのあなた」に戻り、この世に存在している目的や役割を思い出しましょう

ここでお伝えする内容は、「ありのままのあなた」にスムーズに戻るための、ちょっとした方法の一つです。「毎日があっという間に過ぎて、いつも何かに追われている感じ……」「気づけば、もう夜になっていて、なんだかやることがいっぱい……」。そんなあなたは、最近、心の底から笑える時間を持てていますか？　本当のあなたがどう感じているのかを見つめる時間を持てていますか？　そんな時間を持ちたいと思っているけれど、気がついたら眠っているのでしょうか。

責任感が強くて優しい気持ちの人ほど、無意識に高い目標を設定して、それに向かって頑張ることで、自分に過剰なプレッシャーを与えてしまっているのです。そう、無意識のうちに。そのレールに乗ってしまうと、毎日がこの繰り返しで、自分を見つめ直す、日々の生活を見つめ直すこともできなくなっていませんか？　もちろん、一生懸命なことはいいのですが、頑張り屋さんスイッチがONのままだと、リフレッシュできません。

「なんでこんなことになっているの？」。その原因や理由を考える暇もなく日々が過ぎてしまう、こんなときは、心と身体と魂のバランスがとれていないのかもしれませんね。でも、大丈夫で

す！　私たちの「本来の良い状態に戻ろうとする力」はとても強力なので、いつからでも「ありのままのあなた」を取り戻すことができます！

私の前職は医療介護関係でした。最近の医療業界では、病気を治すために、心と身体からアプローチするホリスティック医療という考えが広まりつつあります。「心と身体と魂とエネルギーは、四位一体でお互いに関係し合っている」という考え方です。ちなみに、「ホリスティック」の語源である「holos」は、ギリシャ語で「全体性」という意味です。

もし、普段なら気にならないことや引っかからない内容なのに、ちょっとしたことで反応してしまって、やる気がダウンしている状態が続いているなら、あなたの「深い部分の魂」からのSOSだと捉えましょう。これは、「もっと本当に望んでいる生き方がしたい」と、「ありのままのあなた」が叫んでいることを意味します。具体的に言うと、心を元気にさせるには、「ありのままのあなた」とコミュニケーションをする必要があります。つまり、あなたを見つめるということです。

何度も述べていますが、肉体は、あなたの大親友です。あなたの思い癖や行く方向が違っていたら教えてくれます。そして、魂は「ありのままのあなた」であり、この世に存在している目的や役割を知っている存在です。

心は、あなたが「愛・感謝・喜び」といった感情を持つことで一気に元気になります。「本当にそんなことで？」と思うかもしれませんが、試しに自分が尊敬する人や大好きな人のことを思い出してみましょう。いかがでしょうか？　心が柔らかくほぐれて、温かくなってきませんか？　では、肉体からのアプローチはどうしたらいいでしょうか？　まず、大きく呼吸することから始めましょう。大きく深〜い呼吸をしましょう。呼吸とは、私たちの元気の素でもあるのです。

エクササイズ

天地とつながるワーク

私たちは、この地球で生きています。一人ひとりが役割を担って生まれてきていますが、ここに存在している人全員に、「天」と「地」を結ぶ役割があります。「あなたは何者であったのか」「何者であり続けるのか」ということは、私から伝えることではなく、占い師や霊能者に尋ねることでもありません。あなた自身が自分で感じ取り、思い出すものなのです。

これを自分で感じ取り、思い出すことを助けるパワフルな呼吸法がありますので、ご紹介します。呼吸をすることで、「天」つまり宇宙からの叡智をキャッチすることが可能になります。この呼吸をすることで、「天」と「地」をつないでいるあなた自身を感じることができます。あなたが何者なのかを感じ取り、宇宙のエネルギーを使いこなすことを許された存在であると自覚することで、思う存分に宇宙のエネルギーを使えるようになります。

この呼吸法の内容を少しご説明しておきますが、あなたのハートにグリーンの真珠をイメージしていただきます。そして、その真珠から放たれる、グリーンのレーザー光線をコードとして使用していきます。あなたの吐く息が、あなたの両足の間を通って地面に降り、そして地中深く、地球の中心にあるエネルギー体に伸ばしていきます。このときに、吐く息で伸ばしていき、吸う息でハートに戻します。このときに同じ長さになるようにしましょう。

次に、ハートに戻ってきたレーザー光線があなたの頭頂部を通り抜けて、最も遠い星に届くように飛ばしてみましょう。このときも、吐く呼吸で星へ行き、吸う呼吸であなたのハートに戻します。無駄な呼吸を入れないようにして、ご自分のペースでやってください。たとえば、7カウントで地球へ伸ばし、7カウントでハートに戻す。7カウントで、宇宙の最も遠い星へ飛ばし、7カウントでハートに戻す……こんな感じです。最初の1回は一緒にゆっくりとお試しでやっていただきます。2回目からは、本格的にスタートしますので、呼吸のルールを守ってください。これを12カウント実施します。

それでは、深く鼻から息を吸って、吐き出していきます。まず、床に置かれている足を感じてみましょう。次に、耳に意識を向けてみましょう。

あなたのハートの中央に、グリーンの真珠をイメージするか、感じてみましょう。グリーンの真珠はグリーンのレーザー光線を放ちながら、胸の中央で回転しています。それをイメージするか、感じてみましょう。

吐く息とともに、胸のグリーンの真珠からのグリーンのレーザー光線が両足の間を通っていきます。それをまっすぐに地球の中心まで伸ばしていきましょう。

あなたは地球のエネルギーとしっかりつながってグランディングし、これから進むべき人生の神聖なる道をしっかりと両足で踏みしめているのを感じてみましょう。

では、呼吸とともにグリーンのレーザー光線のエネルギーを吸い込んで胸へ戻しましょう。ハートが広がるのを感じていると、より多くの愛が流れ込んできます。息を吐きましょう。同時にグリーンのレーザー光線が頭頂のエネルギーセンターを通って、最も遠い星まで届くように光を放ちましょう。彼方《かなた》の星とつながると、あなたは自分の起源を思い出していくでしょう。

今度は息を吸うときに、グリーンのレーザー光線がハートに戻ってきます。リラックスしましょう。地球と宇宙とのつながりを感じてみましょう。「あなたが何者か」という真の智慧を得て、豊かさ・愛・光・平安を感じましょう。吸う息と吐く息の長さが同じか、確認しましょう。とても大切なトレーニングです。

受け取る以上に与えたときには、あなたの魂のバランスを崩したり、怒りを生み出したりします。吸う息と吐く息を同じ長さにすることで、人生においてバランスを保つ力が得られるのです。

息を吐いて、地球の中心に届くように。息を吸って、地球の中心から自分のハートに戻すように……。息を吐いて、最も遠い星に届くように。息を吸って、彼方の星からハートに戻すように……。そして、しばらくリラックスしましょう（2分間）。

それでは、瞬きしながらあなたのタイミングで結構です、目を開けましょう。あなたへ贈るメッセージを書きましょう！　読み返すたびにあなたが自信に満ち、力が溢れるようなものにしてください（5分間）。

「依存する心」を手放し、宇宙に満ちる生命エネルギーを使いこなしましょう

あなたは、宇宙に満ちる生命エネルギーを使いこなすことができます。宇宙の生命エネルギーは、中国では「気」、インドでは「プラーナ」、ハワイでは「マナ」と呼ばれています。

あなたは、頭が痛いときに知らず知らずのうちに頭に手をあてていませんか？　子供のお腹が痛いとき、お母さんは無意識に子供のお腹に手をあてています。私も幼い頃、母が「痛いの痛いの飛んでいけ～！」と言って、私の身体の痛いところを撫でてくれた記憶があります。こうするのは、手から出るエネルギーを本能的に知っているからだったのです。そして、実際に手をあてているうちに早く改善してきます。この宇宙の生命エネルギーを呼吸とともに自分自身に取り込むことで、心身を癒し、自分自身を自然と調和したニュートラルな状態にできるのです。

この宇宙の生命エネルギーは、現在さまざまな方式で言われ、さも特別な能力のように伝わっていますが、これは、人間なら誰でもいつでも使いこなすことができるものなのです。誰かに特別備わっているのではありません。このエネルギーを自分で使いこなすことにより、自己ヒーリングができます。他の人にも宇宙のエネルギーを通してあげることが可能です。

現在、多くのヒーラーと呼ばれている人たちの中には、さも自分だけに備わった特別な能力のように言っている人もいますが、誰もが使えるエネルギーなのです。そういう人たちは、ヒーリングを求めて訪れる人に「この能力は誰でも使えるよ」と伝えてあげてほしいのです。それがないと、いつまでたっても「エネルギーを降ろしたあなた」を頼ってその人は来るでしょう。

しかし、先ほどもお伝えしたように、肉体は大親友なので、その人に何か症状が出ているということは、肉体がその人に何かを気づいて改善してほしいと願っているのです。その部分から目をそらしていては、なかなか症状は治まりません。他の人にエネルギーを通すときの注意は、決して依存をつくらないことです。もう、そのような時代は終焉《しゅうえん》を迎えようとしています。すべての人々には潜在的に能力があって、創造者としてクリエイティブな人牛を歩んでいけるのです。

しかし、昔からの古い風習もあり、「自分の存在価値」を高めるため、保守・保身のエネルギーを出している人々が存在しています。「私のところに周期的に来なさい」「私でないとあなたを癒せません」と言っている人は、古いエネルギーを感じます。すぐに距離を置きましょう。そのような方々は、依存をつくることで「ご自分の存在価値」を高めているのです。そのエネルギーは、「エゴ」以外の何物でもありません。そこを見破ってください。

本物は、グルをつくりません。「自分以外ではだめです」「自分のところに通わないとあなたは良くならない」などと言っている人は要注意です。そして、そのような「能力者」と言われる人の言うことを鵜呑《うの》みにしているあなたからももう脱皮しましょう。それは、「あなた自身が依存のエネルギーを持っている」ということなのです。

また、「あの人にこんなことを言われた」と、能力者と思われる人に言われたことを引きずって生きている人がいます。それは、あなた自身でそう感じたのですか？　その人が「見えた！感じた！」と言っていますが、それが真実であるかも確かめずに、言い続けるのは、もう手放しませんか？　そういう人は、昔言われたことを引きずって、過去に生きていることが多いのです。「あなたの役割は？」「あなたの今は？」、そこにフォーカスすることが健全なのです。そうすることで、いとも簡単にあなたの生活自体に変化が訪れます。

そして、信じていただきたいのは、あなたは、宇宙のエネルギーを使いこなせるのです。

今までの「私には能力がない」「私にはその権利がない」と否定し続けてきたあなたがここに存在しているだけなのです。それも、過去を引きずった考え方ですね。どうせ過去に行くのなら、宇宙にいた頃のあなたにシフトチェンジしましょう。宇宙のエネルギーを使いこなすかどうかも自由意思なのです。しかし、それを使いこなすには、自分を信じる以外にはありません。あなたの中に存在する「依存する心」を手放しましょう。そこからスタートです。

何度も言います。あなたは宇宙のエネルギーを使いこなせるのです。あなたは、これから宇宙の光を降ろす存在なのです。

たとえば、神社参拝に行っても「○○をください」「どうか、○○になりますように」といったお願いをして、何かにしがみつこうとするあなたを手放しましょう！「私はここに光を降ろしに来ました！」と宣言しましょう。そして、光を降ろしましょう。しかし、これは一時的なものでしかありませんが、その心構えが重要なのです。

私たちがこの地球を平和へ導く方法は、「あなたが幸せになること」「あなたがクリエイターとして、自由にあなたの希望・願望をどんどん実現する日々を送ること」なのです。その波動でしか、この地球を平和へと導くことはできません。地球を平和へと導きたいと思うなら、まず、今のあなたを見てみましょう。いかがですか？　自由な人生を歩んでいますか？　ありのままのあなたで生きていますか？

宇宙のエネルギーは、心・身体・魂のすべてに働きかけてくれます。宇宙のエネルギーによって、心や身体に溜まりがちな不要なエネルギーが流れ去って、本当にやりたいことがクリアに見えてきます。手をあててヒーリングしていると、自分を見守ってくれている大きな愛を感じ、感謝の気持ちが溢れ出てくるのも不思議です。

エクササイズ

宇宙のエネルギーを感じる（全身自己ヒーリングする）ワーク

ミラクルハンドをつくる

1. 軽く目を閉じて、胸の前で両手を合わせ、両肘を地面と平行にします（指先は天に向かって垂直）。
2. 背筋を伸ばします。
3. 自分が天と地とつながり、1本のパイプになっているイメージをします。
4. 鼻から息を吸い（7秒）、口から吐き出します（7秒）。この深呼吸を3回します。
5. 「ありがとうございます」と3回口に出します。
6. 手のひらが温かくなり、優しい気持ちになってくるのを待ちます。
7. 手のひらを離し、ビリビリ、じわじわと感じたら、ミラクルハンドが完成です。

では、このミラクルハンドを使ってみましょう！　自分の肌や身体に触ってみましょう。対象物のエネルギーがクリアに浄化されます。

全身自己ヒーリングする

1. ミラクルハンドをつくります。
2. 1ポジションごとに手をあて、深く呼吸をします。綺麗なエネルギーが入ってくるイメージをし、息を吐くときに不要なエネルギーがすべて出ていくイメージをします。

①左右頭頂部
②目
③後頭部
④後頸部
⑤のど
⑥ハート
⑦みぞおち
⑧臍下部
⑨恥骨部分
⑩両肩後方
⑪ハートの裏側　両肩甲骨中央（片手でもＯＫ）
⑫腰部

3．合掌し、感謝して終了です。

いかがでしたか？　心と身体と魂という三位一体が本来の状態に戻ったのを感じませんか？
この自己ヒーリングを毎日継続していくことで、さまざまな変化を感じ取ることができるようになります。

自己ヒーリングする部位
①左右頭頂部
②目
③後頭部
④後頸部
⑤のど
⑥ハート
⑦みぞおち
⑧臍下部
⑨恥骨部分
⑩両肩後方
⑪ハートの裏側
両肩甲骨中央
（片手でもOK）
⑫腰部

その効果は、その人によって個人差があります。さまざまな体験談を聞きましたが、はっきりと「治りますよ」とは言えません。人それぞれ、体調や魂に個人差があり、感じ方もさまざまなのです。たとえば、視力が変化した、お肌がつるんとなった、便秘が治ったと同時に気分が晴れ晴れとして、心のつっかえもなくなったなど、人それぞれの体験があります。そして、ヒーリングを続けていくことによって、身体と心は密接に関係していることがわかってくるのです。

私たちにとって、肉体は借り物です。肉体に魂エネルギーが宿り、そこから魂エネルギーが変化することによって、肉体が教えてくれることがあるのです。上記のことが習慣となってきたら、次は、各部所の細胞と対話しながら進みましょう。対話することで、新たな発見があり、改善していけます。

心の持ち方を改善するだけで、行動が変化し、体調も変わってくるというのは、よくある話です。人間の成分の多くは「水」でできています。水はエネルギーを通しやすいですよね。ということは、宇宙のエネルギーも通しやすいのです。宇宙のエネルギーを通しやすいのですが、ネガティブなエネルギーも通しやすくなります。自己ヒーリングを怠らずに過ごしていくと、とんでもなくキラキラ輝くあなたを手に入れることができるのです。

昔の人々はさまざまな叡智を宇宙から授かっていました。しかし、人間の能力が退化していき……いいえ、能力を否定し続けることで、能力を消し去ってきたとも言えるのです。

インドの象は幼い頃に太いチェーンで縛られて育ちます。初めは暴れて外そうとしますが、やがて彼らは、このチェーンはいくら暴れても外せないのだと諦めてしまいます。ですから、大人になって体が大きくなっても、象は細いロープですら外せないと思い込んでいるのです。私たちから見たら、ちょっと暴れたらすぐに外せそうなのですが、象はそう思い込んでいます。

そこから私たちが学べることは、「過去に生きる癖を外しましょう！」ということです。今を生きていると、真実が明らかになります。自分自身の思い込みで、能力をあっさり否定してしまっているのです。もったいない話だと思います。あなた自身を信じて、やってみましょう。すると嘘のような生活が待っています。やるもやらないもあなた次第です。

ユニット⑥

宇宙の叡智を使った自己啓発カリキュラム（宇宙と地球のコラボ）魂のくせを外して新時代を軽やかに進もう

何をしてもダメだったのはコレが足りなかったから！コレをすると、立ち位置が変化し人生が好転する！

私たちは、この地球に降り立つときに自分でマスタークリエイターに志願しました。

そして、マスタークリエイターとの意見が合致した魂が肉体を選んで地球に降り立ちました。

その魂は何千回か、この地球で生まれかわって来ています。

この地球に降り立った頃、私たちの中には、恐怖や不安というものをもたずに降りた人々がいました。マンモスなどの時代でしょうか！　初めは、マンモスなどとも仲良くなれると思っていましたが、もののみごとに攻撃され、肉体がこちら宇宙に還りました。そのときにも魂を守るためにベールを付けました。

そして、次々と地球に降りるたびに魂が傷つけられるような出来事と出逢いました。

そのたびに、魂を守るためのベールを付けたのです。そう、そのときは魂を守るため、愛をもって、ベールというくせを付けたのです。

そのベールは、わかりやすく例えるならば、まるでラップのようなものです。

あなたが、もしこの地球に２０００回生まれて来ていたとしましょう。

一生のうちに魂が傷つくことは、１度や２度ではないかもしれません。

たとえば魂が傷つくことが５度あったとしましょう。

すると、２０００回生まれかわっていますので、２０００回×５度＝１万枚
１万枚ものラップがあなたの魂のまわりにまかれているのです。

外側から見ると、魂の光はほとんど見えなくなっていますね。

あなたの魂は光そのものだ！　と言われてもなかなか自覚できないでしょう。

それもそのはずですね！

これで魂の仕組みが少しおわかりいただけたかと思います。

そして、次にあなたは体験したことがあるでしょう。ラップを切りそこねたときに、どこが端なのかわかりにくい！

そうなのです。やっかいなことに魂のくせを外す、すなわちラップを外していくのは、なみた

いていな努力ではとれません。

私たちが地球で付けたくせは、地球に居るときでないと外せないのです。

これは宇宙のきまりなのだそうです。

ですから、私たちは何度となく魂のくせを外すために人生のシナリオをえがいてきていますね。

魂のくせを外すための協力者をキャストして、実践しようと降りてきています。

地球に降りる目的のうちの一つでもあります。

魂のくせをつけた体験と同じような体験をして、今度はそれをのり越えることで、そのくせは外せるのです。

しかし、２０１６年の頃でしょうか？

宇宙のエネルギーがこの地球にやって来始めました。

その頃から魂のくせが外しやすくなったのです。わかりやすく表現すると、電子レンジでチン！ した状態になったのです。

多くの方々がご体験していませんか？

２０１６年頃から、ご自分の嫌な面がどんどん出現した！ というご体験！

それは、ラップを電子レンジでチン！ すれば、ふにゃふにゃの状態になり、切れ端がわかりやすくなりますね！

その状態が開始したのです。

嫌な面が出て来て、目をそらすのではなく、それを感情を入れずに外していきましょう。

そのときには、「今まで私の魂を守ってくれてありがとう!! でも、もう必要なくなったのよ！ありがとう！」と言って光になるイメージをしましょう！

くせをくせと見破れば、くせは光になるのです。

そしてもっと手っ取り早くくせを外せるワークがありますので、ご紹介しますね！

エクササイズ

魂とのコミュニケーション法

1. あなたの魂のまわりについている何千枚？ あるいは何万枚のラップをイメージしましょう。
　これをイメージしながら、〈もや〉と言い、両手のひらでそのくせのラップのもやもやを表現します。
2. 〈ぴかッ〉と言いながら、両腕を広げます。魂が輝き、その魂のくせであるラップが光でとけてなくなるイメージをします。
3. 〈どんっ〉と言いながら、両手を組みひとさし指を天に向け、異次元へステージチェンジしたイメージをしながらジャンプします。
　もうあなたは次のステージへジャンプアップし、くせもなくなっています。

　おめでとうございます。

エクササイズ

あなたの可能性を最大限に伸ばす8つのステップ

このステップは、あなたが「光の存在」に還るのを可能にするステップなのです。

魂のくせはさまざまあると思います。

魂のくせを外そう。くせをくせと見破れば、外せる！

そのようなくせもたくさんあります。

先ほどお伝えしたワークでスルッと外せるくせもある。

しかし、根強くこびりついたくせを外す簡単な方法が、

このたび、インスピレーションとして降りて来ました。

それは、人間として生きる上で、とてもシンプルなことで、身近なことです。

今までどうしても外せなかったくせは、この新時代のステップで外していきましょう。

そこで「外すのだ」と決意するだけでは外せなかった、そのようなご経験は多くの方がお持ちではないでしょうか？

まず大切なのは、「自分は素晴らしい人間」ということを認めることです。

頭でわかっても腑に落ちない人は、ぜひ、次のステップを実践していきましょう。

1．感謝

まずは、ご自分の視覚・聴覚・触覚・味覚・嗅覚から感じるすべてのことに感謝しましょう。

たとえば、あなたがもし目が見えなくなったら？

あなたがもし、足の小指が使えなくなったら？

あなたがもし、味がわからなくなったら？

あなたがもし、香りがわからなくなったら？

どんな気持ちになるでしょう？

私たちは、なくしてから気づく、ありがたみがあります。

でも、なくしてから気づくのではなく、存在していることに感謝できたほうがいいですね！

しかしこれは、小さなことで満足しましょう、と言っているのではありません。

感謝の気持ちをもつことにより、
前向きな気持ちになりご自分の心に正直になることができます。

そして、まず、波動が全く変化します。

感謝の気持ちがない人は、改善する波動、ステージが進化する波動にはなれないのです。

ですから、毎日10分でもよいので感謝の時間を持ちましょう。

歩くときに足が動くことに感謝する。

食べ物がおいしいことに感謝する。

これは光の地球への近道です。

お互いに感謝し合う地球にあなたの波動が役に立つのです。

2. できない言い訳を探さない

人は、自分がうまくいかないのは自分の責任であると認めたくないものです。

でも、言い訳をするのは責任を持っていないことの証明なのです。

私は、管理職をしていたときによくできない言い訳をしているスタッフにたずねました。

「では、できるようにするためには、何が必要？」

できない理由など山ほどあるでしょう。

「できない言い訳を言える」というだけでも充分リーダーとして不適切なのです。

新時代、今までと同じ通りではたち行かないことがたくさん出てくるでしょう。

「産みの苦しみ」を味わうことは、名誉である、チャンスであるととらえた人が新時代を切りひらいていくリーダーにふさわしい姿、波動なのです。

3. 言葉を前向きな内容にする

「言葉」は波動ですね。

前向きな言葉というのは、波動が細やかです。

後ろ向きな言葉を発すると、あなただけでなく周囲の人々にまで影響を与えてしまいます。

つまり、荒い波動を発する人になってしまう、ということです。

不快な言葉から距離をおきましょう。

「ご自分の人生から噂話を絶滅させる！」

そうすることで、噂話をする人があなたの周りからいなくなります。

これは、ある人があなたから離れて行く、ということも言えますが、そのある人の波動さえも変えることができる！　という意味を含んでいます。

言葉は波動、波動であなたの未来もクリエイトしちゃいましょう！

4．相手をリスペクトする（尊重）

まずは、相手が選んだ事柄を尊重しましょう。

それはどんなことにでも言えることです。

たとえば、身近なところでは、相手が好きなファッションや持ちもの、そして、他の人が歩む人生についてです。

そうすると、相手が話をしている最中に、話を遮るようなことはできないでしょう。

相手と意見が違っていても、最後まで話に耳を傾け、理解しようとすることです。

もしかすると、あなたが早とちりで相手の意見を誤解するかもしれません。

日本人の間では、よくあることかもしれません。

なぜならば、日本語がそうさせています。

日本語は、主語と述語の間にさまざまな内容が入るからです。

英語ならば「Ｎｏ」と言っているのか「Ｙｅｓ」と言っているのかすぐにわかります。

そして、「違う」ということを認める必要があります。

何も同じである必要などありません。

その人との立ち位置が違うと、視点が変わるのですから、見えている世界も違うのは当たり前です。

違いがあるから世界が広がるのです。

5. 肉体を大切にする

よい肉体には健全な心が宿ります。

日々の生活自体も清々しい気持ちで送れます。

何度も言いますが、肉体は大親友です。

あなたの「思いぐせ」や「行く方向が違う」ことを伝えてくれます。

肉体に意識を向けて、周囲の常識や知識におどらされないよう心がけましょう。

6. 整理整頓

すべては波動です。物にも波動があります。

不必要な物がたくさんあることで、あなたの波動がなかなか調整できなくなります。

物も気持ちもすっきり整理整頓しましょう。

7. 自分に嘘をつかない（誠実であること）

自分に嘘をついていない人は、自分軸がぶれることが少ないでしょう。

そして、人に対して誠実であることがあなたの自分軸をしっかりさせるでしょう。

しかし、誠実だということと正義をつらぬくということとは違います。

正直になんでもかんでも伝えるのは、誠実であるとは限りません。

相手を傷つけることを伝える場合、それは確かに相手に必要なことなのか？

自分がそれを保っていると辛いから、その辛さから逃れるために伝えていないか？

ご自分にしっかり確認しましょう。

8. 謙虚な姿勢を保つ

謙虚さとは、内面の弱さが外面に出ていることを指すのではないのです。

謙虚さとは、ご自分の存在や、宇宙から持って来た能力を、正しく受け止めて、役割使命に活用する。

そして、宇宙から与えられて来た能力に感謝をしている姿です。

しかし、その能力に対しては喜んでもよいと思いますが、
喜ぶこと、楽しむことイコール傲慢になることとは違っています。

そして、ご自分の能力は、自分しか持っていないという考えは傲慢であり、
人を見下してしまいます。

そのような人は、人にまかせることができず、

自分ひとりでものごとをかかえ込んでしまうのです。

ひとりでできることには限界があり、
人にサポートしてもらうことをよしとすることが大切です。

それは人を信頼しているからできる行動なのです。

ある人が言っていることですが、人は、2枚のカードを持つ必要があります。

1枚は、「私は素晴らしい人間なのだ」というカード。

もう1枚は「自分ひとりでは、大したことはできない」というカード。

あなたの人生が好転しうまく流れ始めたときには、後者のカードを出すことが必要です。

あなたが自信をなくしているときには、前者のカードを出すのです。

あなたがこの地球上で肉体をもって存在している限り、宇宙から生かされていて、
役割使命を果たせるだけの能力をもち合わせているのです。

うまくいきかけたときに落とし穴があります。

それは、うまくいっているのは自分の力であるととらえたときに
謙虚さをうしない傲慢さが出て来るときがあるからです。

うまくいきかけたときは、感謝の気持ちを忘れないようにしましょう。

自分の弱さを認めながらもそれをクリアし、人に思いやりをもつ！

そして、自分は優れた能力を持ち合わせていることを認めましょう。

あなたは新時代をになうリーダーにふさわしいのです。

これまでのステップを実践して行く前に、再確認しましょう。

私たちすべての人々は、マスタークリエイターにより宇宙から与えられた、あなたが想像する以上の可能性があります。

無限の可能性を秘めているのです。

その可能性を、アウトプットするには、どうすればよいのでしょう。

「自分は何者なのか?」ここに意識をもつことが大切です。

朝起きたとき、夜眠る前に、おすすめの内容があります。

あなた自身に素晴らしい問いをなげかけてみましょう。

少なくとも本日から28日間は、毎朝毎晩以下のことをご自分に問いかけてみましょう。

そして、習慣にするために、また波動調整の一環として、
それによって変化したと思われる日常生活での出来事をノートに記載してみましょう。

そして私たちの無限の可能性をひき出すポイントがあります。

それは、「私は何者か」をいつも感じて過ごすことです。

最も効果的な方法は、自分自身に問うことです。

私たちは、自分に問うことで自分自身に焦点を当てることができます。

一日を開始するときに、前向きな問いかけをすることで、ポジティヴな視点で終日過ごせるのです。そして、夜眠る前にも問うことで、あなたの人生を大きく好転させることができるのです。

〈朝起きたとき〉

◎もし今日が人生の最後の日だとしたら、あなたは何をしますか？

◎どんな考え、言葉、行動が今日を最高の日にしますか？

〈夜眠る前〉

◎今日、どんなことに感謝しましたか？

◎私が眠っている時でさえも自分に伝えたいことは何でしょう？

せーの
なんでやねん!!
yone

第6章

気軽に願いを叶えるための宇宙の法則・入門編

自分がどんどん軽くなる！
ウキウキ楽しんで生きる
波動にチェンジする秘訣

ユニット⑦
自分を不幸にしない競争社会から抜け出し、豊かになる生き方

人生のシナリオ調整は簡単にできます！／ミラクルを起こすコツ

人生のシナリオを調整するって難しそうに感じると思います。「そんなこと、本当にできるの？」という声も聞こえてきそうです。でも、心配ご無用です！　とても簡単にできてしまいます。簡単すぎるので、中には馬鹿にしてしまいそうな内容もあるかもしれません。

でも、本当にこれを実行することで、望む人生へコロッと流れていくのです。そして、そのコツは、まるで子供の頃のように無邪気に取り組んでいくことです。すると、日常にミラクルがどんどん起こってきます。「子供の頃のように」という言葉には、「あなたが何の制約も受けていない真っ白な状態」という意味も含まれています。

そして、その変化が始まりだすと、キラキラとした金粉が手のひらに出てきたりします。これはあなたが進んでいる方向が正しいということを教えてくれているのです。私も2011年に人生の転機が来たとき、キラキラした金粉が、手のひらはもちろん、あらゆる場面で、何回も何回もあらゆる場所に出ました。

前職の医療介護業界で管理職をしていたときにも、数分前にはなかったのに、のどの部分に金粉がどんどん出てきているのをスタッフが発見して、みんなで大騒ぎしたものです。主人と旅行に行ったときにも、全身に金粉が出て、私が履いていたスリッパに「金箔」が落ちていたこともありました。これは、疑いようもない真実なのです。

そして、それがどんどん進んでいくと、不思議なタイミングで、その人が今まで体験したことがないようなミラクルがたくさん起こってきます。もうそれは、感動と感謝しかありません！そこには、まるでパズルを組み合わせるかのごとく緻密《ちみつ》に計算されていて、本人しかわからない衝撃の事実が隠されているのです！

♛ミラクルを起こすコツ

・自分の人生のシナリオは自分で描いているということを認めよう！
・自分が今の人生の運命のハンドルを握っていることを自覚しよう！
　そして、その手を外し自動操縦にしよう。

・頭や理論で考えず、とにかく魂の喜びに没頭しよう！
・喜んで、楽しんで、自発的に安心感のある波動の中に身を置こう！
・自分の魂からの答えを真剣に求めてみよう！
・愛を持って行動しよう！

これらのことに意識的になっていきましょう。初めは、今までに生きてきた中で培《つちか》われた持論や価値観が邪魔をするかもしれません。しかし、それを持ち続けてきたあなたにミラクルな出来事が頻繁に起きたでしょうか？　まずは、あなた自身の価値観を白紙にする必要があります。その価値観は、あなたが地球上で付けた思い癖とも言えるのです。

頭で考えた理論で動いたときではなく、とにかく何かにワクワクして没頭しているときにミラクルが起きます。「ありのままのあなた」にフォーカスして、魂からの答えを求めているときにもミラクルが起きやすくなります。そして、何も心配せず、リラックスして流れに委ねているときのあなたの波動はきっとキラキラしていることでしょう。あなたの意識をここに合わせていくことが重要なのです。

「癖は直るもの！」と自分に言い聞かせ、癖を発見したときには「ありがとう！」と感謝をして、調整しましょう！　この癖は、あなたがどのステージに進んでも、どんどん発見していくことでしょう。発見できたことに喜びを持って対応していきましょう。

これを実行することで、あなたはいとも簡単に、幸せ溢れる、喜びの人生を実現できます。その波にあなたも一緒に乗ってみましょう！　その波に乗ったところで、「費用」も必要ありません。乗ったところで、あなたにペナルティはないはずです。ただ、自分の思い癖を直す努力が必要なだけですよね。その癖は、いくつになっても直せるのです。癖を直せないと、その魂の波動が継続しますので、肉体を失った後にもその波動が継続するのです。どうせなら、ウキウキ楽しんで生きる波動にシフトチェンジしましょう。

「今から宇宙の法則に則って生きる！」と決断した瞬間に、宇宙ではさまざまなことが実現しているのです。そのような人々がどんどん増えていっています。どうせ同じ人生を生きるのなら、ウキウキ楽しんで生きる波動でいるほうがいいですよね。すでにウキウキ楽しい人生を歩んでおられる方は、その方向性でOKということが判明しましたね。その調子で続けていきましょう。

このシンクロが起き出すと、おもしろいことにどんどん続いて起きてきます。

それは、起きたシンクロをおもしろがって歓迎している喜びの波動がそうさせるのです。

あなたの思い癖を探りましょう／ネガティブをポジティブに変換するプロセスを楽しむ

あなたの中のエネルギーの流れが良くなれば、すべてがスッキリと実現していきます。エネルギーの流れを司っている大切なポイントは「あなたが考えている方向」なのです。今のあなたは、何に意識をフォーカスしていますか？　隣に座って煙草《たばこ》を吸っている嫌な人？　それとも、隣には意識を向けずにあなたの目の前に開けている青空？　同じ環境でも、どこに意識を向けているかが重要です。そして、「あなたが何を感じているか？」で、あなたが宇宙に発する波動が決まっていたのです。

あなたの思い癖を探ってみましょう。人は、同じものを見ても、同じ話を聞いても捉え方が違います。その違いは、どこから来ているのでしょうか？　人それぞれの「思い癖」というフィルターによって捉え方に違いが出てくるのです。多くの人は、自分に都合よく捉えます。ネガティブなことが大好きな人は、ネガティブな視点で捉えます。「都合よく」というのは、必ずしもポジティブなことだけではないのです。「え〜っ！　私はネガティブが大嫌いよ！」という人もいるかもしれませんが、そこに大きなヒントが隠されています。あなたの中にネガティブ思考がなければ、この言葉には反応しないのです。

私や私のパートナーは、前職でたくさんの方々の採用面接もさせていただきました。そのときに、新卒者の人が「私の性格は、明るいです」と言った瞬間、私たちは「あ〜、実際はその反対で、努力して明るくしているのだ」と判断したものです。なぜなら、明るい人はそもそも「自分を明るいです」と言わないのです。そのポジティブな明るさが普通だと感じているからです。

このように、少しずつありのままのあなたをジャッジせずに見ていきましょう。ネガティブなことが良いとか悪いというジャッジは、地球ならではの思考なのです。宇宙においては、ジャッジがありません。

私たちは、宇宙にいるときに「わぁ～！　ネガティブだらけの地球～！　おもしろそう！」と感じて、ネガティブをポジティブに変換していくプロセスを楽しみに来たのですから、ネガティブが大好きな人は多いと思います。そして、あなたの思い癖を知ったうえで次にすることは、今までのあなたと違う視点で物事を見てみることです。視点を変えてみると、同じものでも形が違って見えます。

少しイメージしてみましょう。あなたは、目隠しをされて大きな象を触りました。あなたは、尻尾を触っています。他の人たちは、象の耳や鼻や足を触っています。あなたは、「象はどんなものですか？」と質問されれば「象は細くて長いものです」と答えるでしょう。しかし、他の耳を触った人は「大きくて平たいものです」、鼻を触った人は「太くて長いものです」と答えるでしょう。それぞれの答えは違っていますが、でもすべての人が真実を語っているのです。このように、世の中の出来事は立場や視点を変えることで真実が明らかになることがあります。

ある情報を耳にしたときに、鵜呑《うの》みにするのではなく、自分で感じたことを信じることが大切です。つまり、自分の軸で感じる感性をどれだけ取り戻すかが重要だと思います。自分の軸がしっかりしていないと、他の人からのさまざまな情報に流され、振り回されて、結局、自分の役割が果たせなくなってしまうのです。「あの人に相談しよう」「あそこに行けば答えが見つかるかもしれない」、そう言って自分の外側に答えを求めている限り、真実とは向き合えないのです。もう、そろそろフラフラした生活にピリオドを打ちましょう。

願望実現の源は決断にある／未来はあなたの決断と選択でどうにでも変えられます

願望実現している人は、それを「やるか、やらないか」を素早く決断することが重要だとわかっています。願望がなかなか実現しない人は、それを「やるか、やらないか」を決める段階で、時間ばかり費やして、入り口でもたついているだけで、なかなか本題に入っていけません。それが「宇宙の法則」の流れに乗れない原因であることにも気づかないのです。決断にもベストなタイミングがあるのです。そのタイミングを肌で感じてインスピレーションで決断すること、それが「宇宙の法則」の流れに乗ることにつながります。

私がある施設の責任者をしていたときに関わりがあった税理士さんとの会話をご紹介します。

税理士「施設長さんは、日頃どんな業務をされているのですか？　大変ですよね！」

筆者「私は、あんまりこれといった業務をしているわけではないのです。スタッフが優秀ですから、私はただ決断を下す役割でしょうか（笑）」

税理士「経営者に必要な能力ですね。トップは、逆にそれさえできていればいいのです。私は多くの経営者を見てきましたが、決断の遅い経営者の会社はほぼ倒産します。決断にはさまざまな責任が伴っていますからね。スパスパと決断する経営者の会社は伸びていっています」

この税理士さんによると、「管理者の能力は決断ができるかどうかだ。上が決断しないと組織は動かない」ということでした。これは、管理者や経営者だけの話ではありません。あなたが、あなたの責任者です。どの方向に行くかを決断するのはあなた自身なのです。

大きな決断に直面したとき、ついつい環境やあなた以外のものに決断を委ねてしまっていませんか？　その心理は、あなた自身が責任逃れをしているという心理状態なのです。「その決断が間違っていたらどうしよう？」と、自分を信じられないところから起きる場合が考えられます。他には、「その決断をしたら実行しなければならない」という義務感から起こるケースもあるでしょう。「ねばならない」「すべきである」というあなた以外の価値判断で決めていることに対して、「実行したくない！」という気持ちが湧き上がってくるのは、ごく自然の流れです。

または、こんな場合もあります。「そうなりたいと本当に思っています。でも、なかなか、そうならないのです」と言っている人は、本当にそうなりたいのでしょうか？　こういう場合、「ありのままのあなた」と相談する必要があります。「ここからは、私がクリエイトする未来が開始するのだ！」と決断すれば、新しい運命の流れをすぐに経験できます。未来はいつもあなたの決断と選択でどうにでもつくり変えることができるのです！

人生のパートナーやビジネスパートナーを間違えないように気をつけましょう

あなたが本気で願望実現しようと決断しているのであれば、組む相手、つまりパートナーを間違えないことです。パートナーの決断があなたの願望実現へ影響を与える場合があります。願望実現をどんどんしている人は、「ちょっと待ってくださいね、そのうちやりますから」「今度考えておきますね」などと言って、やる気があるかどうかわからない態度の人や、タイミングを逃しそうな人とは組みたがらないのです。理由は、そんな人と組んだら致命的なズレが起こるからです。願望実現をしている人は、動くことを止められることをとても嫌います。

他に、行動を停止させる要因として、進む役割の違いがある場合です。そもそも2人の役割が違うので、あなたが望む方向へ進めず、相手が発言すると余計にあなたが混乱して、あなたの進む方向があやふやになってしまいます。

初めから、双方のエネルギーのバランスがとれていない相手とは組まないと決断しましょう。エネルギーのバランスがとれていないと、スムーズに宇宙の流れに乗れません。双方から発する不協和音のエネルギーが魔法の流れのエネルギーを滞らせてしまうからです。それは、双方にとっても地球にとっても不必要なエネルギーとなるでしょう。「やる気がないなら、私は他の人とその道を行きますから！」「役割が違うなら、双方の道を行きましょう！」という意識が必要なのです。

あなたは一流を目指す？　それとも二流？

まず、二流とは、どのような状態を言うのでしょうか？

カンタンにいうと「良いところも悪いところもない！」「普通」

「ぱっとしない！」

「どこにでもいる！」

一流の人たちは、一緒にいるだけで不思議と心地よいですよね！

こちらまで、高められる気がします。

私もそのような人になりたい！

あなたがそう思うならば一流になりたいならどうすればよいのか？

それは、ご自分の人生に責任を持つことです！　何でもかんでもご自分以外の責任にする人がいらっしゃいますが、すべては自分なのだ！　と肚《はら》を決めることですね。

次には、過去の失敗やネガティブな体験を引きずらないことです。

よく「私の生いたちは……」「私の環境は……」と、自分以外に責任転嫁する人がいますが、毎日を新しい日！　新しい私！　として生きること！

過去のネガティブなできごとのために今を台無しにしないこと！

今！　今！　今！　を生きることです。

アシュタールがよくいう。

「過去は宝物……役割使命を果たすときに役に立ちます。

しかし、宇宙の法則で生き出すと過去の体験は何の参考にもなりません！」

そういうことでしょうね。

そして、次には「怖いもの知らずでリスクには一切意識を向けない」というのではなく、恐怖と上手に付き合うことです。

ご自分が安全だと思って、守ろうとする今の環境から少しずつでも前に進んでみることです。

安定を望まない姿勢が逆に安心安定を生むのです。

すべてがうまくいく「魔法の言葉」／〝DO！〟と〝NO！〟がミラクルパワーの源！

「できるかどうかわからないけれど、とにかくやってみます」は、トライ（TRY）ですよね。あなたが本気でやる気があるなら、「やります！（DO）」と言うはずなのです。声は、波動変換装置の発信機です。その波動はパワフルに宇宙へ届きます。

宇宙へ届く過程で、「やります！」と発声すると、その波動はあなたの全身に響き、あなたの奥深いところで眠っていた魂のワクワクが目覚め、クリエイティブパワーを宇宙へ向けて発信するのです。

「やる」と言う人がポジティブであることは、おわかりだと思います。逆に、「やらない（NO）」と決断する人もポジティブなのです。そこには自分の決断があるので、次のステージに進むことができます。「やるか、やらないか」の決断を遅らせると、次に取りかかる役割にも支障が出てきますよね。

感情エネルギーやパワーの準備が整うと、魔法の流れがつくられるのです。ちなみに、ハワイ語には「やってみる（TRY）」という意味の言葉がないそうです。さすがですね。頭で後先考えないことが大事です。私もこの流れに乗っています。

「ありのままのあなた」に確認して、「やりたぁ〜い!」と叫んでいたら〝DO!〟です。「やりまぁ〜す!」と叫びましょう。すると、すべてがうまく整っていくのを体験すると思います。

魂の喜びは、うき足立つこととは違います。逆に無駄なく、システマチックにできるのです。わくわくでキャーキャー反応していても、その延長線上には魂の喜びはありません。一旦、肉体の感情を静かにする必要があります。

魔法使いの気分を味わいましょう!／キラキラ輝き感謝の気持ちで「私はうまくいっている!」と確信する

あなたの今までの人生は、きっと地球の法則で生きてきたことと思います。その地球の法則に何の疑問も抱かずに生きてきた人もいることでしょう。違和感があった方は、やっと真実に出合えましたね! おめでとうございます。地球の法則で生きている限り、「魔法使い」はおとぎの国のおとぎ話でしかありません。

これからあなたの行動を宇宙の法則に則ったものにすべて切り替えようと決断した瞬間から、あなたは「魔法使い」の仲間入りをするのです。あなたの日常生活の中で、今まで体験したことがないようなミラクルな出来事がどんどん起こってくることでしょう。それは、あなたが目を真ん丸にしてびっくりするような出来事です。

あなた自身が「魔法使い」に仲間入りすることを認めて、そんな自分を意識するのです。つまり、いつもいい気分でいる自分を意識的につくり出すのです。あなたが「ありのままのあなた」と共鳴し、正直に素直に生きているときは、きっと気分がよく、気持ちがいい状態だと思います。そのときのあなたの発信している波動は、いつでも物事をスイスイと最善へと進めます！

「ありのままのあなた」と共鳴しているときは、素晴らしいバランスの中にいます。そのあなたを意識して、いつも気分のいい状態でいられる自分をクリエイトしていきましょう！「喜び・感謝・愛」を感じながら生きることで、日常生活に驚くほどミラクルが起こってきます。

「私はいつもいいことに恵まれるのだ！」という確信を持って、感謝してキラキラしているとき、あなたは魔法使いの波動となっているのです。「なんだか知らないけど、いいことが起こりそう！」と感じるはずです。

これからご紹介していく「感情のコントロール」を実践して、高い感情レベルで生きる機会を多く持ったり、広い世界観で日常を送っていたりすると、生活そのものが変化していきます。「私はいつもうまくいっている！」「私はいつも恵まれている！」と確信して、すべてに感謝をしてキラキラ輝いているとき、あなたはすでに「魔法使い」の仲間入りをしているのです。

また、日々の生活のちょっとした一言から、変えてみることもお勧めです。そこからもエネルギーチェンジが起こってきます。

ビッグになる人は初めから高望みしている／武者震いと高揚感は波動を強化します

大きくエネルギーチェンジをするコツは、ビッグになっている人をヒントにすることです。ビッグになる人は、初めから「高望み」をしています。ビッグになった人を見て、多くの人々は「あの人は特別よね」と言います。はい、特別なのです。「その特別」とは、最初の段階から発想・考え方が違うことです。

今までのあなたの人生の延長線上で人生を送りたいなら、そのままでいいと思います。変化を望んでいるあなたが高望みしたときに、武者震いと高揚感を体験します。これは、小さな望みを考えているときには体験できない感覚です。この武者震いと高揚感は、あなたから発信する波動を強化させ、ものの見事にあなたの未来に願望を実現させるパワーとなるのです。

このことを伝えると、「はったり」という表現をする人がいましたが、そのように受け止めるのも自由です。しかし、そう受け止めることしかできない人の未来は、おわかりですよね。

乗り気でないことをするのはエネルギーの無駄！／出し惜しみすると、豊かさのエネルギーの流れが滞ります

ちょっと、ここで復習です。「乗り気でない」というのは、あなたの人生のナビゲーションからの「そっちではないですよ」というメッセージですね。乗り気でないことに関わっている時間や能力が無駄なのです。その時間や能力を本当にやりたいことに専念したほうが、あなたのエネルギーが有効に使われます。そうすることで、社会への貢献度も増すのではないでしょうか。

そして、宇宙のエネルギーの流れの障害となる余計なことや波動の滞りを解消するには、とにかくごちゃごちゃしているエネルギーを手放すことです。手放すことは、やめることや諦めることとイコールではありません。「いったん、宇宙に委ねる」という意味なのです。

余計なことをやっているとき、あなたは嫌な気持ちになったり、抵抗感が出てきたりします。「できれば関わりたくない」とか、「逃げたい」と思うようになります。こんな環境の中では、エネルギーが滞って、エネルギーダウンしてしまいます。

これがわかっているのに、断れない人がいます。そんな方にアドバイスです。「他の人を気にしない！」ことです。あなたが「他の人にどう思われているか」を気にして、行動を決めている

のなら、他の人に支配・コントロールされていることになります。いえ、自ら、支配下に入っていると言っても過言ではありません。

でも、「人のことを全く考えなくていい！」という意味と同じではありません。あなたがいつも人にどう思われているかを気にして、相手に合わせてばかりいると「あなた」という存在がだんだん薄まっていきます。「いい人になりたい！」「みんなから好かれたい！」と思う気持ちでもそうなってしまいます。

しかし、他の人はすべて千差万別で、一人ひとり意見が違います。他の人と意見が違ったからと言って、何も恐れることはないのです。違って当たり前なのです。それよりも、「あなた」がなくなっていくことを気にしたほうがいいと思います。本物の願望実現をしている人は、イエスマンを嫌います。なぜならば、そこには発展がないからです。いろんな方面からの視点で物事を見て判断することが有意義だとわかっているからです。

あなたは、「ありのままのあなた」に生まれ変わる必要があります。そのためには、「他の人を気にしない」ことです。あなた以外の人が、あなたが出した判断をどう思おうとそんなことは関係ないということを知る必要があります。「みんなにいい顔をする」ということは、あなたがなくなってしまいます。そうすることで、信用もなくなってしまうことをご存じでしょうか？　いろいろな意見の人に「イエス」と言っているのですから、「この人は自分の意見がなく、無責任な人だ」と見なされ、あなたの意見を尊重する人がいなくなるでしょう。また、あなたが何をやっても、どんなことをしても、意見が違う人が出てきます。何でも苦情に変える人がいるのです。

私の体験をご紹介します。十数年前、全国的に珍しいリハビリの方法を考案し、素晴らしい功績を挙げている大学の教授がいました。その当時、看護師長をしていた私は、医療法人の理事長からそのリハビリの責任者を任され、大阪府下で初めて取り組み始めました。そのリハビリの組織においては、医療法人とは別に大阪事務局長となり、考案者である大学教授とも親しくなっていました。

その当時、そのリハビリは話題を呼び、リハビリ業界のみならず、政治の世界にも影響を及ぼすようになってきました。それが国会での答弁内容に取り上げられるようになったとき、国会の中である政治家がこのリハビリの嘘のデータを話し始めたのです。そんなことはあり得ない内容でした。

私はこの理不尽さに憤慨し、大学教授室に電話をし、教授に直接私の気持ちを訴えました。すると、その教授は大笑いをして、「アイドルになった証拠だね！　国会で話題に上る！　素敵じゃないか！　アイドルはさまざまなスキャンダル記事が出て、叩かれるじゃないか。『大好き！』という人も『大嫌い！』という人も出てくる。これはアイドルの証拠なんだよ。話題にも上らなくなったらおしまいだよ。『みんなの興味がない』ということは、『魅力がない』ということだからね」と言いました。

それを聞いて私は、その教授の器の大きさに触れ、いかに自分の器が小さかったかを思い知らされ、成功者のそばにいることができる自分の幸運さに感謝しました。そのように、自分を信じて出していくことで、あなたがここに存在している意義が出てくるのです。役割を開始する始まりの合図でもありますね。

私は、前職で、医療法人の理事長（経営者）のそばにいることが多かった経験から、伸びていく組織のトップは大胆な豊かさを持っていると身をもって知ることができました。

必要と感じたら、惜しみなく提供しましょう。願望を実現している人は、大胆な豊かさの感性を持ち合わせています。仕事のやり取りでもプライベートでも、必要と判断したならば惜しみなく情報や労力・時間・アイデア・智慧を提供するのです。豊かさが充分にあるとわかっている成功者は、出し惜しみをするほうが最大の損失であることをよく理解しています。

宇宙の豊かさは溢れんばかりにあります。一人ひとりに行きわたる充分なものがあるのです。その宇宙の豊かさを成功者は知っています。「この世は豊かである」ということを知っているのです。

そして、出し惜しみをするエネルギーは、豊かさのエネルギーの流れを滞らせてしまう働きをします。何でも、「溜める」というエネルギーによって淀《よど》んでいきます。水がさらさら流れているところは、いつでも清らかな水ですよね。でも、溜まっている水は淀んできます。これは、水だけではなくさまざまなことに通じるのです。

能ある鷹は爪を出しましょう！／「できる！」と手を挙げた人にチャンスが訪れます

次は、日本人にあまり馴染みがない考え方ですが、とても大切なので、ぜひ実行してください。それは、「才能や実力は見せて広げる！」ということです。あなたの中にある才能や個性をどんどん拡大・成長させ、能力とやる気をどんどん見せていきましょう。日本のことわざに「能ある鷹は爪を隠す」とありますが、どんどん爪を出していきましょう。

何かを惜しんで、隠して、出さないまま役割をつかみたいと考えている人や、無意識に自分の良いものを出さないようにしている人は、エネルギーが淀み、宇宙の法則に乗れなくなります。

それは、世界を見たときにも感じます。海外の人に「Can you speak Japanese?」と聞くと、「Yes!」と答えて「Sushi」「Sumou」「Tenpura」と答えます。彼らは、彼らの母語での質問に、母語で「私は、日本語を話せます！」と答え、話せるという内容は「寿司」「相撲」「天ぷら」などの単語なのです。

片や、日本人に「Can you speak English?」と聞くと「No, I can't.」と英語で答えるでしょう。海外の人と日本人では、この「自分ができる、できている」と感じる感性がここまで違うのです。

日本人が「できる」と判断するハードルがいかに高いかがおわかりいただけたと思います。それは、他人事ではないのです。今、この本を読んでいるあなた自身にも当てはまるのです。「できる！」と手を挙げた人にチャンスが訪れます。そのようにして、チャンスをものにしていけばいいのです。しかし、「できない」と言って手を挙げなければ、チャンスも訪れません。いつでも豊かに自分のものを喜んで余裕で出せる人に、人もお金も成功も発展も幸運も回ってくるようになっているのです。

「自分の人生は、ノリノリだぁ～」と思い続けることです。あなたの人生がすべてうまくいくように心から願っているのであれば、世の中には驚くようなミラクルがあるのだと認めることが必要です！　今までの地球のルールでトレーニングされてきた「頭」で考えないことがポイントです！　あなたが「ミラクルはない」と感じているうちは、そのような現実を引き寄せられないでしょう。あると確信できれば、あなたの人生には、いいえ、あなたの日常生活には、実際にそのような現実が起こってくるのです。そのコツは、「何でも喜ぶ」「自分の人生は、ノリノリだぁ～」と思い続けることです！

宇宙を味方にする方法／あなたはすでに「恵まれた運命」を歩んでいます

あなた自身が宇宙になった気持ちで考えてみましょう。あなたは誰かに投資することになったとします。

Aさんは、投資を依頼する際に、自分がやっていきたいことの計画書を提出し、目を輝かせて夢を語り、あなたと素晴らしいビジョンを共有しました。任せたら一人でさまざまなアイデアを駆使してスイスイやっていきそうです。

Bさんは、悲壮な感じで、すがるように投資のお願いをしてきました。「もう、あなたが最後の砦《とりで》なのです。よろしくお願いいたします。どうぞ、私に投資してください。あなたがしてくれなかったら、私の人生は終わりです」なんてセリフまで言い残していきました。

さて、あなたはどちらの人に投資しますか？

あなたが宇宙の豊かさを受け取れるときの条件は、あなたの準備が整っていることです。お願いする側がしっかりと自立していて、自発的でいて、自ら率先して動いていきそうな人をあなたも信頼するでしょう。この人なら新たな道を切り開いていくと感じ取れる人からの依頼は、あなたも受理するでしょう。

そのためには、人におぶさったり、泣きついたり、懇願していない状態であることです。決して、困惑・憂鬱《ゆううつ》・不安を周りに与えないことです。逆にどんどん相手を感動させ、共感を生む態度が必要なのです。そして、あなたの奥深いところに「自分は恵まれた運命だ」としっかりと思い定めましょう。

あなたが今、ここに存在していることがどれほど稀で幸運なことなのかをお伝えします。砂浜にある砂をあなたの親指の爪ですくいます。あなたは、親指の爪に残った砂の数に等しいくらい稀な「恵まれた運命」をゲットしてここに存在しているのです。宝くじを当てるよりもはるかに倍率が高いですよね。そのことを生まれたときから知っていれば、その「恵まれた運命」を手放そうとはしないと思います。何かネガティブなことがあるたびに揺れて、落ち込んで嘆くのは、もうやめましょう。

「ありのままのあなた」、つまり、素直なあなたとなって、これらのことを信じきって喜んで受け取ることこそが、どんな方法論や知識やテクニックよりも、最高に効果的だからです。覚悟して受け取る準備をしましょう！　覚悟とは、「目覚めて悟る」という意味です。覚悟がないと、人はすぐに揺らぎ、クリエイトするのを止めて、ミラクルから遠い生活を自ら選択してしまうのです——なんとも愚かなことです。これは、マスタークリエイターがあなたに覚えていてほしい最も重要なことです。

ユニット⑧

手放すほどに富んでいく宇宙の法則を習得しましょう

溜め込んでいる不要な物を整理しましょう／手放すことで光に変換され、エネルギーの流れが良くなります

あなたが今まで溜め込んできたさまざまなものや思い癖や制約には、すべてエネルギーが存在しています。あなたが神社に参拝したときのことを思い出してください。キーンと張りつめた、清いエネルギーを感じませんでしたか？　神社では、その場のエネルギーを保つために、不必要なものを浄化し、エネルギーの乱れなどを整えているのです。

それは神社だけに備わっているものではありません。あなたが望めば、あなたのお部屋も同じ空間をつくることができるのです。そんな空間にいると、あなたの波動エネルギーは、その場の

エネルギーと共鳴し合い、「気持ちいい」状態になるのです。

もう、この本を手にしているあなたは、「外へ外へ」求めるのではなく「内へ内へ」求める人に変わりつつあります。あなた自身が心の持ち方を変えるだけで、いとも簡単にスイスイとあなたの生活がミラクルだらけの日々に変化するのです。そのためのコツをお伝えします。

手放すとは?

あなたにとって不必要な波動エネルギーを光に変換して、エネルギーの流れを良くしていく作業です。

不必要なエネルギーはさまざまなジャンルに存在しています。物質にもエネルギーが存在しています。エネルギーが存在しているということは、波動があるということです。それぞれの物質から波動が発せられていますが、あなたの周囲に不必要な物質がたくさんあるのであれば、あなたの波動にも影響することになります。

まず、あなたの周りに不必要なものを溜め込んでいないか、チェックしましょう。そして、「不必要な物を残しておく」というあなたの心の状態を見てみましょう。「それがないと不安」「またいつか必要になるかもしれない」という不安のエネルギーはないですか?

旅行に行くときのその人の荷物の多さを見ても、その人の心理が見えます。「○○になったら不安だから」「○○になったら困るから」「○○になったら……」というようなエネルギーを多く持っていると、どうしても荷物が多くなってしまいます。不安を感じているということは……もう、おわかりですね！　その不安という感情が、変換装置によってあなたから発する波動に変換します。そして、宇宙はそれをキャッチして、その不安を実現するのです。

「私は、雨女なのよ～！」と言っている人は、そう思い込んでいるのです。だから当然、その波動が宇宙に伝わり、雨を降らせます。雨が好きならいいのですが、そうでないなら、その思い込みを手放しましょう。

あっ！　もうすでに手放すものが見つかりましたね。このように、意識を向けるとどんどん手放すものが見つかります。ということは、手放すものが見つかれば見つかるほど、それを手放せばあなたは一気に変わることができるのです。感謝しかないですね。

人間として生きている限り、手放すものがなくなることはないのだと心得ましょう。ステージが変われば、またその新しいステージで見つかります。「手放すものを教えてくれて、ありがとう！」という気持ちで手放しましょう。どんどん軽くなっていきます。あなたのエネルギーも軽くなって、魔法のエネルギーがさらさらと流れやすくなります。

ではまず、あなたの持っている洋服の整理から始めてみましょう。「これは、いつか必要になるかも」という視点を手放して、3秒ルールで決めましょう。あなたの手に取って、その洋服を見て、深呼吸してワクワクするかどうかで決めていきましょう。ワクワクするなら、残す。ワクワクしないなら捨てる。それをすると、とても軽く爽やかになります。私も2年ほど前から時々しています。

先日、私が洋服や靴などを整理していたときの話をご紹介します。急に思い立って、やる気満々で開始したところ、気づくと夕方6時頃までかかってしまいました。捨てる物の量は軽トラック1台分ほどになっていました。辺りは真っ暗です。主人と夕飯を食べながら、明日の予定を考えていました。次の日は、朝の10時からお客さんが来ることになっています。それまでにこれをどこかに片付けるために計画を立てようとしていたそのとき、電話が入りました。電話対応した主人が、「リサイクル屋さんだけれど、『不必要な物はありませんか?』だって」と、私に告げました。私は、「あるある~!」と答えました。今までに一度もそんな業者から電話がかかってきたこともなければ、お付き合いもありませんでした。それどころか、そんな対応ができるという発想もなかったのです。次の日、予定通り9時過ぎにリサイクル屋さんが引き取りに来てくれて、おまけにお金まで置いていってくれました。

自分がどんどん軽くなると、宇宙のサポートがわんさか来ます。「ご心配なく~」という感じなのです。いらない物を次々とチェックしてみましょう。そして、日頃から不必要な物を溜め込まない習慣をつけましょう。物もエネルギーですから、あなたの感情や波動に大きく影響するのです。あなたの周囲の物を整理しただけで、ものの見事にあなたの心や波動が軽くなっているのが感じ取れると思います。

逃避癖を手放しましょう／過去の因果関係を認めている限り、自らを変えることはできません

先ほどは物についてでした。今度はあなたの内側を見てみましょう。ＰＴＳＤやトラウマについての今までの心理学者の考えの大半は、「過去に因果関係があり、それが原因になっているので仕方がない」という諦めの思想でした。それは、「だから今、私が○○をできないのは仕方がない」という発想です。つまり、因果関係を持ち出し、今できないでいる理由は、自分以外の他のものに責任転嫁している状態なのです。「できないのは仕方ないのよ」「今の症状は仕方ないのよ」と現状肯定します。

そうすると、その人は一時的に楽になるかもしれません。でも、その場所から抜け出すことができなくなります。変わらなくなるのです。過去の因果関係を認めている限り、変化は訪れません。そして、その人のもっと深い部分では「変わりたくないよ〜」と言っていたり、そう決断していたりするのです。そんな状態では変わりっこありません。

自分が「変わらない」と頑《かたく》なに決断しているのに、他の人に「変わらせて〜」と言っている人はいませんか？　そんな状態で変化することは絶対に無理なのです。厳しいかもしれませんが、

あなたの中を覗いてみましょう。

たとえば、DNAが原因で「自分には限界がある」と認めだしたときが要注意です。人生の課題を乗り越えようとしているあなた自らが設定した課題から逃れようとしている兆候です。同じような環境に置かれても、「その人がそのことをどう受け止めるのか」で、その体験はいかようにでもできるのです。「かわいそうな人」にもなれますし、「それがあったから今の自分がいる」と、逆境をバネにして感謝する人にもなれるのです。その体験をした自分に自信をなくす人もいるでしょう。社会の責任や自分以外の存在の責任にして恨《うら》む感情を持ち続ける人もいるでしょう。

持ち続けるのは、自由だと思います。でも、わかっておく必要があるのは、あなた自身が「どんな自分になるのか」を決定しているのだということです。自分が好きでその場所から離れたくないのだということをわかる必要があります。「できない」のではなく「したくない」と叫んでいる自分がいることを受け入れる必要があります。

「そんなことはない」と感情が揺らいだあなた！　感情は、正直です。きっと、あなたの痛い部分、真実に触れたのでしょうね。過去のあなたを引きずっていても、誰も何も得がありません。じゃあ、どうすればいいのでしょうか？　「したくない」と言っているあなたを排除する必要はありません。そこから逃げ出すのではなく、真実を知ったうえで「ワクワクしているあなた」を登場させればいいのです。あなたのワクワクにフォーカスしていきましょう。ワクワクしていたら、どんな課題も乗り越えていけます。環境の責任にして、逃れようとは絶対にしないと思います。

宇宙の原則を理解して、思い癖・態度・習慣・ネガティブな要素を手放しましょう

手放すことを知っている人は、どんな願いもスイスイ実現してしまいます！　実現するために障害となっている思い癖・態度・習慣・ネガティブな要素は一切手放すことです。手放すことは、宇宙にあなたの願望が聞き届けられて宇宙が動き出す流れを一切止めていないことなのです。宇宙の流れの邪魔をしていないという素晴らしいことなのです。手放すと、その後に宇宙から手放した以上のギフトがやってきます。

それに味を占めた人は、どんどん手放して、一気に軽くなって、願望を実現して豊かさのエネルギーで人生を送っています。そして大切なのは、すでにそうなったという自分でいることです。そのようなあなたでいるならば、いとも簡単にスイスイと手放していけるのです。

でも、そうは言っても地球の法則で生きてきた私たちはすぐには信じがたいことが多いのです。初めは、疑いますよね。でも、「疑う」という波動は、「それは実現しない」と決定している波動なのです。いえ、「それは、実現してほしくない」と願っていると言っても過言ではない波動を未来に設定していることになるのです。なんとも、怖いお話です。

「疑い」を手放しやすい方法として、まず宇宙の原則を理解してみましょう。

あなたがいつも通っている道をイメージしてみましょう。あなたが最寄りの駅まで行く道は、天変地異で壊れない限り、通常いつでも存在していると思います。あなたが、「今日は○○まで電車に乗っていくけれど、道はちゃんとあるかしら?」という不安を抱くことはほぼ皆無に等しいと思います。駅まで道が続いていて当然なのです。疑いも不安も抱かないでしょう。

宇宙は最寄りの駅まで行く道より、確実にあなたを願望実現への道に導いてくれるのです。そして、あなたの願望に応えるための引き出しをたくさん持っています。宇宙は無限です。あらゆることを実現する術《すべ》などが無限にあります。そして、あなたが思い込んでいる内容の大小にも関係なく、あらゆることを実現する力があります!

あなたがもし、「これは小さいことだからすぐに実現するかしら」「これは、大きいから実現するのは無理かも」と考えているのなら、その思考は今すぐ手放しましょう。宇宙には、あなたが考えているような大小は存在しないのです。それは、地球の法則に縛られて生きてきたことから生じた勘違いなのです。地球の法則と宇宙の法則は真逆のことが非常に多いのです。人は自分の思考でしか考えられないし、その人の経験からしかものが言えません。宇宙の法則におもしろがって乗っかれば、たやすく願いが実現していきます!

疑いを手放しましょう／宇宙を信頼して任せておけば、よきに計らってくれます

疑いのエネルギーは、「そうはならない」と確信しているエネルギーなのです。「そうはならないと願っている」と言ってもよいエネルギーを発しているのです。疑いがあると、せっかくあなたが未来像をつくって未来に波動を調整していても、何もかも報われず、無駄になってしまいます。でも、疑う自分を拒否すると、あなたの中で葛藤が生まれます。あなたの中で闘いが起こることになるのです。そのエネルギーを発信していても、不必要なことを増大するだけです。

では、どうしたらよいのでしょうか？　疑うあなたを拒否するのではなく、信じるあなたを登場させるのです！　宇宙のやり方を信じるのです。大船に乗った気持ちで「まあ、宇宙に任せておけばよきに計らってくれるでしょう。焦りや疑いは禁物！」と、緻密《ちみつ》な計画で動く宇宙を信頼して任せておくことです。無理やり何かしようとしても、無駄な労力を使うだけで、その労力は宇宙のエネルギーの流れを滞らせることもあります。「宇宙に任せて、今は動かない！」というのも意味があるのです。リラックスしてワクワクして楽しんでいれば宇宙が整えてくれるのです。

心配を手放しましょう／心配の波動は、心配している対象の波動を下げてしまいます

心配すると宇宙の魔法が消えます。心配するという波動は、誰のためにもならないのです。たとえば、お母さんが子供のことを心配しているとしましょう。子供にとっては迷惑な波動なのです。心配の波動は、あなたが心配をしている先、つまり子供の波動を下げてしまう行為なのです。そうと知ったら、今後は心配するのではなく、光を送りましょう。

そして、未来に波動を調整して「きっと、すべてがうまくいっている」と喜びましょう。くよくよと心配する波動は、宇宙から見ると暗い中でろうそくの火をせっかく付けたのにすぐに吹き消すような行為なのです。誰のためにもならない感情です。その感情が出たときには、感情をコントロールするトレーニングだと思って、どんどん上のステージに上げることを試みましょう。

過去や今の感情にしがみつく癖を手放しましょう／過去の栄光は生ごみのようなもの

物事や環境を変えたいときは、あなたの感情や考え方を変えましょう。多くの人々は過去に生きていますので、過去にしがみついています。私は前職をしていたときの口癖が「過去の栄光は、生ごみだぁ～」でした。過去の栄光は、どんどん腐っていきますよね。それよりも今後の希望に意識を向けたほうが健全ですし、何よりも自分が楽しくなります。

最近では、「過去はネタ」だと捉えています。自分の体験は誰にも奪われません。貴重な人生経験なのです。そこを乗り越えて、今存在しているあなた自身が輝いているのであれば、多くの人々の希望となることでしょう。あなたの存在そのものに感謝する人が続出するでしょう。

今、何かに苦しんでいるあなたは、「その課題を乗り越えて、私の生き様で多くの人に貢献する！」と約束してきているのではないでしょうか？　乗り越えた後のあなた自身をリアルにイメージして、多くの人々に語っている姿が見えませんか？　深い闇を知っている人ほど、強く輝く光を得られるのだと思います。

未来のワクワクに波動を調整して、過去や今の感情に支配・コントロールされないあなたをつくり出しましょう。あなたが発した波動で、あなたが望むと望まないとに関係なく、考えていることが現実となるのです。繰り返しますが、「過去の栄光は生ごみ」ですので、どんどん腐っていきます。「優越感」を持った瞬間、その人の波動がググゥ〜ンとダウンしていきます。そのような自分の感情にしがみつく癖を手放しましょう。

思考・感情・人生経験は、常に波動と関係していくのです。波動は維持し続けることで強まり、届く範囲も広がり、望みを叶える原動力になります。より大きな喜びが生まれる思考を選ぶよう心がけるだけで、その結果は目に見えて変化するのです。

焦る・慌てる思考を手放しましょう／宇宙は適切なタイミングで願いを実現させます

宇宙はすべてあなたのために働いています。信じがたいかもしれませんが、そのように意識を向けるとわかってきます。そして、未来に波動を合わせると、宇宙ではそれが一瞬で実現しているとわかります。そして、あなたの知らないところで着々と進んでいるのが宇宙のやり方なのです。

宇宙のやり方、タイミングの法則を思い出してみましょう。適切なときが来ると、あっけなくコロッと簡単に実現するのです。私は、この短期間にそれを何回も体験してきました。宇宙はいつでもあなたの最も高い幸福に貢献しようとしています。あなたが思いもよらない方法で、期待しているよりももっと素敵な現実がやってくるのです。そのために必要な時間設定と素晴らしい舞台設定をしようと働いているのが宇宙です。

私は最近、「宇宙！　こんなやり方で今回来るんだぁ！　ニクいねこの〜！」と、ニヤリとすることが多くなってきています。本来、宇宙は瞬間的にエネルギーが伝わる領域ですので、あなたが波動を設定した期間や時間の長短、あるいは願いの大小に関係はありません。

余計なことを手放しましょう／宇宙の流れを邪魔するものを徹底的に排除します

あなたが願望実現をするために動いている宇宙の流れを邪魔するものを徹底的に排除することで、物事はもっととんでもなくスムーズにうまくいきます！　流れの障害となる余計なものを解消するには、とにかくゴチャゴチャしていることを手放すことです。ゴチャゴチャしているエネルギーは、あなたの波動に影響を及ぼします。

余計なことをやっているときには、嫌な気持ちになったり、抵抗感が出てきたりします。そして、できれば関わりたくないとか、逃げたいと思うようになります。こんな環境の中では、エネルギーが滞ったり、二度手間になったり、不必要にやり直させられたり、困るようなキャンセルが起きたり、エネルギーダウンの症状が起きます。手放すことは、やめる、諦めるという意味ではないのです。「いったん、宇宙に委ねる」という意味なのです。

プロセスへのこだわりを手放しましょう／執着があると、宇宙に委ねられません

懇願することやこだわりを手放すことです！「何がなんでも」という必死さや悲愴さ、懇願するような願望の持ち方はよくありません。また、「こういうふうに、このプロセスで実現してほしい」など、やり方へのこだわりもよくありません。

エネルギーは本来、さらさらと軽やかに流れ広がるものなのです。あなた自身が発する波動がそうでないと、宇宙はサポートできないのです。よくあるのが、「自分はせっかくここまでこの仕事に取り組んできたのだから、この仕事が自分の役割に違いない！」と、必死なエネルギーを生じさせている人がいます。そのことを一度手放しましょう！　手放すことは諦めることではないのです。

「宇宙に委ねてみましょう」と言っても、とことん執着するエネルギーを手放そうとしない人は、その執着のエネルギーから苦しみが発生し、エネルギーが滞るのだということに早く気づくことをお勧めします。そのこだわりは、どこから来ているのでしょうか？　「人の役に立ちたい」と心底思っているならば、さまざまな執着があっさりと手放せると思います。そのこだわりや執着心は「エゴ」であることがほとんどです。

私が感じる途中経過のプロセスの中には、「自分の役割を果たすために、どんな方法で実践するのか？」ということもプロセスに入っているのです。そのプロセスのこだわりを手放すことです。

「自分がやってきたことに執着している」ということを私自身に置き換えると、医療介護業界で楽しく管理職を十数年間経験し、その中の人材育成や目標管理、営業ツール作成などにこだわることになりますが、なんと愚かなことかと思います。その当時は達成感ややりがいがあって楽しかったのですが、次のステージが来ているのであれば、執着やエゴは潔く手放すのが賢明です。

それは一時的に思い切りが必要かもしれませんが、手放した後の大きなギフトはとても素晴らしいですから、ぜひ味わっていただきたいのです。そのためには、まず、手放すことが肝心です！　あなたの願いが実現するときは、宇宙にすべて委ねているときなのです。

結果への執着を手放しましょう／宇宙がもたらす結果を気にしなければ、見事にすべてが実現します

先ほどはプロセスへのこだわりについて述べましたが、今回はもたらされる結果についてです。もたらされる結果を気にしないほど、見事にすべてが実現していきます。結果に執着していなければ、宇宙は無限の方法で方向性を示してくれます。

「宇宙を信じ切ると、きっと宇宙がすべてよき方向へ流れるように調整してくれる」と信じる潔さが必要だと思います。結果に執着しないということは、「駄目もと」ではなく『駄目だと覚悟する』ということでもないのです。

すべての執着を手放すとき、あなた本来の「清らかな波動」が発信されるのです。その波動はあなたが思っている以上のパワーなので、それを体験していくと、とても心地よいのです。ぜひ、感じてみてください。そのことがわかっていれば、結果に執着せず、やるべきことをやり、今を大切に生きることができます。それは、あなたがぎゅっと何かにしがみつくのをやめるだけなのです。

お金へのさまざまな執着や偏見を手放しましょう／途方もない豊かさを自然に引き寄せるには

あなたがこの人生で豊かさを思う存分体験したいと望んでいるのならば、今からお金にまつわるさまざまな執着や批判をすべて手放しましょう！　たとえば、「お金は汚いもの」「大金持ちは悪い人」などという批判をやめましょう。

お金はエネルギーです。そのエネルギーを手にした人がそれをどのようなエネルギーにするかが問題なだけです。お金は、エネルギーを交換するツールの一つです。便利な道具の一つに過ぎないのです。それに良いも悪いもありません。お金を持っている人がお金というエネルギーをどのようにするのかは、その人の問題です。

お金はエネルギーなので、あなたの願望を実現するためのほんの一部分に過ぎません。願望実現するために、お金だけを取り出して特別視する必要はないのです。宇宙の流れに乗っていれば、すべてが整っていくのです。その整っていくプロセスでお金が必要になるのであれば、用意されるでしょう。お金だけを取り出して考える波動は、宇宙の流れの中でのバランスを崩してしまいます。

そして、今までも申し上げていたように、エネルギーの滞りができると、そのエネルギーは淀んできます。エネルギーは、さらさらと流れることを望んでいるのです。水の流れと同じです。川のようにさらさらと流れているところでは、水はいつでも清らかです。しかし、池のように水が溜まっていると淀んできます。それとエネルギーは同じだということを覚えていてください。

気をつけたいのは、「お金が欲しい。お金のためなら少々嫌なことでもする」という考えです。他には、「お金だけが幸せではないのはわかっています。でも今、私はお金がないから不幸なのです。だからお金を得る方法を探さないといけない」という犠牲的な精神は、お金を遠ざけるエネルギーです。お金を得るために、あなたの魂を売るようなことは避けるべきです。

ある方がおっしゃっていました。政治家の賄賂《わいろ》問題などを内部告発するとき、告発者側も自らが賄賂をしていて手口や気持ちがわかるから告発できるのだと……。これと同じように、「あの人はお金儲け主義よ」と言っている人は「お金儲け主義」なのでしょう。

あなたがお金に対する偏見を手放して、心よりお金に感謝することです。先ほどお伝えしましたが、お金もエネルギーです。波動があります。あなたがあなたの元からお金を出すときに、「ありがとう！　また戻ってきてね！」と心でつぶやくと、お金もそれに反応してくれます。

あなたが大切にしているものや宝物を率先して先に差し出すことで、途方もない豊かさが自然に引き寄せられます。実際、多くのセレブは、お金に対する誤解や執着を一切手放して、豊かさを受け取れることを信じているのです。

宇宙を信じているときは、お金が入るか入らないかを気にしないで、「ありのままの私」がワクワクすることだけをやっているという自分になれているのです。その波動が当然のごとく豊かな結果を引き寄せます。どんどん手放して、もっともっと受け取りましょう！　宇宙に与える気があっても、あなたがあなた自身に受け取ることを許可していないとあなたに「届かない」のです。「私は受け取る資格がない！」「豊かな私など信じられない！」「私が受け取ったら、他に回らないのではないの？」――そんなことを思っていませんか？

宇宙は豊かなのです。溢れんばかりの豊かさがあるのです。あなた自身を卑下し、過小評価するのは、もうやめにしましょう。そのようなことをしていても、誰のためにもならないのです。どんどん手放して、もっともっと大きなギフトを受け取りましょう。

「あなたは何者？」感じ取ろう！

クリエイターであることに目醒めて、人生のシナリオをチェンジする人が増えています

あなたは、この地球に生まれることをあなた自身が志願して、自らの役割を設定してきました。その役割は、大ざっぱな役割です。今、どんどん自分がクリエイターだということに目醒めて、自分自身のシナリオをチェンジしていっている人が増えてきています。そして、多くの方々がエネルギーチェンジを開始しています。つまり、変わっていっている人がどんどん増えているのです。

たとえば、あなたが「この地球を平和へ導くのだ」と約束して生まれてきているなら、「実際

にこの地球で具体的に何をやって平和へと導いていくのか？」ということに興味があると思います。あなたが「地球を平和へ導く」サービスを提供する側ですよね。あなたのサービスを受ける側の人々のエネルギー、つまり思考がどんどん変わっていっているのであれば、あなたが彼らに提供する内容も変化していく必要があるのです。相手のニーズが変化すれば、提供する側のサービス内容も変化するので、あなたが実施するサービスの内容がどんどん変わっていく可能性が高いのです。

こういうこともあるので、あなたが具体的に何をしていくのかは宇宙に委ねて、波動を調整していきます。これまでお伝えしたように、これをするときにあなたのエゴが強力に働いていると、そこにエネルギーの滞りができるので、魔法を開始することができません。「私はこれがしたい！」という強固なエネルギーを一度手放しましょう。宇宙は、あなたの役割ではないことに対しては一歩も譲らないので、そんなエネルギーがあっては前に進まなくなってしまいます。

あなたの今の状況の中で考えてみましょう。あなたは、そのように頑ななエネルギーを握りしめていませんか？　今、それに気づいたのであれば、気づかせてもらったことに感謝して、手放しましょう。もう一度言います。手放すとは、何も諦めることではありません。いつも自由でさらさらとエネルギーが流れやすいように、あなたのエネルギーの準備をするということです。そうするためには、本当に自由なあなたが必要なのです。

ここで、現代社会で起きている事柄を例に挙げて説明したいと思います。ある企業で、社長の

クリエイターであることに目醒めよう
インスピレーション
実行
実現！
肉体に付いている感情
この2つが共鳴するとワクワク感が出てくる
深い魂レベルの波動
クリエイティブヴォルテックス
肉体に付いている感情と、クリエイティブヴォルテックスが共鳴して、クリエイティブパワーがつくり出される椅子の取り合いになっています。本来、社長の役割がある人は、その競争の中に入っていなくても、誰かのお膳立てがあって、自然と社長の椅子に座ることになります。逆に、勘違いをしている人は躍起《やっき》になってそのポジションを奪い取ろうとするのでしょうが、何らかの妨害があって社長にはなれない状態となります。

その人は本来どう生きれば幸せになるのかを考えてみましょう。幸せになる役割の設定をすることで、社長の椅子を狙って、躍起になって奪い取ろうとしていた人は、自然とその人が納得でき、心穏やかに役割を担えるように導かれます。それこそ「ありのままのその人」が楽しくやりがいを感じて生きていけるのです。「自分がやりたいこと」と「自分がやるべきこと（役割）」が一致していくのです。

しかし、エゴを強力に大切にしている人は、エネルギーに滞りができて、「私はこれをやりたいのにできない」と、その人ができないことをやっている人への闘争心や嫉妬心が出てきてしまいます。こんな状態では自分自身の本来の役割から遠のく一方なので、早く進む方向を修正することをお勧めします。

「天職・天命に生きること」、これこそが、あなたが幸せであり続けながら、なおかつ周りへの貢献度も高くなる生き方です。あなたは今、どんな状態でしょうか？

あなたの住んでいるこの地球が、愛で満ち溢れていると感じていますか

今、あなたが住んでいる環境は愛に満ちていると感じていますか？　あなたの周りの人々は、あなたの仲間と感じますか？　そして、あなた自身は、あなたを愛していますか？　この地球は、ネガティブなことだらけであるのは事実です。だからこそ、私たちはこの地球に存在しているのです。この地球で役割を果たすため……この地球で多様性を体験するため……この地球でネガティブをポジティブに変換するプロセスを楽しむため……さまざまな体験をするために、ここに存在しているのです。ただ、自分で設定したシナリオを忘れているだけなのです。

クリエイターとして、この地球でのシナリオを変えていくのに必要な条件とは何でしょうか。それは、少なくともあなたの周囲は愛に満ちていると感じていることが条件なのです。

これからご紹介するワークは、あなたの深い部分にさまざまな変化をもたらすものです。このワークでは、私が主催している「アシュタールメソッド」の受講生さんが長年かけてもクリアできなかった「ある部分」が一気に解放されました。そして、あるとき、ある瞬間にわかったことは、「魂の癖は、愛をもってつけられている」ということです。今の自分では忘れていたとして

も、すべては自分に向けられている「愛」だったのです。

もっともっと波動を上げることで宇宙の進化に貢献できる!!

エクササイズ

光を感じるワーク

それでは、軽く目を閉じていただきます。鼻から息を吸って口から吐き出しましょう。

あなたのこの呼吸はマスタークリエイターからのギフトです。大きく息を吸うことで、宇宙からの叡智、光のエネルギーをあなたの中に取り入れることができます。そして、吐く呼吸は、光そのものを吐いている状態なのです。あなたの吐く息で、空間を浄化することもできます。

あなたは、今、まっすぐな一本の筒になっています。光の筒です。キラキラ輝く一本の筒になっているイメージをするか、あるいは、感じてみましょう。

あなたは、天と地の中央に存在しているのを感じています。天から宇宙のエネルギーを降ろしましょう。あなたの頭からそのエネルギーが入ってきているのを感じてみましょう。あなたは、天からの光をまず、あなたに降ろし、そして地球へ流し入れる、パイプの役割をしているのです。あなたの頭から宇宙の叡智・光エネルギーが入ってくると、あなた自身の光がどんどん増して、光の太さもどんどん太くなっていくのを感じましょう。

次に、あなたの頭、のど、ハートに宇宙の愛のエネルギーが流れてきています。ゆっくりと呼吸をして感じてみましょう。そして、みぞおち、両足の間を通り抜けて、地球へ流れています。

それでは、大きく呼吸をし、瞬きをしながら、あなたのタイミングで目を開けましょう。

ではここで、あなたの役割について、未来に波動を設定してみましょう。この設定はとても抽象的です。しかし、もうそうなっているあなたの状態を感じることができ、ワクワク感動できたのならば、未来への波動設定が大成功したことになります。どんどんやってみてくださいね。

自分は無限の可能性を秘めている存在であることを知っている「ミラクルチャイルド」

これからご紹介する内容は、遊び感覚で気軽にやってみたいと感じたら、ぜひやってみてくださいね。私は、前職のときにこの存在と出逢いました。遊び感覚で楽しみながら出逢ったのを覚えています。遊び感覚であなたの無意識・潜在意識に働きかけ、その扉を開くワークだと思います。

それを実践することで、あなたの潜在的に持っている能力に気づいたり、教えられたりします。私は見えない存在とのコミュニケーションを楽しみながら実践していたところ、その存在から自分の意識下では考えられないような提案をしてもらいました。

ここでご紹介するのは、あなたが無限の可能性を秘めている存在であることを知っている「ミラクルチャイルド」という存在です。ミラクルチャイルドは、パーフェクトセルフと共鳴している、あなたの魂エネルギーとも言える存在です。「宇宙にいた頃のあなた」を知っていて、「自分は何でもできる存在なのだ」と知っているあなたなのです。もちろん、宇宙の叡智とも共鳴している、とても波動の高いあなた自身なのです。

ミラクルチャイルドとコミュニケーションを取っていくことで、宇宙にいた頃のあなたが設定していた役割や、この地球で何をやっていこうとしているのかがわかります。どうして、チャイルドなのでしょうか？　私の見解では、あなたがこの地球に生まれた頃のように、あなた自身が何の制限も制約もしていない無邪気なピュアな魂の状態であることの比喩《ひゆ》なのです。ミラクルチャイルドと手と手を取り合って協力体制をとることで、ワクワクと楽しい人生を歩んでいく経験をするでしょう。しかし、これも個人差があります。

それは、「出逢う」と決断することから始まります。まず、今ここでミラクルチャイルドに出逢うことを自分に許可しましょう。

そして、唱和しましょう。

まずは、ミラクルチャイルドと出逢い、無限の可能性がある自分を認めましょう！

「私は、すでにミラクルチャイルドと出逢ってワクワクしています」

「私は、ミラクルチャイルドと手と手を取り合い、地球上での役割をワクワクしながら、いとも簡単にどんどん、まるで宇宙船で瞬間移動しているがごとく実現しています」
「私は、ミラクルチャイルドと協力して共に生きて、とてもハッピーで〜す」
「私はミラクルチャイルドとともにワクワク楽しんで、とても自由で〜す」

いかがでしたか？　ワクワクしましたか？　ワクワクしたので試してみようと感じたあなたは次にお進みください。

それでは、これからあなたが自由で無限の可能性を持っている存在であることを知っている、あなたの「魔法使い」ミラクルチャイルドと出逢いましょう。

エクササイズ

ミラクルチャイルドと出逢うワーク

それでは、深く鼻から息を吸って、口から吐き出していきます。まず床の上のあなたの足を感じましょう。次に、耳から聞こえる音に意識を向けましょう。次は、あなたのハートに意識を置きます。

あなたの全身に意識を張り巡らせ、あなたの心の声で叫びましょう。

「私のミラクルチャイルド、どこにいるの〜？」

あなたの肉体の反応に意識を向けましょう。反応した肉体の部分に意識を傾けて、語りかけましょう。

「そこにいたんだね〜。気づかなくてごめんね〜。私は、あなたを愛しているよ〜」

あなたの五感を使って、アンテナをフル活動させて、感じてみましょう。

次に、「何してるの?」と声をかけてあげましょう。そして、ご挨拶をしましょう。自己紹介をしてもいいかもしれません。しばらくの間ミラクルチャイルドと一緒に、いっぱい楽しいお話をしましょう。

次に、あなたのミラクルチャイルドに尋ねてみましょう。

「今あなたが一番したいことを教えて?」

ジャッジや批判を手放して、あなたのミラクルチャイルドの言葉に耳を傾けてください。

そして、「誰かに手伝ってもらったらいいのかな?」と尋ねてみましょう。そうすると、あなたを応援してくれる人の顔が浮かんでくるかもしれません。

そうこうしているうちに、もうあなたが帰るときがやってきました。ミラクルチャイルドと今日こうして逢えたことに感謝を告げてください。ミラクルチャイルドがしたいと言ったことをあなたが現実の世界で実現することを約束しましょう。

「このことを実現するために応援してね。一緒に話し合ってやっていこうね」と、あなたのミラクルチャイルドにお願いしてください。

そして、「また会いに来るから、待っててね」と伝えたら、物質世界に戻ってきましょう。

手足を動かし、瞬きをしながらゆっくりと目を開けましょう。必要があれば伸びをして、完全にこの空間に戻ってきます。

いかがでしたか？　ミラクルチャイルドに会えましたか？　あなたの肉体のどの部分にいましたか？　今後、いつでもミラクルチャイルドと会うことができます。どんどん仲良くなって、気軽に話し合える環境をつくりましょう。すると、高次元のあなた自身が常にあなたとコミュニケーションを取っていることになります。この地球上でどんどん役割を果たしていきましょう。

はぁ〜い
UFO

第7章

目醒めた人から
キラキラ輝く
魔法の法則

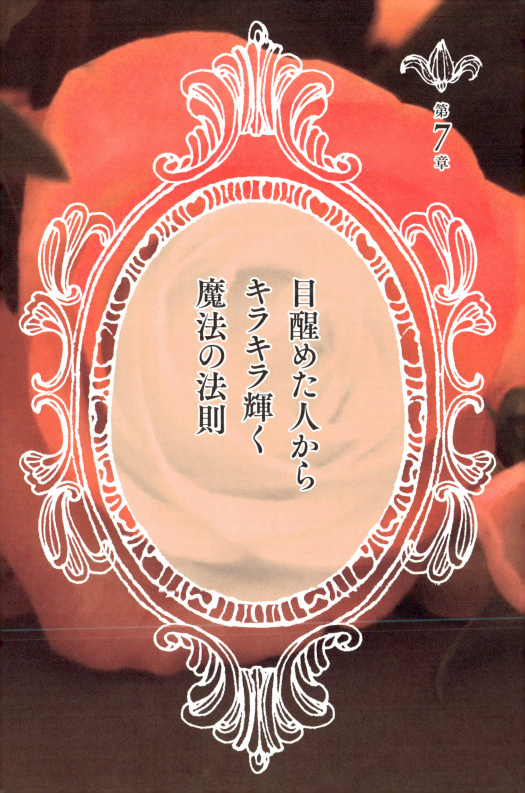

苦行は必要ありません！
人生をワクワク楽しむ
魂の磨き方

ユニット⑨

これからの時代に必要な後悔しない意思決定の秘訣

感情には、「肉体に付いている感情」と「変換装置となる感情」があります

あなたは、「感情がなかったら楽なのに……」と感じたことはないですか？　私はよく言うと感情が豊かで、違う言い方をすれば感情の起伏が激しいので、しんどく感じることがよくありました。「今泣いたカラスがもう笑った」的なこともしょっちゅうでした。私たち人間は、感情に左右されて人や物ごとを見がちであり、判断しがちなのです。この「感情」について深めていきたいと思います。

あなたもすでにお気づきでしょう。人間というものは、感情的な生き物だと理解して接するこ

とが大切です。そのことに異論がある方もいらっしゃるでしょう。

「いや、自分は理論的に判断してきた」

しかし、多かれ少なかれ、知らず知らずに感情的な判断をされたことがあるのではないでしょうか？

私はよくあります。感情的に判断をして、後で都合のいい論理を付け加える。自分の感情的な判断を正当化したいという本能が存在します。しかし、これは人間がそういう生き物であることを知っておく必要があります。

そして、私は数年前に「感情」というものは悪いものではなく、私たち人間に必要だから存在していたという、感情が存在している意味がわかったので、スッキリしました。

私たちは、肉体と魂エネルギー体から成り立っています。宇宙に誕生したとき、エネルギー体としてはほぼパーフェクトな状態で生まれたのです。ほぼパーフェクトなエネルギー体としてのあなたを「パーフェクトセルフ」と呼びます。つまり、「異空間に同時に存在しているパーフェクトなあなた自身」という意味です。

あなたは今、地球で何らかの役割を果たすために肉体を持って生まれているのです。いえ、あなたが「肉体を持つ」と決めたのです。そして、あなたはクリエイター、言い換えると創造者ですから、どの肉体にするのかを自ら選んできたのです。

あなたが地球に生まれるとき、パーフェクトセルフから魂エネルギーの一部が抜け出して、肉体に入りました。これが今の状態です。実は、私たちがパーフェクトセルフから抜け出すときに、パーフェクトセルフから感情を持つことを提案されていたのです。

パーフェクトセルフ「感情を持ちましょう！」

あなた「感情？　なぜ？」

パーフェクトセルフ「あなたの感情がモヤモヤしたり、『何かスッキリしない！　おかしい』と感じたとき、それは私からの『あなたの地球上での役割は、そっちではないですよ』というメッセージです。かたや、『ワクワクする！　嬉しい！』というような喜びの感情が湧いたときは、『あなたの地球上での役割は、そっちの方向ですよ』というメッセージなのです。つまり、『感情はあなたの人生のナビゲーション』になるのです」

あなた「わぁ〜、そんな便利なものがあるなら、このネガティブだらけの地球で、ネガティブをポジティブに変換するプロセスを楽しんでいける！」

このような感じで、あなたはワクワクしながらこの地球に生まれたのです。「そんな案内があるならば、人生でリスクを背負うことも迷うこともなく、自分が設定した人生のシナリオを楽しく体験していける！」と、新しい人生経験を楽しみにして、チャレンジすることができるのです。

しかし、「人生のハンドルを握っている」のもあなた自身です。いくらナビゲーションが「右だよ」と言っていても、あなたがハンドルを左に切ったのでは、あなたの望む方向と逆に向かいます。いつでも、あなた自身が人生のハンドルを持っていることを忘れないでください。

「感情は人生のナビゲーションである」。ここまでは、知っている人もいることでしょう。ここからが、新しい知識の部分です。「感情」を人生のナビゲーションにしていくためには、心得ておくことがあります。「感情」には、「肉体に付いている感情」と「変換装置となる感情」があったのです。あなたの「感情」、あるいは「感情の癖」のようなものは、肉体に付いているものだったのです。

たとえば、私の場合は「感情の起伏が激しい」という癖が肉体に付いています。私たちは、肉体を選ぶときに「どのような感情、感性の持ち主なのか」ということも併せて選んできているのです。感情を人生のナビゲーションにする「変換装置としての感情」を正常に機能させるためには、感情的になっていないことが条件だったのです。

肉体に付いている感情を静かにさせると、最も発展したバイブレーションの変換装置を正常に機能させることができます。あなたの「感情」に意識を向けると、非常に深いレベル、つまり魂の部分と共鳴していくことができるのです。

感情を人生のナビゲーションにするコツ／真の魂の波動をキャッチしましょう

感情のもつ影響力の強さに気づいたならば、次に感情をご自分の「主人」にするのではなく、あなたがコントロールする側になる必要がありますね。

感情的になっているときの感情は、人生のナビゲーションにはなりません。感情的になっていれば、真のナビゲーションシステムは作動しません。感情は、肉体に付いています。浅いレベルでの感情は、ナビゲーションにはならないのです。真実を見極めるためには、クリアなレンズ、透明なレンズで世の中を見る必要があります。感情は肉体に付いているので、魂エネルギーが肉体から離れると感情はなくなります。

真のあなたの魂の声を聞こうとするならば、肉体に付いている浅い感情をゼロにしておく必要があります。「人生のナビゲーション」として感情を使うためには、心を静かにするのです。

たとえば、あなたがある波動を耳でキャッチして音に変換するときに、真実の音に変換するためには、あなたの耳の変換装置をクリアにしておく必要があります。あなたの耳で他の何かが鳴っていたら、ノイズが混じって真の音をキャッチできないのです。キャッチする変換装置をクリ

真の魂の波動をキャッチしよう

肉体に付いている感情を静かにさせると、
魂エネルギーと共鳴して、
バイブレーションの変換装置になる

アな状態にしておきましょう。

魂の波動は、感情という変換装置を使います。真の魂の波動をキャッチしようとするとき、肉体に付いている感情をゼロにする必要があるのです。また、肉体に付いている感情をゼロにして、魂の波動をキャッチして出てきた判断が短期間で変わることはほとんどありません。魂の波動をキャッチして、共鳴したときの感情が、真のナビゲーションになるのです。

ここで、「ワクワクすることは、怠けることとじゃないの？」と勘違いされる方がいらっしゃいます。いいえ、違います。あなたは幼い頃、何かに夢中になって時が経つのも忘れて没頭したということを経験したことがあると思います。……思い出しましたか？　魂からのワクワクは、そのような状態になるのだと思います。そのような状態は、怠けていますか？

このように、感情を真のナビゲーションにしていくためには、まず感情をコントロールする必要があることがおわかりいただけたと思います。あなたの感情は意識的にコントロールできるのですが、あなたは感情を無意識に都合よく使っている場合があります。それは、「何かの目的を果たすために故意に使う」という現象です。

以前、管理職をしていた頃の私は、職場で故意に感情を使っていたと思います。管理をする際に、心の中では「別にどうでもいい」と感じていても、組織をまとめるために怒らなければいけない場面がありました。少なくとも当時の私は、そう感じて実践していました。普通に言っても伝わらないスタッフに対して感情的になったことがありましたが、それは今考えると支配・コントロールの方法でした。きっとそのスタッフが納得していないから行動に移せなかったのでしょう。感情的になるのではなく、よくコミュニケーションを取って理解を得る必要があったのだと思います。

「自分の感情は、自分にしかわからない!」と心得ましょう

この地球では、他人の意思で生み出された波動を受け取ることを強いられる場面がよくあります。しかし、その波動を受け取る必要はどこにもありません。「空気が読めない(KY)」ことを恐れ、不安や恐れの感情から発する行動を、今日限りできっぱりとやめる決断をしましょう。不安や恐れの波動から生み出された思考・判断は、それを増強させる波動となってエスカレートしていき、不安や恐れが実現していきます。

今後、あなたが何か行動すると決断したとき、それはどこから来たのか、一度あなたの感情の根っこを探ってみましょう。どの波動から生み出された判断なのかを確認するとよいと思います。不安や恐れから来ているときは、いったん手放しましょう! そして、「ワクワクするのはどの決断?」と、あなたに質問を投げかけてみましょう。そこから生み出される決断が進む方向を示してくれるのです。

それと同様に、他の人から「KY」と言われることや嫌われることを恐れていては、クリエイターとしての真の人生を諦めたも同然です。感情のナビゲーションシステムを活用して、自分の人生をあなたが望む方向へ修正していきましょう。

この世界において、他人から指図をされることは普通に起こっています。あなたの人生について意見されたり、アドバイスや注文・ルールを押し付けられたりすることもあります。しかし、他人はあなたの感情を理解していません。他人は自分の思考領域を超えることができず、あなたの望みや希望を把握することはできないということ、そしてあなたの感情はあなた以外の誰にもわからないということを知っておく必要があります。多くの人間は過去に生きていて、過去の自分の経験に基づいた思考や発想しかできません。その枠を超える発想がなかなかできないのです。

あなたは、パーフェクトセルフと共鳴している魂エネルギーと共鳴することで、真のナビゲーションシステムを作動させることができます。この世界には、あなたの真のナビゲーションシステム以上に信用できるものなど何一つないことを知っておいてください。

今の社会の成り立ちを少しご紹介します。今の日本の多くは組織で成り立っています。そして、さまざまな組織にはさまざまなリーダーが存在しています。その組織をつくるときには、それぞれの志があったでしょう。しかし、組織が大きくなるにつれ、この地球を支配コントロールしようとしているところからのアクセスが始まります。大きな組織のトップを言いくるめることができれば、その組織ごとまるでオセロをひっくり返すように白が黒へと変わっていくのです。あなたが組織に属していることを否定しているのではありません。組織に属していても、「自分軸」でしっかり判断できるあなたである必要があるということなのです。

今後、この地球を平和へと導くためには、一人ひとりが自分軸で判断する必要があるのです。今までは、組織のように「あの人が言っているから大丈夫」と他人軸を信じて生きていくことで、現在の社会がつくられてきたのです。私は、楽天主義があまり好きではありません。楽天主義は、現実を見ようとせず、把握せずに「大丈夫」と思っている主義者です。私は「楽観主義者」でありたいと思います。楽観主義は、現実をしっかり理解したうえでポジティブへ向かう考えです。

現在の社会は混沌としているのを通り越してきています。その大きな組織力に対抗できるのは、一人ひとりが「自分軸」で生きることなのです。すると、今までのように支配コントロールしていたところが困ってくるのです。なぜならば、今までは大きな組織のトップだけを狙えばよかったのですが、その組織に属している一人ひとりが、「最近おかしいから、この組織から抜けよう」と判断しだすとたちまち困ったことになってきます。一人ひとりを説得して回ることなど到底できっこありません。あなた一人の問題ではありません。この地球のためにも、「自分軸」をしっかり持つことが重要なのです。

あなたは感情のステージを自由に変えることができます

多くの人は感情のステージを変えることができるということを知りません。自分の意識を変えようとしないために、自分を嫌な場所から素敵な場所へ引き上げることができないのです。あなたには、感情のステージを自由に変えていく力があります。

そして、意識を変えることは、人生に大きなミラクルを引き起こすきっかけになります。なぜならば、意識的に持ち続けていることは必ず実現するからです。感情は素晴らしく高性能な波動変換装置なので、あなたの全身から発信する波動をいとも簡単にコントロールできます。そうすると、あなたの未来、いえ、1時間後、いえ、5分後が変わっていくのです。感情という波動変換装置を使って、日々の生活にどんどんミラクルを起こしていけるのです。なんと、素晴らしいことでしょう！　これを使うかどうかは、あなた次第です。使った人々は確実に変化しています。

「変わりたい」と言っていても変わらない人は、「変われない」のではなくて、今の自分のポジションをこよなく愛している自分がいるのです。ある意味「変わらない」と決心しているので、変わりようがありません。そして、変われない理由づけをいくつも挙げるのです。この物質世界もすべて波動で動いていますから、「変わる」と決断した瞬間に波動がすぐに変化します。どこかから電話があったり、メールがあったりして、その波動が瞬間的に実現していくのです。これについては、私自身がいろいろ体験していますから、違うとは思えません。そして、私は目の前で瞬間的に変化していった人を何人も見てきています。

感情は、マスタークリエイターとどれだけ波動が合っているかを示す指標になります。マスタークリエイターと完全に波長が合えば次のような気づきが得られます。

- 私は自由である。
- 私は喜びそのものだ。
- 私は愛で満たされている。
- 私は価値ある光の存在なのだ。
- 私には、人生の目的役割がある。
- 私は、すべてが幸せに包まれている。

このどれか一つでも感じているときは、マスタークリエイターと共鳴しているのです。

素晴らしい感覚を充分楽しみましょう。すると、いつでもマスタークリエイターを感じることができるようになります。

ではまず、感情のステージを見てみましょう。これは人によって解釈が違いますので、必ずここで取り上げた言葉の表現がぴったりくるとは限りません。言葉にとらわれすぎると、感情の本来のシステムの役割を見失ってしまいます。大切なのは、言葉ではなく、より高いレベルに感情をコントロールすることなのです。

感情のステージ

1. 喜び・愛・感謝
2. 自由
3. 情熱
4. 意欲
5. 信念・期待
6. 希望
7. 満足
8. 退屈
9. 悲観
10. イライラ感
11. 落胆

12. 疑い・不安
13. 心配
14. エゴ・エゴからくる悟り
15. 非難・批判・中傷する心
16. 食・淫・眠の欲望の心（肉体の欲望）
17. 失望
18. 怒り
19. 復讐
20. 敵意・激怒
21. 執着心
22. 嫉妬
23. 自信喪失・罪悪感・自己卑下
24. 恐れ・絶望・無気力

感情をコントロールして、ステージを高めていくトレーニング

私たちは、感情のコントロールを無意識にやっています。誰しも、大切な人を亡くしたときには、24の絶望・無気力のステージに感情が動くと思います。次に、23の罪悪感のステージに進み、「私がもっと○○しておけばよかった」「あのとき私はなぜ○○しなかったのだろう」と、自分を責めます。そして、21の感情に執着する心がやがて20の「なんで、いなくなったのよ！」という激怒に変わります。さらに、「そうだ、国が悪いのだ」という敵意、自分以外の存在を敵に回す思考になります。

あなたは、19の「そうだ、国を相手取って復讐してやろう」、18の「国に対して怒りをぶつける」、17の「国が自分の思い通りに対応しない」と失望する……といったような光景をご覧になったことがあるのではないでしょうか？　これは、人間の無意識の行為ですが、あなたは自らの意思でステージを変化させることができます。

まず、「今のあなたがどのステージに存在しているのか」という立ち位置をまず確認しましょう。そして、「次にどのステージなら行きやすいか？」を見極めましょう。人はそれぞれの肉体に感情がついています。肉体による感情の癖もあります。「私は今まで闘って生きてきた！」と感じる癖もありますので、18の怒りは、すぐに生み出すことができてしまうのです。戦闘態勢に入ってしまうのですね。

たとえば、あなたが朝目覚めたときに「何もやる気になれない……」と、22の無気力のステージにいたとしましょう。そこからは、17の失望のステージに行きやすいですね。そして、テレビをつけます。ニュースを見ると、「社会はどうなっているのか」と、すぐに18の怒りのステージに移行できます。そして、次にどこへ行きましょう。この世の未来を憂いて、12の不安のステージにでも行きましょうか？

そうではなく、波動の法則を思い出して、平和な未来に期待します（5）。次に「そうだ！いい気分になろう」と、素敵な音楽を聴きながら、大好きなローズの香りがするお風呂に入り、自由を感じます（2）。そして、私の場合は「次は瞑想だ」と思って瞑想すると、一気に1の喜び・愛・感謝の感情が湧いてきます。

という具合に、22から一気に1に行くことは難しくても、少しずつ上のステージを目指していけばいいのです。その場合、あなたの感情の癖を読み取る必要があります。「こうすればこの感情にすぐになれる」というものをチェックしておきましょう。この感情をコントロールするトレーニングをやっていくと、15以下の感情になることはほぼ皆無になってきて、波動のブレが少なくなります。そして、感情の動きに意識を向けることで、あなたの奥に秘められた記憶が蘇ってきて、「今なぜこの現象でこの感情が動くのか？」の原因を知ることもできます。

それでは、少しでも多く高波動を発信するあなたになるために、素敵なワークをご紹介しましょう（後述／エクササイズ「心を静める呼吸」）。

その前にプチ知識です。あなたが感情的になっているとき、脳からコルチゾールやストレスホルモンが分泌されています。その物質が血管を巡り、あなたの肉体にも異変が生じています。こんなときには感情的な判断をして人間関係をそこねてしまいがちなのです。

しかし、この状態が最高値になるのは18分間だけなのです！

18分間だけ自己管理できるようになると、感情的な意思決定における後悔は避けられます。

この間、休憩する、あるいは、これからご紹介するエクササイズで切り抜けましょう。

相手がそのような状態になっているトキは、結論を急がずに時間を空ける工夫をしましょう！

人間の心の中では2匹の狼が戦っている／マスタークリエイターと共鳴する波動調整

ある晩、一人のチェロキー族（北米インディアンの一部族）の老人が、人々の心の中で起きている「闘争」について、孫に話をしました。

老人は孫に言いました。

「人間の心の中では、常に2匹の狼が戦っている。

1匹は邪悪な狼で、怒り、妬《ねた》み、嫉妬、悲哀、後悔、貪欲《どんよく》、傲慢《ごうまん》、自己憐憫《れんびん》、罪悪感、憤慨、劣等感、嘘、そして、偽りのプライドや優越感、および自尊心を表している。

もう1匹は、善良な狼で、喜び、平和、愛、希望、心の優しさや穏やかさ、謙虚さ、博愛、共感、寛大さ、真実、そして、切実な同情心や信頼を表している」
話を聞いていた孫の少年は、しばらくそれについて考えてから、
「それで、どっちの狼が勝つの？」と尋ねました。老人は、答えました。
「もちろん、主人がえさ（食物）を与えるほうさ」

喜びをもたらすことを思い浮かべることで、波動の調整ができます。多くの人々は、自分の経験を元に波動を調整します。そのために日々の生活に大きな変化が訪れません。いつもの自分の思考から脱する思考が浮かばないからです。感情をコントロールすることで、現在の波動とかけ離れた波動をつくり出すことが可能になります。

何度も言いますが、宇宙の法則では、今あなたが経験していることではなく、あなたの発する波動にすべては反応します。一度も経験したことがなくても、あなたの意識次第でいつでもあなたの日々の生活の中でミラクルを起こすことができます。ネガティブな感情を抱いているときはリラックスして、自分を責めないようにしましょう。「ネガティブな感情を抱いている」ということは、「マスタークリエイターとの波長を共鳴するように調整しなければならない」という合図なのです。ただ、その合図を受け止めて、感情を動かさないようにしましょう。感情を静め、思考をストップさせることで調整がしやすくなります。

その他、あなたのエネルギー調整のプロセスの中で「感情の解放」が起こるときがあります。

そんなときは、リラックスして感情を無理に抑えないことです。その感情に浸らないこと、感情を抑えないけれど浸らないことは難しいかもしれませんが、とにかく、そのままの自分を受け入れ、あなたの気分がよくなることをしましょう。そして、次に向かうステージアップのための準備をしているのだと思って、喜びましょう。また、充分に水分補給して、睡眠をたくさん取るように心がけましょう。

相手の敵意をなくす方法

人間関係に悩むことの多い社会になっていると思います。その社会にストレスなく生きていく一つの方法として、お伝えします。

まずは、対立や不和が起こるときというのは、お互いに立ち位置が違ったり、意見が反対であることが多いと思います。

その際とても重要なのは、まず相手が言っていることを理解することだと思います。

そのためには、先ほどからお伝えしていますが感情をコントロールして、相手の言っていることを理解するように努めることが大切ですね。

その中で相手が感情的になっていても、常に平常心を心がけましょう。先ほどのステップを活用できますね。

そして、相手の意見を正しく理解するために適切な質問をしていきましょう。

その繰り返しの中で、お互いがWin-Winの状態にもっていっているイメージをしましょう。

そうです。「話し合ってよかった～」とお互いに笑顔で話しているイメージをして、ご自分も「よかった～」と喜びの波動に共鳴しましょう。

ここで大切なポイントは、相手の意見を正しく理解すること、イコール合意することではありません。

私たち人間は、それぞれの自分なりの世界の見方や信念にもとづいて行動しています。

これは、みなさん、私も同様に無意識に行われることなのです。

ですから、この社会においては対立や不和が起こりやすいのです。

そんなときこそ今回の感情のコントロールを活かす場面ですね！

実践あるのみです。

エクササイズ

心を静める呼吸

私たちの魂からの波動は、いつでも振動しています。ただ、感情的になっていると、それに気づかないのです。頭を使っているときは気づかないのです。だから、魂から発信している波動と共鳴できない状態となっています。では、どうしたらよいのでしょうか？

　感情的になる仕組みを少しお伝えしましょう。感情的になるときは、どんなときでしょうか？多くは「エゴのエネルギー」、つまり自分の利害にのみ関心を持つエネルギーが強いときに感情的になりやすいのです。そのときは、肉体に付いている浅い部分の感情が反応しています。その感情をクリアにする呼吸法をご紹介します。

　このエクササイズは、感情をゼロの状態にするのに効果的です。ネガティブな波動につながる物事に意識をフォーカスしないようにすることができます。自分の波動への新しい気づきが得られ、ネガティブな波動を感じてもすぐにチェンジすることができるようになります。さらに感覚も研ぎ澄まされていき、さまざまなことを敏感に感じられるようになります。よって、以前のあなたより高い波動を維持することができるようになり、波動が落ち込むこともなくなってきます。

　このエクササイズは、心を空っぽにしたいときに実践してみましょう！　心を動かさずに静止させることで、ネガティブな思考も静止して消滅し、あなたの波動が活発化して清められていきます。心が静かな状態となり、魂の波動がキャッチしやすい状態へ移行します。


では、軽く目を閉じ、リラックスしましょう。あなたの呼吸に意識を向けていきましょう。

空気をゆっくり吸い込み、吐き出すとともに全身の力も抜いていきましょう。

ただただ、呼吸に意識を集中させましょう。

鼻から息を吸いながら、お腹にその息を入れていきましょう。鼻から息を吐き出すとともにお腹のへこみを感じてみましょう。

これを、できれば7カウントずつ（吸う息7カウント、吐く息7カウント）、2～3回行いましょう。

次に、鼻から息を吸いながらお腹を膨らませ、吐く息もお腹に吐き出していきましょう（2～3回）。

鼻から息を吸って、今度は胸に空気が入るように胸を膨らませましょう。

吐く息は、お腹に向かって吐き出していきましょう（5回）。

瞬きをして、あなたのタイミングで目を開けましょう。

この呼吸法は、少しの時間でできますので、職場でちょっと調整したいときにも活用できます。
あなたの感情をコントロールして、人生のナビゲーションを真に活かして、
ワクワクの日常生活を実現していきましょう！

ユニット⑩
無限の扉を開く鍵
〈無限の豊かさを受け容れるあなたへ瞬間移動しよう!〉

人生の天職・天命を全うするために、自分に変化を起こしましょう／豊かさを阻む5つの呪文を解放しましょう!

私たちは、地球に降り立つときに、地球上での自分の役割・使命について、マスタークリエイターと約束してきました。

まず、あなたがマスタークリエイターに志願した
⇐
マスタークリエイターが了承した

双方の意見の同意の下、契約が成立した！

⇐

しかし、「役割を実現したい！」と思うあなたと、「役割から逃げたい！」と思うあなたがあなたの中に両方とも存在しています。あなたは、宇宙にいたときはとても勇敢だったのです。今の人生のシナリオを乗り越えるために、ハードル設定もあなたがしたのです。

この地球上で、自分が設定したハードルを乗り越えられなかった体験が、あなたの中に魂の癖として残っているのですが、ハードルを乗り越えた成功体験を持ったあなたも同時に存在しているのです。あなたは、ネガティブをポジティブに変換するプロセスを楽しもうとして地球に降り立ったので、ネガティブに興味津々なのです。

特に、「どうしても、ネガティブに意識をフォーカスしてしまう！」というのは、多くの日本人の特徴です。日本で流行る曲もネガティブな歌詞のものが多くないでしょうか？　ラテン音楽のような陽気なものが少ないかもしれません。そういう観点からもおわかりいただけると思います。

このエネルギーにご縁がある人々は、この地球で「生き様を見せる」という役割を担っているのです。この世界で地球の法則で生きてきたあなた！　このエネルギーに触れたことにより宇宙の法則で生きるあなた！　ビフォーアフターのあなたの生き様を世の中に見せるのです。地球の法則で生きてきたあなたは、「今から生き方すべてを宇宙の法則で生きる」とあなた自身に約束できますか？

自分の役割を果たそうとするときに妨げになるものは、あなた自身なのです。「役割を実現したくない！」と叫んでいるあなたはいませんか？　あなたの中にはさまざまな側面があり、たくさんのあなたが存在しています。ポジティブな側面のあなたや、前に進むことに抵抗するあなたが存在しています。それぞれの側面すべては、あなた自身であり、愛する対象なのです。そして、愛を注ぐ相手であるということを認める必要があります。

新時代がスタートしました。

私の中でさまざまなことが、変化しています。

変化の途中といった感じです。

よりわかりやすく、

あなたが無限の豊かさを受け容れる資格があることをお伝えする必要があります。

でもね！

あなたが無限の豊かさを受け容れるのを拒んでいるとしたら、

「無限の豊かさ」は実現しないのです。

ここで、あなたの奥深いところにもチェックを入れてみましょう。

「すべての人々に行きわたる豊かさがある」

これが、真実の宇宙なのです。
まずは、あなたの無限の豊かさを封じ込めている呪文のようなものはないでしょうか？
これに気づき、受け容れる勇気があなたにあったならば、
あなたはその呪文から解き放たれるでしょう！
そのようなインスピレーションがきました！
その呪文というものを、地球上の言葉でわかりやすくお伝えしますね！
何も特別なわけのわからないものではありません。
一つ目、
貧しいことが美しい、美徳だ！
という呪文です。
清貧、清く貧しい！
これが美しいと思っていませんか？
こんな思いがあなたの根底で流れていませんか？
考えてもみましょう。宇宙は光であり、豊かなのです。
すべての人々に行き渡る豊かさがあります。
ただ、あなたの周囲の人々が、それを認め、豊かさを受け容れないだけなのです。
どうして貧しいことが美しいのでしょうか？

たとえば、この私が宇宙の法則を伝えながら、どんどん貧困が増していったら、
あなたはこの宇宙の法則を実践しよう！　なんて思いますか？

私が自分で人体実験をして、豊かで楽しい人生を謳歌《おうか》したら、
あなたはきっと「次は私の番！　私もやってみよう！」と実践するのだと思います。

「清貧」これを美しいと感じるのは男性性なのです。

男性は「粒」。物質の世界で生きているので「波」にあこがれます。物質よりも見えない世界、
つまり「心」というようなものにあこがれるのです。

昔の男性社会がそのような神話をつくったのでしょう。

新時代においては「死語」なのです。

もしくは、ドラマの世界などでコントロールされているのかもしれません。

悪人は、大体お金持ちに描かれていますね！　悪人にはお金持ちの人がいるかもしれません。

しかし、お金持ちだからと言って悪人とは、限りません。

なぜならば、宇宙の法則に則《のっと》って、役割・使命を果たしていると、
自然と豊かさがついてくるからです。

そして、苦行の人生も終焉を迎えました。

苦しまないといけない！

楽しんでばかりいると罰が当たる！

もう、そんな時代ではありません。

あなたの深い所のどこかでそんなあなたが存在していませんか？

そうです。２つ目の呪文は、苦しむことが魂を磨くという呪文です。

３つ目、お金には限りがある！

そう思い込んでいませんか？　お金はエネルギーです。

エネルギーを交換するツールにすぎません。

ある種のシステムです。エネルギーが大きいモノやできごとが大きなお金と交換になる。

価値が高いものに高いお金と交換になるのですね。

あなたが、役割使命を果たし、価値あることを実践し出したら、
自然とお金や豊かさが流れてくるのです。

それには、宇宙が関与していますので限りはありません。

そして、４つ目。幸せは、お金では買えない！

その通りです。幸せはお金とは関係ありません。

しかし、この言葉の深い意味をさぐっていくと、逆に、お金が無いことがご自分の幸せにつながるのでしょうか？　幸せとお金をつなげる必要などないのですね。

５つ目、お金持ちの人はお金のことばかり考えている、という神話。本当にそうでしょうか？

私は逆だと思うのです。私が結婚して貧しかった時代のほうが、お金の計算をしていたと思う

のです。

私の周囲の豊かな気持ちの方々は、お金のことは言いませんよ！　それは後からついて来るもの、という習慣のようなものさえ感じます。だから豊かな気持ちにはお金がくっついて来るのでしょうね！　そう、お金に好かれるという言い方が近いかもしれません。

あなたはこの5つの呪文！

ご自分にかけていませんでしたか？

あなたは、無限の豊かさを受け容れる資格があるのだと自覚することです。

あなたの中で無意識にこのような呪文が効果を出していたのではないでしょうか？

無意識にあった呪文を意識した瞬間、呪文はとけるのです。

如何でしたか？　呪文はとけましたか？

呪文がとけたならば、次のワークへと進みましょう。

これから行うワークをする前に、まず、どんなあなたが出てきても、「愛する」と覚悟しましょう。前にも言いましたが、覚悟とは、目醒めて悟るのです。「人生の天職・天命を全うしたいのに、変化していけない。変化したいのにできない」というのは、あなたの中に存在しているあなた自身が「変化しない！」と決めているからです。

あなたの中には、前に進みたいと思う自分もいれば、進みたくないと思っている自分も存在しています。この2つの自分が別の方向を向いて戦っているのが「葛藤」と呼ばれる状態で、現実も苦しいものになります。でも大切なのは、それらのどの存在にも肯定的な言い分があるということです。その小さな自分の本心を聞き出してあげて、別の方法に変えてもらうことで、葛藤を解消し、自分自身を一つにまとめあげていくことができます。

その場合、別の方法に変えるときのアイデアは、あなたの中に存在しているクリエイティブなあなたに登場してもらい、協力を得ましょう。こうやっていろんな方向を向いている自分の中の小さな自分が同じミッションに向かって進んでいくと、宇宙はあなたが望むパーフェクトな未来へと力強く動き、自分の想像する未来を実現することが簡単になってきます。

「アシュタールメソッド」のワークは、あなたの本質に大きな変化をもたらします。そして、生まれた変化はその場しのぎではなく、永続します。これから、あなたが前に進むことに対して、あなたの中にいる小さな自分の全員を協力体制にしていくワークを行います。自分の行動や歩みを止めようとする心の中の抵抗感を協力者に変えていきましょう。

エクササイズ

あなたの中の抵抗感をあなたの役割へ統合させていくワーク

このワークを成功させるために重要なのは、頭で答えを出すのではなく、答えをイメージの世界で体験することです。イメージで体験すると、体中のエネルギーが動いて、勝手に筋肉や内臓が動いたりすることもあります。さらにあなたの中の抵抗感が協力体制になった後は、内臓の感覚が蘇って声が深く響きやすくなったり、体が柔らかくなったりします。これらは体を通じて起こる現実であって、頭の中だけで起こることではないのです。その点を深く理解してください。

それでは、軽く目を閉じて、鼻から息を吸って口から吐き出していきます。もう一度、大きく呼吸しましょう。

次に、鼻から息を吸うときに、宇宙のエネルギーがあなたの呼吸とともにあなたの全身を駆け巡り、光に変換していきます。吐く呼吸は、すでに光へと変換され、光としてこの空間に放たれます。あなたが呼吸をするたびに、この空間がクリアリングされていきます。

宇宙から白く輝く光が、あなたの頭上のオーラの先端から降り注がれます。そして、あなたの頭頂部からエネルギーが入り込んできて、あなたの後頭部の下のほうに存在している延髄に光が流れ込みます。この延髄には、あなたが宇宙にいた頃の記憶や前世の記憶が存在しています。その部分の不必要なエネルギーがどんどん光に変換されていきます。光へ変換する必要のあるものの判断は、すべて光の存在に委ねましょう。

次に、あなたの意識をハートに置きましょう。大きく呼吸をするのを忘れずに、これから言う言葉をあなた自身に伝えましょう。

「私は、この地球に降り立つときにマスタークリエイターと約束した役割を果たしたいと思っています」

あなたの魂にその言葉を告げたときに、あなたのハートがどう変化するか感じてみましょう。

もう一度、あなたに告げます。

「私は、この地球に降り立つときにマスタークリエイターと約束した役割を今すでに果たしています」

そう告げたとき、あなたの肉体のどこかに異変がありましたか？　あなたの肉体の変化に意識を集中してみましょう。それこそが、あなたの中に存在する「抵抗するあなた」なのです。

その「抵抗するあなた」に心の中で「こんにちは」とあいさつしましょう。自己紹介してもいいかもしれません。その子を認めて受け入れることが大切です。

「そこにいたんだね〜。私は、あなたを愛しているよ〜」と、声をかけましょう。可愛い大切な存在を抱きしめるように愛を贈りましょう。

そして、その子とコミュニケーションを深めていきます。「あなたは、何を思っているの？」と告げ、その子のありのままの気持ちに耳を傾けましょう。その際に、ジャッジや批判をすべて手放してください。ただただ受け入れようという姿勢をとり続けましょう。

そして、その肉体の感覚に意識を向けて、その子がどんなことを感じているのか、耳を傾けましょう。ありのままのその子の気持ちをくみ取りましょう。あなたの中の「抵抗するあなた」は、何らかの思いがあって抵抗しています。その子の本心を聞き出しましょう。

その際に重要になるのは、「抵抗するあなた」が起こす反応は、あなた本人にとっては迷惑なことですが、その子には何らかの肯定的な思いがあるので抵抗しているということです。その肯定的な思いを聞き出してあげるのです。

そうすると、その子からは「怖いよ」「めんどくさいよ」「不安だよ」などの本心が出てきます。

そして、その本心について受け入れましょう。

「そっかぁ〜。あなたは、そう感じているのね」

次に、「あなたがそう感じて私を動けなくすることで、あなたは何を手に入れようとしているの?」と聞いてみましょう。

たとえば、その子が「動かないことでずっと同じでいられるもん」と返してきたとしましょう。

その返ってきた答えに対して、また尋ねてみましょう。

「じゃあ、あなたはそのことで何を手に入れようとしているの?」

その返事から、その子のもっと深い内容の言い分がキャッチできるでしょう。

「じゃあ、あなたはそのことで何を手に入れようとしているの?」という質問を投げかけ続けましょう。そして、その子の返事が一つの深い意味の単語になるまで、同じ質問をし続けましょう。

たとえば「安心感」という答えが来たとしましょう。つまり、この子は「安心感」を得るために存在していたということになります。「安心感」を手に入れられさえすれば、この子は満足してくれるのです。「安心感」を得るために「動かない」という方法をとっていたということになります。しかし、「安心感」を得たいと思うことは、何も悪いことではありませんよね。

その次に、その子に伝えましょう。

「あなたの思いはよくわかったよ。ただ、動かないという方法がうまくいっていないから、その方法よりもっとうまくいく方法に変えてもらっていいかな?」と聞いてみましょう。そうすると、あなたの肉体に変化が生まれてくると思います。少し集中して感じてみましょう。その肉体の変化は、その子があなたの提案に同意したという合図です。

次に、クリエイティブなあなたを呼んで、もっと良い方法やアイデアを出してもらいましょう。

では、心の中で呼んでみましょう。

「クリエイティブな私、出ておいで～」

すると、クリエイティブなあなたが「私は、ここよ～」と主張してきます。それは肉体のどの部分でしょうか？　その部分に意識を集中させましょう。

そして、あなたが役割を実現するために、「抵抗するあなた」が手に入れたいと言っているものを得るためにもっとうまくいく方法やベストな方法を教えてもらいましょう。きっと、いろいろなアイデアがどんどん出てきます。それにしばらく集中しましょう。

それでは、今出てきたクリエイティブなアイデアを「抵抗するあなた」に提案してみましょう。まず、「抵抗するあなた」が存在する肉体の部分に意識を集中させます。そして、クリエイティブなあなたが出したアイデアを、抵抗している肉体の部分に、そのアイデアのイメージやそれを実行している感覚を流し込みます。それにしばらく集中しましょう。

抵抗するあなたが抵抗するのを止めて、その代わりに新しい方法を選んでくれると、これまで動きを止めていたストッパーがあなたのサポートに回るので、あなたの行動力が格段に高まります。そして、抵抗していた肉体の部分が新しい方法を選んで充分にサポートしている感覚を味わいましょう。身体全体があなたの求めている目的に向かって一丸となって進んでいる感覚を味わいましょう。それを味わえたら大成功です。

日々の生活でミラクルを実現させるために

あなたの人生のシナリオを自由自在に書き換えましょう

感情の変換装置を正常に作動させましょう！　私たちは、クリエイター、つまり創造者であることは、よくご理解いただけたと思います。今まさに生きている人生のシナリオを決めたのは、あなた自身だということもおわかりいただいていると思います。それでは、今生きている人生のシナリオを自由自在に書き換えるノウハウをお伝えしていきます。その前に、この地球はどのように動いているのかについて復習しましょう。

ミラクルを実現する条理の再確認

1. あなたの肉体についている感情を静かにしたとき、
あなたの感情は、波動変換装置に早変わりします。
2. あなたの心の奥深くに存在している魂からの波動、
クリエイティブヴォルテックスの波動をキャッチすることができます。
3. クリエイティブヴォルテックスは、常に波動を発信させていて、
あなたの感情の変換装置と共鳴し始めます。
4. クリエイティブパワーが生成され、
あなたが宇宙にオーダーした情景がクリエイティブパワーに転写されます。
5. クリエイティブパワーが宇宙へ発射されます。
6. クリエイティブパワーが地球の運営を司っているヴォルテックスと共鳴します。
7. 宇宙において、あなたのオーダーが一瞬にして実現します。
8. 宇宙から発信したあなたに、
どういう行動をしたらよいのかメッセージやインスピレーションが届きます。
9. 宇宙から受け取ったメッセージを元に、あなたが地球で行動します。
10. 宇宙からのミラクルパワーと地球波動が共鳴し、地球で実現していきます。

ミラクルを実現する条理の再確認

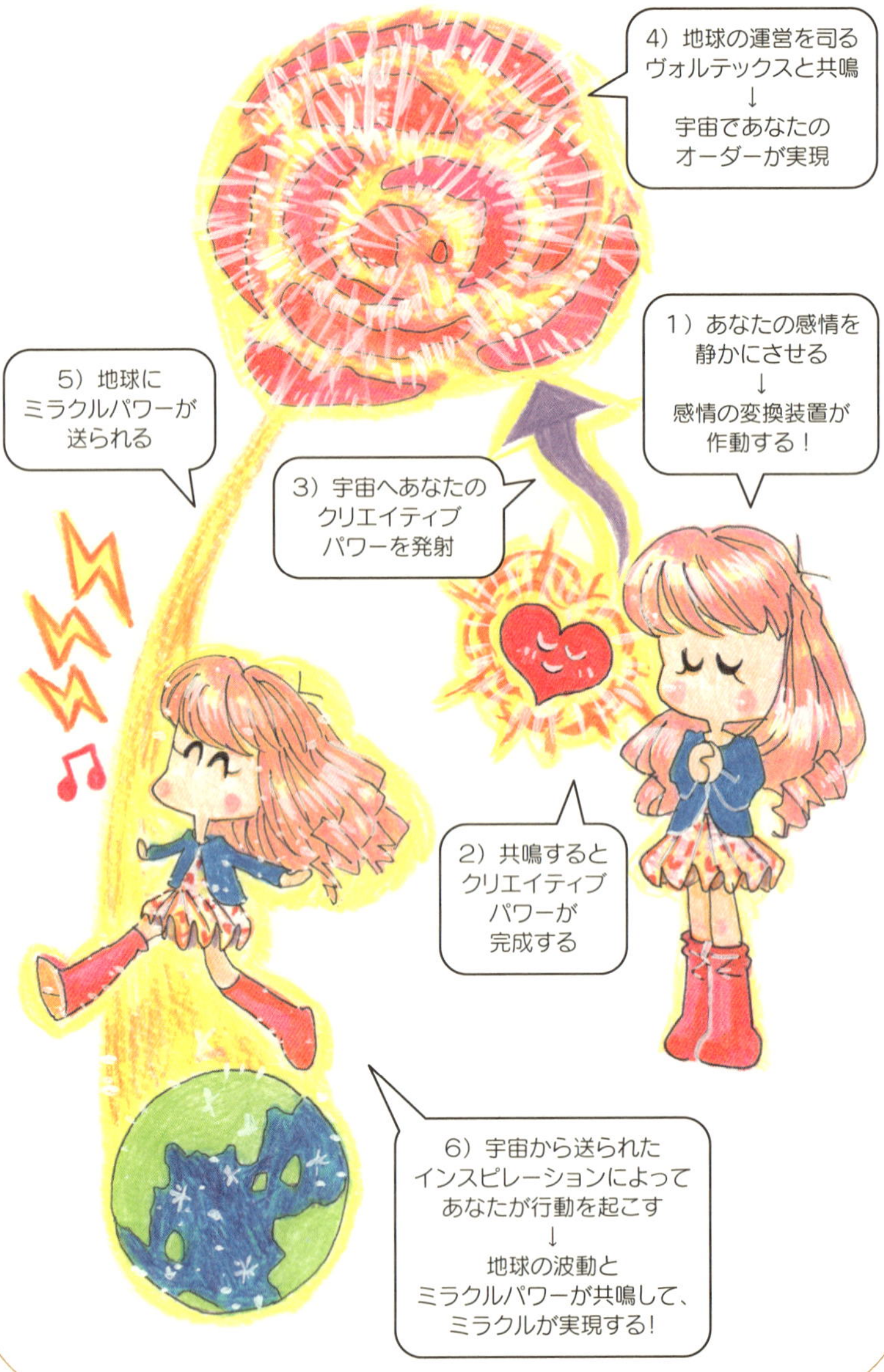

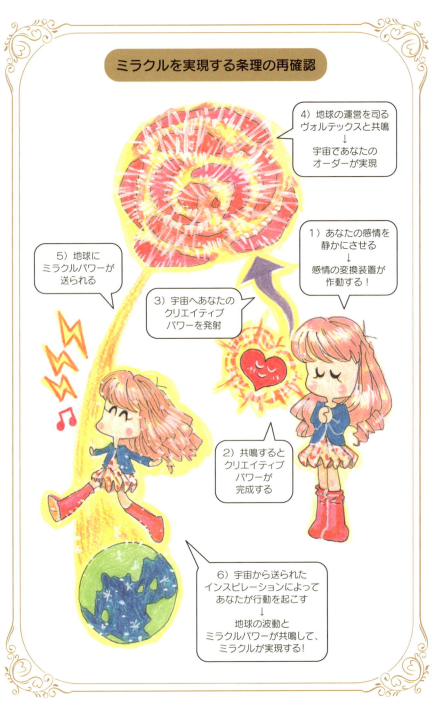

つまり、あなたの願望のエネルギーを生み出し、
宇宙へ向かって発射させるとそれが実現していくということです！

1．自分の中で、すでに実現しているイメージをもち体感する。
2．そのときの感情を味わう。

そうすると、未来のご自分の環境の波動と共鳴し、宇宙があなたから発信する波動があなた自身であると確認します。それってわかりやすく言えば、宇宙をだます？　人聞きは悪いですが、それを完了すれば宇宙があなたが発した波動を地球で実現するのを開始します。そのためには、あなたがあなたの望む未来への思いや感情や意図からエネルギーを発しなければうまくいきません。あなたの中にクリエイティブなエネルギーが生まれたとき、宇宙もそれに対して良い反応を見せるだけなのです。良い反応とは、「実現するように動いてくれる」ということです。しかし、あなた自身がクリエイティブなパワーを創造するためには、条件がありました。

運命のシナリオをつくり変え、あなたの生活にミラクルを起こす条理

あなたは、変化する準備ができていますか？　いくら、口では「変わりたい」と言っていても、あなた自身の魂の奥底で「変わらない」と決断していれば、変わりようもありません。「変わらない」と決めている場合、変わらないことで得られる利益があなたにあるのです。

たとえば、「このままが楽」「それを理由にできないということができる」「甘えられる」というような感じです。しかし、「変わるときが来た！」と感じているあなた自身も存在しています。

せっかくこの本と出合っているのですから、「変化」を決断しましょう。

まずは、次の言葉を声に出して3回言いましょう！　声は、バイブレーションであり、エネルギーがあります。

「私はすでに変化しています」

「私は、日常生活がミラクルに溢れ、とってもハッピーです」

魂のくせが外せたところで、次には「あなたの魂はすべての答えを知っている」ということです。

あなたが宇宙にいたとき、マスタークリエイターとどのような約束をして、どのようなシナリ

オを描いてきたのか?

すべての答えを知っています。

くせが外れるほどに、魂とコミュニケーションがしやすくなります。

あなたの魂とコミュニケーションがとれるようになる! ということは、もう誰かに、どの道を選べば良いのか? などの相談をする必要もなくなります。

なぜならば、あなたの魂はすべての答えをもっているからなのです。

そして、あなたの魂は「役割」「使命」に反応するようにできています。

「役割」「使命」に接するとあなたしかわからない反応をするのです。それは、あなたにとっては、ポジティヴな反応にちがいありません。

肉体が反応したり、感情が反応する場合もあります。

「わくわくすることをすればよい」とよくいわれますが、あなたの魂の反応の仕方が「わくわく」とは限りません。

逆に肉体についているエゴが反応する際に「わくわく」という表現があてはまる人もいます。

エゴが反応しているのか? 魂が反応しているのか? 見極める作業が必要になります。

先人は、肉体についているエゴを静かにすることで、魂とコミュニケーションがとれることを知っていたのです。

だから、肉体のエゴを静かにするために苦行の修行をしたのでした。

しかし、今の時代は苦行の修行をする必要などなく、ある呼吸法で肉体のエゴを静かにすることができます。

それでは、魂とコミュニケーションをするための第一歩となるワークをご紹介しましょう。

エクササイズ

肉体の感情を静める呼吸法

感情の変換装置を正常に作動させるためには、肉体についている感情を静かにさせる必要がありました。肉体についている感情を静かにする呼吸法がありますので、これから一緒にやってみましょう。心を動かさずに静止させることで思考も静止し、あなたの波動が清められていきます。心が静かな状態となり、魂の波動がキャッチしやすい状態へ移行します。

それでは、軽く目を閉じ、リラックスしましょう。あなたの呼吸に意識を向けていきましょう。

空気をゆっくり吸い込み、吐き出すとともに全身の力も抜いていきましょう。

ただただ、呼吸に意識を集中させましょう。

鼻から息を吸いながら、お腹にその息を入れていきましょう。鼻から息を吐き出すとともに、お腹がへこむのを感じてみましょう(2~3回)。

できれば7カウントずつ実施しましょう(吸う息7カウント、吐く息7カウント)。

次に、鼻から息を吸いながらお腹を膨らませ、吐く息はお腹に向かって吐いていきましょう

（2〜3回）。鼻から息を吸って、今度は胸に空気が入るように胸を膨らませましょう。

吐く息は、お腹に向かって吐き出していきましょう（5回）。

瞬きをして、あなたのタイミングで目を開けていきましょう。

これで、感情の変換装置が正常に作動する準備が整いました。

魂の喜びをキャッチする

肉体についている感情が静かになったら、次に☆のどれか魂が反応する言葉を魂に問いかけましょう。

☆あなたはこの地球で役割使命を果たしたいですか？
☆あなたはすでにこの地球で役割使命を果たしています。
☆あなたはただただ存在しているだけなのに、
あなたの存在そのものを多くの人々が喜び感謝しています。

反応した感覚があなたの魂が喜んでいる現象です。あなたの魂が喜ぶ感覚を毎日5回感じましょう。そのうちに肉体についている感情を静かにしなくても、日常生活の中で魂が喜ぶのがわかるようになれば、違う質問をして、魂が喜ぶかどうかわかるようになります。

ただ、魂つまりあなたの役割使命のレベルに達していない質問には答えようがないでしょう。

たとえば、「あなたはこのケーキが食べたいですか？」といったレベルの質問です。

あくまでも役割使命に関係する質問をしましょう。

波動を未来に合わせていく方法

1．今、すでにそれが実現しているあなたを具体的にイメージします。五感を使って、リアルにイメージしましょう。

2．感情を味わいましょう。

波動調整のヒント

1．いつそうなるか、時期の設定はしないこと！

時期の設定をすると、多くの方々は過去に生きていることが多いので、10年後、20年後と設定してしまいます。しかし、宇宙は一瞬一瞬で動いているので、あなたが思うよりも急激に来る可能性が高いのです。すると、時期の設定をしていることでエネルギーの滞りができてしまいます。いくら宇宙があなたの願いを実現させようとしても、あなたが無意識に拒んでいるエネルギーを流していることになってしまうので、エネルギーの滞りができ、スムーズに流れなくなります。そして、実現しなくなるのです。

2．プロセスの設定はしないこと！

プロセスも同様です。多くの人は過去に生きているため、過去の自分の経験を超える発想ができません。しかし、宇宙は無限の引き出しを持っているので、無限の方法で、しかも緻密な計画のもとに進めます。あなたがプロセスを設定しているエネルギーが滞りを生んでしまい、エネルギーがスムーズに流れなくなります。

3．リアルにイメージしたときに感じる感情が重要！

感情が伴っていないということは、あなたから発信する波動エネルギーとはなりません。それは、「クリエイティブパワーが宇宙に発信されない」ということです。ワクワクした感情が湧かない場合、もう一度、自分の未来像を見直してみましょう。すでにそうなっているあなたをリアルにイメージしましょう。ワクワク感や武者震いは、ある意味、うまく宇宙を騙すことができますので、うまく活用しましょう。

4．波動ですべてが決まるので、焦り・不安は禁物！

「本当にそうなるの？　いつなるの？」、そういった不安や疑問や焦りの波動は、「そうならないと確信している」と言っていい波動でしたね。その波動は、見事に宇宙にキャッチされ、それが実現していきます。ある意味厳しいのです。では、それを避ける方法はないのでしょうか？　あったのです。次にご紹介している方法です。

エクササイズ

役割使命への行き先設定

それでは、あなたの役割について、未来に波動を設定してみましょう。この設定も、パートナーの設定と同じです。とても抽象的です。そうなっているあなたの状態を感じ、ワクワク感動ができたのであれば、未来の波動設定が大成功したことになります。

それでは軽く目を閉じましょう。鼻から息を吸って、口から出していきます。もう一度、鼻から息を吸って、口から吐き出していきます。あなたの床にある足を感じてみましょう。耳から聞こえる音に意識を向けましょう。

次に、あなたの眉間の奥の第三の目に意識を向けます。あなたは、この地球にただただ存在しているだけ、生きているだけで、多くの人々に喜ばれ、感謝されています。その多くの人々の感謝と喜びのエネルギーを感じてみましょう。あなたは、そのエネルギーを感じて、この上ない大きな喜びを感じています。「地球に降り立ってよかった〜!」と、心の底から感じています。そして、宇宙に感謝をして、地球に感謝をしているあなたがここに存在しています。

ただただ、あなたがワクワク楽しいことをしているだけなのに、それが仕事と呼びたくないけれども仕事となって、あなたにすべての豊かさが集まってきています。豊かさとは、何もお金だけではありません。すべての豊かさです。豊かなエネルギー、豊かなもの、豊かさの感覚を持っている人々、すべての豊かさがあなたの元に集まってきています。そのエネルギーを感じて、あなたは、至福の喜びを感じています。その至福の喜びを充分、感じてみましょう。大きく呼吸をするのを忘れずに、喜びを感じましょう。

それでは、あなたのタイミングで結構です。瞬きをしながら、目を開けてみましょう。この波動調整をすると、喜びが増して、どんどん高波動になっていきます。気持ちがいいので、いつでもどこでもやってみましょう。

日常生活で役割使命へと流されるコツ

今、あなたは、役割使命へたどりつけるように行き先を設定しました。

では、これから、日常生活をどのように過ごせばスムーズに流されていくのでしょうか。

いつも、アシュタールが、皆さんに伝えている内容があります。

それは、あなたの人生を川の流れに例えているお話です。

あなたの人生そのものが川だとしましょう。

川の水は宇宙のエネルギーとして、イメージしてください。

川は川上から川下に流れています。

あなたは、カヌーに乗ってオールを持っているイメージをしてください。

多くの人々は、川上には豊かさや幸せがあると信じています。

しかし、宇宙からの視点では、川上には豊かさや幸せは存在していません。

豊かさや幸せが存在しているのは、川下だったのです。

あなたは今、川下に行き先を設定しました。

川上には豊かさや幸せは存在していなかったのです。

あなたは、今まで川上に向かって一生懸命にオールをこいでいませんでしたか？

川上に向かってオールをこぐという作業は、
わかりやすくいうと「頑張る」ことを意味しています。

川の流れに逆らって、ということは、川の水は宇宙のエネルギーですから、
宇宙の流れに逆らっていることを意味します。

ですから、これからは頑張らないことです。

しかし、ここで勘違いしないでくださいね。

「頑張らない」イコール「なまける」のではありません。

魂の喜びに従って生きていると、時には楽しくって夢中に何かをすることもあるでしょう。

そうです。「寝食を忘れて」です。

あなたは、夢中で楽しんでいても外から見ると「頑張っている」と見えるかもしれませんね。

しかし、そのような現象を頑張るとは言いません。

その他には、川上の向こう側に水をためている、つまり、
宇宙のエネルギーがたまっているダムがあるイメージをしましょう。

あなたが緊張すると、ダムの扉が閉まってしまいます。

すると、川に流れるはずの水が流れて来ないので、流れが滞《とどこお》ってしまいます。

すると、カヌーは、川下へ流れていきません。

つまり、宇宙の流れがストップするということです。
では、どうすればよいのでしょう？
それは、「ゆるむ」ということです。「ゆるむ」とダムの扉が開きます。
そして、川の水が流れ出します。
次に、流されるコツなのですが、私たち人間には「感情」というものがあります。
しかし、その「感情」も時として、川の流れをさえぎってしまうのです。
それは、どのような感情なのでしょう？
それは、「期待」「あせり」「不安」「執着」「疑い」。
この感情を持つと、「大きな岩」が川に出現します。
すると、川の流れが滞ってしまいますね！
しかし、残念ながら私たち人間には、肉体に感情がついています。
ですから、これらの感情は、無くなることはありません。
でも、これらの感情が出現したときに、
それを排除しようと思えば思うほど、そこに意識が向いてしまいます。
あなたが意識を向けたものにはエネルギーを持たせてしまうのです。
ですから、これらの感情を排除しようと思えば思うほど岩がどんどん大きくなります。
すると、川の流れがふさがってしまい、流れがストップしてしまいます。

では、どうすればよいのでしょう？

アシュタールは、1・2・3ステップだといいます。

1．まずは、わたしは人間なんだから、そんな感情があって当たり前だとひらきなおりましょう！つまり、認め受け入れるということですね！

2．イメージで結構です。その感情の岩をイメージしましょう。イメージした岩を川には置かずに岸に置くイメージをしましょう。

3．次に宇宙を信じるあなたを登場させましょう。

すると、自然に、その岩は光へ変わります。

これからは「期待」「あせり」「不安」「執着」「疑い」の感情が出現したならば、この1・2・3をすればよいのです。

すると川の流れは滞らず、流れ続けるということです。

エクササイズ

純金ワーク

このワークは、私が2017年、
アメリカから日本に帰国する飛行機の中でインスピレーションを受けて始めたものです。
初めは、当然のことながら私個人の人体実験として開始しました。
しかし、このワークを開始することで、出逢う人や物ごとが変化をとげていきました。
そして、4ヶ月後には、私が今まで住んでいた世界には、あり得ないことがおきました。
そのことで、私は気がついたのです。
これは、自分自身の役割・使命を加速させるワークであり、
それは世界規模で起こるのだということを……。
そして、これは、多くの人々に伝え、実施していただくことで、
この地球が光の地球へと加速するのだと気づきました。
2018年1月から、私が直接お逢いした人にのみ伝えることを始めました。
なぜならば、あまりに簡単であり、1分間それを続けることで効果があるのですが、
一見それをやっている姿を見ただけでは理解し難く、
ご自分のイメージ力と理解力と感性が必要になるからでした。
直接言葉で伝え、一度私がやっている姿を見て頂き、そして、ご自分で実際にやって頂く。
その上でご質問を受けていかないと、誤解のないように実施して頂くのに苦労したからです。

この書籍で（言葉のみで）お伝えしきれるか少し不安がありますが、一度私の持っている情報を空っぽにしたいので、あえて、ご紹介させていただきます。

これを実際にされて、数日で思ってもみない、それこそ、
人智を超えるご体験をされた方々がたくさんいらっしゃいます。

まずは、フランスの貴族の方とご縁ができ、フランス貴族が発明したコスメを日本で広げるための会社をオープンし、その会社の社長に抜てきされた女性。

人生が一気に変化されました。

そして、ハワイ島には、いずれ人生の中で行く日も来るかもと感じていた、そのくらいのご縁しかなかったのに、純金ワークを始めた数日後に急にハワイ島に住むことになった女性。

いろいろと体験をうかがっています。人生の役割使命が加速する効果もありますが、濃度の濃い光を流すためなのでしょうか、それ以来、私はエネルギーセンターのクリアリングをしていません。つまり、エネルギーセンターのクリアリングや活性にもなる、ということです。

他には、体調不良が改善されたり、メンタル的に活気が出たというご体験もうかがっています。

そして、エネルギーセンターの活性化により、さまざまな能力が上がった気がするというお声。

そして、視点が宇宙視点になることもあり、宇宙意識が覚醒しやすいということです。

では、前置きはこの辺にして、

1．オーラを意識します。

2. オーラの頭頂部に存在しているゴールドの太陽に意識を合わせます。
(ゴールドの太陽をイメージする)

3. ゴールドの太陽から、純金がドロドロに溶けたようなゴールドの光があなたの頭頂部から体幹を通り、会陰部に来るイメージをします。あるいは、そのエネルギーを感じます。

4. 会陰部に到達したエネルギーが四方八方に飛び、世界にその光のエネルギーが広がるイメージをします。

これらの作業を吸う呼吸、ひと呼吸で一気にします。

このときの注意点として、必ず目を開けて、実施しましょう。

ここに居るご自分を感じながら実施する目的で必ず必要です。

4に達したときに、一気に視点が二点になります。

一点はここに居るご自分。

そして、宇宙から地球に居るご自分を見降ろしているご自分です。

その瞬間、ゴールドの点(これは、地球に居るご自分がゴールドの光で輝いているイメージです)が一瞬にして、ゴールドの光になり世界に拡散するイメージです。

世界がゴールド色になります。

そして、吐く呼吸のときは、その光、つまり、ご自分のゴールドの光で包まれている地球を宇宙から見降ろして、人智を超える何かすてきな体験をしている波動、喜びの波動に包まれます。

そして、再び1～4を実施する。1分間くり返して実施してください。

初めは、ゆっくり実施してください。

なれるまでは、1分間以上実施していただいても結構です。

ただ、吸う呼吸の強さと、純金が降りてくる量やいきおいは比例しませんので、
あなたの呼吸はただ、その純金が降りる道を誘導しているだけだとイメージしてくださいね。

正しくできているかどうかは、ご自分の生活や出逢う人、
物ごとが変化したかどうかで判断してみてください。
あまりにわからないときはStar Venusで開催している個人セッションや
イベント（Ave Mariaリサイタル以外）にご参加し、直接私にご質問ください。
あなたが役割・使命を果たし豊かで楽しい人生を歩んで輝くことと思います。

「魂の喜び」を羅針盤にしたら、進むべき道はどんどん整っていきます

いかがでしたでしょうか？　とっても簡単でしょう？　「えっ、こんな簡単でいいの？」とい

う感じだと思いますが、これでいいのです。

私は、前職のときにこの設定をしました。すると、医療法人での管理職ではなく、新しい道への導きがやってきました。次の進むべき道の準備が整ったから退職したのではありません。「宇宙の法則」とは、今まで私が感じていた地球の法則と真逆のことが非常に多いのです。そのことに気づき始め、「道ができたから歩くのではない！　道なき道に足を出す！　それが崖っぷちでも……！」と思えるようになりました。今までの地球の法則で考えると、「なんて、バカな！　無謀でしょ！　家庭があるのに！　子供がいるのに！」、そんな声が聞こえてきそうです。

私が前職の退職を決意したとき、すでに同じ医療法人で人事部長をしていた主人が私より先に退職していました。主人が退職したとき、私はまだこの法則に気づいていなかったので、「私が大黒柱になって家族を養おう！」と感じて働いていました。その当時は、男性も顔負けの年収がありましたから……。

しかし、その数カ月後にさまざまなことが私の周りで起こり出して、この「魔法の法則」を知ったのです。そして、それを職場で実行していったら、どんどん、みるみるうちにミラクルが実現していきました。そして、「天職・天命に生きたい！」と思っていた私は、本来の私の天職・天命は、医療介護業界ではないことを感じ取り、次の仕事の準備もしないまま、無謀なことに退職しました。

この世はすべて波動で動いています。私が退職することに不安を感じたら、その瞬間にその不安が実現するでしょう。子供が3人もいるうえ、住宅ローンも残っていましたが、「役割が本当ならどうにかなっていく！　もし、私にこの地球での役割が残されていなかったら、収入がなくなり、餓死して、肉体が朽ちて魂が宇宙に戻るだけ。役割がないのに生きていても仕方ないよね」と感じて、退職を決意しました。

決意はしたものの、前職の職場でもさまざまなことがあり、押しと引きがやってきているのも感じていました。私が以前、看護師長として勤務していた組織の理事長からも連絡があり、戻ってくるようにお誘いいただきましたが、「病院の看護師長」をイメージしてみると、ワクワクしません。申し訳ない気持ちもありましたが、お断りしました。「もう、私は一歩踏み出すのだ！『魔法の法則』を使いこなして、『ありのままの私』でいられるように、『魂の喜び』を羅針盤にしていこう！」、そう決めたのでした。

そうしているうちに、どんどん引き寄せが進んでいきます。素敵な方々ともどんどん出逢っていきました。退職したのが2011年12月で、その3カ月後には、周囲の方々からのお声かけもあり、「アシュタールメソッド」を開講することになりました。ブログでアナウンスして2日で定員に達しました。

その3カ月後には、ある役割に導かれて、さまざまな素晴らしい方々との出逢いがあり、あっという間に本の出版が決定しました。その書籍、『アシュタール×ひふみ神示』（ヒカルランド）はご好評をいただき、出版1カ月で重版が決定し、その1カ月後にシリーズ化も決定しました。

２０１３年に2作目の書籍が出版となり、２年２カ月後の２０１４年２月には、Star Venus 大阪オフィスと東京・目白でプライベートサロンを同時にオープンする運びとなりました。

今の私は「ありのままの私」でインスピレーションに従って生きています。宇宙には特別はありません。私はただの一例なのです。今後は、あなたがその一例になっていくのです。ＤＯ！　やってみましょう。ＤＯ！　と決めたあなたが、魔法使いになるのです。

とうじは事務スタッフだったのです。
昨年入社したさい宇咲先生とレゴラスさんにごあいさつさせて頂きました。
あら～ こんにちは～
はじめまして
すると…
石井社長、あの…
わたし
ヤエさんがわたしの本にマンガを描いてるのが見えました
えぇーっ
♡THE♥チャネリング♥
でも…
彼女は事務《じむ》スタッフですから…
あら…
いまのところ本づくりにはたずさわってないんですよ…
まぁそのうち
が
今年の8月 電撃《でんげき》⚡異動《いどう》!!
つるのひと声
あしたから編集ね。
えっ!!
マジすか
こうしてながれのままに宇咲先生の本を担当させて頂くことになり
本当にマンガを描くことになったのです!!
おねがいしますね
わたしで良いんですか
まほうの学校
ていうか、
先生っ! すごい✧ですねっ!!
予言!!
あら…言われてみれば…
はははははっ
わたしはわかってましたよ!!

第8章

「ありのままのあなた」に生まれ変わる波動調整法・完成編

宇宙意識に
覚醒するための変化は
すでに始まっています

ユニット⑪

ソウルラブの法則を習得し、素敵なパートナーシップを身につけましょう

波動調整をしたら、ベストなタイミングで最高の舞台が用意されます

あなたは生まれてくるときに、自分で地球での役割を決めて、マスタークリエイターと約束してきました。そのときにパートナーと一緒にその役割を協力し合いながら実現することも約束してきているのです。また、そのパートナーと出逢うには、少しコツが必要でした。現在日本で起こっている現象と照らし合わせながら、パートナーと出逢うためにはどうすればいいのか、その方法と法則についてお伝えしていきたいと思います。

ちなみに私は20年以上結婚生活をしていますが、現在では彼と一緒に役割を実現していっていい

ます。今から思い返してみると、彼と出逢ったときはこの法則に則って生きていたのだと痛感しています。

これから素敵なパートナーを引き寄せようとされている方、すでにパートナー（配偶者）が存在しているけれど、なんだかうまくいっていないと感じている方、ご安心ください。これからお伝えする内容を実行していくことで、ものの見事に探し回ることなく真のパートナーと出逢えます。

私の娘は現在29歳になりましたが、彼女が27歳のときにこの内容の一部分を伝えたところ、その通りに実践した彼女は1年も経たないうちに素敵なパートナーと出逢い、遠距離恋愛を開始しました。彼女が28歳のときには、彼と2人で「アシュタールメソッド」の「パートナーシップ」のプログラムを受講し、奥深く2人が結ばれていることを確認し、晴れて29歳になる前に入籍して、結婚生活を楽しんでいます。

そして、現在パートナーがいるけれどもなんだかうまくいっておられない方も、この項目の最後にご紹介している波動調整をすることで、ものの見事に環境が変化していきます。離婚を決断していた女性がこの波動調整をしたところ、次の日にはご主人が１８０度変化し、一気に家庭が円満になったというエピソードもあります。

しかし、これらの影響はあなた次第です。あなたにとってベストなタイミングで最高の舞台が用意されると思います。結果にしがみつかず、「何かいいことが起こりそう～」とワクワクしながら、委ねて待っていましょう。すると、どんどん日常にミラクルが起きてきます。楽しみですね。

依存はなぜ起こるのか？ マグネットの法則とミラーの法則から考えてみましょう

では、あなたの中の「依存する心」の姿を探っていきましょう。「私は、そんなのないわ」と思われる方も少し読み進めてくださると幸いです。パートナーと出逢っていく法則の全体像がわかると、他のことにも応用ができます。

まず、「依存の心」ですが、あなたがこの宇宙を創ったマスタークリエイターとの結びつきがないと不安を感じてきます。そして、その不安を他人との関係で解消しようとするのです。たとえば、人に話を聞いてもらうという行動もその類です。つまり、「私は、自分一人では完全ではない。だから、完全になるためには、自分以外の誰かが必要なのだ」と無意識に感じてしまっているのです。これは、大きく間違った思い込みです。

では、これを魔法の法則「マグネットの法則」の観点で見てみましょう！　この思い込みは、「自分自身が不完全だから、誰かと一緒になれば完全になれる」という発想からきています。そんな発想の波動を持つあなたのところには、同じ発想の人が引き寄せられてきますよね。あなたをあてにして引き寄せられてくる人と、その人をあてにして期待しているあなたの関係が成り立つことになります。

そこで何が発生するのでしょう？「期待していた通りに相手が動かない、相手は自分が期待していた能力を持っていない！」という期待外れが起きます。

そこで何が発生するのでしょう？「あの人がああだから私がこうなるのよ」という結論に達します。つまり、責任を相手のせいにする現象が起こるのです。

そして何が起こってくるのでしょう？　相手への不満が発生してくるのです。これは、あなただけではなくお互いに発生しますよね。

思い出してください。この世には「ミラーの法則」というものがありましたね。これをミラーの法則に当てはめてみましょう！　相手への不満をぶつけあう人々もいるでしょうし、不満を持ち合いながらも、「仕方がないと諦めるのが人生だ」と自分に言い聞かせながら生きている人もいるでしょう。つまり、「結婚とはこんなもので、妥協が必要なのよ！」という発想です。いずれにしても、その波動は誰のためになるのでしょうか？

では、この負のスパイラルに落ちないようにするための対策を考えてみましょう。そして、すでに負のスパイラルに入っていたら、その対策もお伝えしましょう！

Shineの法則――あなた自身に愛を注ぎましょう

まず、輝きましょう。そのためには、あなたが借りている肉体に愛情を込めてケアしてみることです。外見・容姿に関係なく、あなた自身に愛を注ぎましょう！　では、「愛を注ぐ」にはどうしたらいいのでしょうか？　いつも頑張ってくれているあなたの細胞や肉体に感謝することから開始しましょう。

まず、生命の要《かなめ》である「心臓」に意識を向けましょう！　心臓は、あなたの意思とは関係なく、休まずに動いてくれています。まず、心臓にあなたの両手をあてて、「ありがとう！」と言いましょう。初めは心がこもっていなくても結構です。いかがでしたか？　心臓は何か応えてくれましたか？　たとえば「ドキドキした」「温かくなった」「『こちらこそ、ありがとう』と聞こえた気がした」などなど、あなたが感じ取ったことは真実なのです。その調子で進んでいきましょう。

そして、スキンケアも大事です。高価な化粧品を使う必要はありません。愛を込めて、ふんわりした泡でゆっくり丁寧にやさしく顔を洗いましょう。体も同じです。入浴のときに「今日も一日ありがとう」と言いながら洗って、マッサージをしましょう。バスソルトを後頸部（首の後ろの突出した骨の部分）や両肩に塗り、マッサージをして、浄化しましょう。一日でついたネガティブなエネルギーをバスソルトやシャワーで洗い流しましょう。

これを実践することで、あなたの肉体とのコミュニケーションがスムーズにできます。肉体は、あなたの大親友です。あなたの思い癖や行く方向が違っていたら教えてくれます。これを日々行うことで、肉体からのメッセージをキャッチしやすくなります。今まで、肉体に耳を傾けてこなかったのなら、初めはスムーズにいかなくて当然です。「病気」になる前に発見できます。何か違和感がある場所に意識を向けてみましょう。

エクササイズ

鏡の中の自分の瞳を見つめましょう

鏡の中の自分の瞳を見つめて「ありがとう」と言いましょう！　これが難しい方もいるかもしれませんが、実行しましょう。辛いからと言って逃げていては、なんにも始まりません。

自分自身としっかり向き合い、自分を許すことから始めるのです。

これが、難なくクリアできた方は、次へ進みましょう。

女性は「私は女神です」、男性は「私は神です」と、鏡の中のあなたの瞳を見て3分間言い続けてみてください。「えぇ～！」と思うかもしれませんが、思い切って言ってみてください。

実践するたびに、あなたの心の中が変化していくのを感じると思います。

これを実践した「アシュタールメソッド」の受講者の方々は、驚くほどの変化が出ています。

あなたのスピリチュアルカラーを見つけましょう／キラキラ輝くために必要な修行

スピリチュアルカラーってご存じですか？　それは、あなた自身が大好きな色で、明るい色だと感じます。その色を見ていると、「清々しい気持ちになる」「あったかい気持ちになる」というようなハッピーカラーを自分で見つけてみましょう。そして、洋服をその色やあなたをポジティブに表現できる色に少しずつチェンジしていきましょう！　ちなみに、最近男性の間でもピンクが流行っているのですよ。ピンクは、とにかく自分が輝ける色なのです。

私たちが素直な状態でいると、輝いている美しい物に心が惹かれるように、幸運や豊かさも輝いている人に惹かれるのです。真のパートナーも輝いている人のほうが見つけやすいのです。ふと思いついた場所やお誘いがあったとき、無性にワクワクしたものには喜んで行きましょう。

では、キラキラ輝くために必要な修行とは何でしょう？　それはなんと「ワクワク楽しむ」ことなのです。それをベースに行動しているとハッピーになり、豊かさが惹き寄せられてきます。その際、決して過去の自分を振り返って、「でも、あのとき……」と、ネガティブな過去を生きないようにしましょう。

よくあるパターンですが、過去のネガティブなことを振り返って、何か得することがあるのでしょうか？　ネガティブな過去を思い出すことで、何かポジティブな結果が得られるのでしょうか？　多くの場合は、逆ですよね！　思い出すことで追体験してしまい、そのときの映像が甦り、また同じ波動になるのです。負のスパイラルに入るのですね！

何か新しいことを開始する際には、「今ワクワクすることに専念」する決断が必要です。「素敵な引き寄せが起こるのだ」と考え、「魔法の法則」に徹することが重要です。あなたの心の中の出来事が実現するのですから、厳しいと言えば厳しいですね。でも、ワクワク気楽に楽しめばいいのですから、他のことを考える必要はありません。

素敵な関係とは／あなたの波動を調和させないと、真のパートナーは現れません

では、「素敵な関係」とはどのような感じなのでしょう？　それは、安定した基盤の上に立っている感じです。あなたもパートナーも双方がマスタークリエイターと共鳴し、愛を感じて生きていると、そのカップルは、どちらも相手の力をあてにしていない状態となります。あてにしていないというのは、依存していないので、共同創造できるパートナーなのです。２人が協力し合

うことで、①＋①＝②ではなく、１＋１＝∞無限となるのです。

不平不満や愚痴を言って、関心がマイナスの方向にばかり向いている人は、きっといつもいい気分ではないでしょうね。そのようなときは、当然同じような人を引き寄せます。そして、不安を感じているときや何か足りないと感じているときにパートナーを探しても、不安や物足りなさを増幅させるだけの人しか引き寄せられません。

あなたの波動が乱れているときに、その乱れを解消するために動くと、「宇宙の法則」と逆の方向に行ってしまいます。「宇宙の法則」を使いこなすには、まず、波動の乱れをあなた自身で解消してから動くことです。すると、真のパートナーと出逢っていけるでしょう。

結局、まずあなた自身の波動を調和させてからでないと、真のパートナーは現れないのだということを知ってください。

現在、不調和のときに出逢ったパートナーと一緒にいる場合も同じです。まずは、自分自身の波動を調整しましょう。思い癖をゼロに戻しましょう！　すぐには難しくても、自分自身の思い癖を発見するように努め、手放すものを見つけることができたと喜び、感謝して手放しましょう！　癖は癖なのですから、自分で改善することができるのです。なんとラッキーなのでしょう。

私の周りにこんな人がいました。その方は男性で、離婚をした直後で、気分がむしゃくしゃしていて、人生に疲れ果てていました。そして、その捌《は》け口として、いろいろな女性と付き合うことを選択してしまったのです。あるとき、彼が仏壇に向かって手を合わせていると、おじいさんからある女性を勧められた気がしたそうです。彼は現在、その女性と結婚して素晴らしい子宝にも恵まれ、幸せいっぱいの家庭を築いておられます。「そんなときに出逢った女性だから」と少し気にされていましたが、真のパートナーだということに気づいたときの彼の波動は調和されていたのだと私は感じます。

波動は、瞬間で変化します。宇宙も瞬間で変化するのです。後でお伝えしますが、真のパートナーと出逢っていても、そのときのあなたの波動が調和していないと、真のパートナーに違和感があったり、不安を感じさせられたりします。ミラーの法則やマグネットの法則に当てはめていくと、さまざまな事柄が見えてきます。そして、自分自身が地球のために輝き、幸せにいるためにはどうしたらいいのかが自ずと見えてきます。

どのようなことが見えてきても、すべては必然であり、自己責任であり、感謝すべきことなのです。そのときに決して相手が変わることを期待しないでください。すべては自己責任です。そして、自分自身、何も見えないうちに「結果」を急がないようにしましょう。

宇宙はすべてプロセスなのです。はっきりと自分でわかるときがきっと来るのです。それまでは、大きなプロセスの流れの中で自分の魂磨き、つまり、ワクワク楽しむことをしましょう。

あなたが調和した状態になるために、いつも素敵な気分でいることを心がけましょう

一番大切なことは、自分が素敵な気分でいることだと気づきましょう。「自分さえ我慢すればみんなが調和できる」という自己犠牲を手放しましょう！　きっと、もっと楽ちんに生きていけます。自分が素敵な気分でいることで、波動がキラキラ輝き、その波動が周囲の波動を変化させます。

逆を考えてみましょう。あなたと同じ空間の中に、我慢をしている人がいます。その人は黙って耐えているけれど、その人の周辺の波動エネルギーはとても険悪です。そのために、周囲の人々もその波動エネルギーに巻き込まれてしまい、全然ハッピーじゃなくなってしまった……というような経験はないですか？「そんなに我慢しているなら、逆に発散してくれればいいのに」と周囲は思います。

自分の意見をはっきり言い、気持ちよく存在している人は波動エネルギーがいいので、自分も周囲も気持ちがいいですし、何より、地球にその波動が伝わるので、地球も喜ぶのです。地球が喜ぶということは、宇宙も喜びます。

たとえば、火山の噴火が多い年や地域がありますが、これはある意味人災とも言えるのです。なぜなら、怒りに満ちている人々の怒りのエネルギーを地球が吸収し、噴火という現象を起こしているのですから。「私一人だけならいいわ！」という人が1億人集まったとしたら……すごいエネルギーになると思いませんか？

あなたの中を調和した状態にするには、いつも素敵な気分になれるよう心がけることです。何でもいいので、素敵な気分になれる環境を探してみましょう。たとえば、素敵な気分になる曲、映画、香り、場所、何でも結構です。それが多ければ多いほど、素敵な気分が拡大します。

あなたの思考や感じ方がキーポイントなのです。あなたがどんな思考をしてどう感じているのかが、あなたから発信される波動にとても影響しています。軽い気分になることを外に求めるより先に、「素敵な気分になる！」と決めましょう。まず、あなた自身が自分で素敵な気分になってから次の行動を起こすことで、あなたが引き寄せるものが変わります。重い気分で引き寄せたものの対応に追われるよりも、とても楽ちんですよね。

次に、あなたが望むことに関心を集中させましょう。宇宙の法則に基づけば、希望しても希望しなくても、あなたが関心を向けたほうに波動が傾いてしまうのです。嫌なことがあったら、どうしてもそのことが頭から離れないことがあります。しかし、この法則を思い出して、無理やりにでも楽しいことを考える癖をつけましょう。これは、素敵な癖ですよ。嫌なことを排除するのではありません。排除しようとすればするほど、逆にそのことに関心が向いてしまって、あなたの波動に影響してきます。嫌なことをそのまま置いておきましょう。そして、楽しいことに無理やり関心を持っていくのです。

それを継続していくことは、「善良な狼」に餌を多くあげたことになります。そして、「ポジティブ脳」をトレーニングしていることになるので、ポジティブ脳の筋肉が発達していきます。反対に、ネガティブ脳は訓練されないので、ネガティブ脳の筋肉が貧弱になっていくのです。そのうちに、ポジティブなことしか考えられないあなたが確立していきます。これは恐るべき事実です。そうしたあなたの周囲には、ポジティブ脳の人が引き寄せられ、みんなでポジティブな話題しかない世界へとステージアップしていきます。そうすると、人生のパートナーも……然りですね！

一日の中では気分がさまざまに変化していきますが、何が起こっても「素敵な気分でいたい」という願望を優先させることが必要です。嫌なことがあなたに舞い込んできたとき、「嫌なことを解決しなければならない」と思い込むのはやめて、まずは「素敵な気分になる」という原点に戻りましょう。次に、すでに解決したというイメージや願望の波動を宇宙に発信します。そして、宇宙に委ね、不必要な不安や心配はすべて手放すのです。これは、日常生活の中で波動調整する方法です。何にでも応用できますね！

パーフェクトセルフに関心を集中し、いつも自分を愛していられるよう努めることが重要です。パーフェクトセルフとは、高波動のエネルギー体のあなた自身です。パーフェクトセルフは、あなたがマスタークリエイターの子供であり、マスタークリエイターからどれほど大切に思われて愛されているかということを知っているあなた自身の存在です。その存在に関心を集中させることで、「愛に溢れるあなた」を感じることができるのです。

真のパートナーとは、お互いに協力し合い、共に運命を良くしていける人

では、次に真のパートナーとはどんな存在なのかをお伝えしていきます。それは、お互いに協力し合い、運命を共に良くしていく人です。この2人が出逢うことで、お互いにとても波動が高くなります。よって、一気に運気が上がります。

何を隠そう、私と主人が結婚するとき、2人ともあまり金銭的に余裕がなかったので、「教会で2人だけで式をして、記念写真だけでいいよね!」と言っていました。そんなある日、デートしているときに、結婚式披露宴が無料でできるキャンペーンをしているホテルの前をたまたま通りがかり、何気なく応募しました。何の期待もしていなかったので、応募したこともすっかり忘れていたのですが、その3カ月後くらいだったと思います。なんと、当選の連絡が来て、無料でホテルで挙式披露宴をさせてもらうことになりました。

真のパートナーとは、お互いの価値観をさらに高め、人間としての魅力や能力を引き出し合う関係となります。魂レベルで求め合い、愛し合い、拡大していく、男女の真の結びつきが生まれます。その結びつきは、最大限の愛のエネルギーレベルになって、宇宙の愛のエネルギーとリンクしやすくなります！

真のパートナーは、探し回る必要もなく、ごく自然に出逢え、しかも出逢いの質が全然違うので、見逃すということは絶対にありませんので、ご安心ください。でも、あなたがマスタークリエイターと断絶していたら、相手が目の前に来ても気がつかないのです。逆に、とてつもない違和感があったり、不安を感じさせられる存在だったりします。

夢や目標を持って人生をエンジョイしましょう！／真のパートナーとの出逢いの特徴

真のパートナーと出逢うためには、まず、あなた自身の人生を楽しみましょう。あなたを輝かせる最も手っ取り早い方法は、夢や目標を持って生きることなのです。すると、あなたの波動の周波数がアップします。あなたの波動の周波数がアップすると、オーラのキラキラ度がアップして、まぶしい人になります。そうすると、真のパートナーとも、自然にあっという間に出逢いやすくなるのは当然ですね！　なんと、私の娘はこのことを実践して10ヵ月後に素晴らしいソウルパートナーと出逢いました。では、その出逢いの特徴をお伝えします。

真のパートナーとの出逢いの特徴

1. とても懐かしい感じがする
2. 初めて会ったのに、なんだか一緒にいて落ち着く
3. 「この人だ！」とはっきりわかる。出逢ったときのことを忘れない！
4. なぜかその人と自然に会うようになってしまう
5. 自分も相手も、双方がその出逢いにワクワクとエキサイトし、希望・幸福感に満ち溢れる
6. 自分の好みのタイプではなかったり、意外な感じがしたりするのに妙に合う。一緒にいて落ち着く、安らぐ
7. 相手が後光を照らしているように明るく見える

この6をよーく覚えていてくださいね！　最後に、真のパートナーと出逢う未来に波動調整していただきますが、ここが重要なポイントになります。

真のパートナーと過ごす日々の中で感じていくこと

1. ずっと仲良しで、何時間いても何日一緒にいても飽きない
2. どんなに長く話をしても、話題が広がる一方で話が尽きない
3. たとえケンカすることがあっても、早く仲直りしたいと双方で願っている
4. お互いに相手以外に自分とこんなに合う人は他に考えられないと思っている
5. 出逢った意味と目的をお互いひしひしと感じて、その理由がわかってくる
6. 相手が消えると絶望的な気分になり、魂が衰弱して萎縮するのを感じ、相手がいるからこそ自分の魂が活かされていることを感じる。相手の存在があってこそ魂が甦るのがわかる
7. 付き合えば付き合うほど、前世とのつながりがわかり、今世での出逢いの意味を知ることや大切にしようと思えることに頻繁に遭遇する

もし、あなたの現在のパートナーがしっくり合わないからと言って落ち込む必要はありません。まずは、あなた自身の波動調整が必要です。日々怠らず実践しましょう！　苦行ではなく、ワクワク楽しむという魂の磨き方を習得しましょう！

エクササイズ

真のパートナーとの波動調整

これから人生の真のパートナーと出逢う波動調整をしていきます。

ここで重要なのは、真のパートナーを今まさに引き寄せようとしている方は、あなたの理想のパートナー像を具体的にイメージしないでください。

その理由は、「真のパートナーとの出逢いの特徴」の6でありましたね！

「自分の好みのタイプではなかったり、意外な感じがしたりするのに妙に合う。

一緒にいて落ち着く、安らぐ」

そうなんです。多くの真のパートナーと出逢っている方々に伺っても、皆さんうなずかれます。

本当にあなたが真のパートナーと出逢いたいならば、エゴを捨てて宇宙に委ねましょう。具体的に事細かにパートナーをイメージして引き寄せた方も存じていますが、その方曰く、「結婚して30数年になりますが、女性問題やさまざまなことで苦労をかけられっぱなしで、愛のかけらも感じず、結局今は別居状態にある」そうです。結局は、あなたのエゴで引き寄せることよりも、宇宙に委ねてしまうのがあなたの人生を充実させることにつながります。

そして、現在パートナーがいる人もその人を具体的にイメージしないでください。なぜならば、現在のパートナーをイメージして波動調整を実施し、その通りの日々が実現しても、「本当に真のパートナーなのだろうか？」と疑問を持ち続ける人がいるのです。思い切って宇宙に委ねた結果、どんどん波動調整通りに動いていったのであれば、現在のパートナーは真のパートナーであると確信が持てると思います。

さまざまなご意見はあるでしょうが、とにかく一度やってみましょう。

それでは、あなたの役割について、未来に波動を設定してみましょう。この設定もパートナーの設定同様、とても抽象的です。しかし、もうそうなっているあなたの状態を感じることができ、ワクワク感動できたのならば、未来への波動設定が大成功したことになります。

どんどんやってみてくださいね。

それでは、軽く目を閉じましょう。大きく呼吸をして、
あなたの床にある足を感じてみましょう。耳から聞こえる音に意識を向けましょう。
次に、あなたの眉間の奥の第三の目に意識を向けます。大きく呼吸をするのを続けてみてください。あなたには、この地球に生まれた役割があります。その役割を、あなたの真のパートナーとともに、同じベクトルを向いて、協力し合いながら、今どんどん実現していっています。
その真のパートナーとあなたは、今すでに同じ人生を歩んでいます。そして一緒に暮らしています。2人で協力し合いながら、共同創造し合いながら、この地球で役割をどんどん実現していっています。そのエネルギーを感じながら、あなたはこの上ない喜びの渦の中で今存在していますす。その喜びを充分味わいましょう。喜び、充実感、安定、安泰感……なんと素晴らしいことでしょう。このエネルギーを充分感じてみましょう。そして、あなたがハートで感じるこの喜び、この感情を充分味わい尽くしましょう。あなたがこの感情を感じることがポイントです。

これで、未来の真のパートナーとの出逢い、一緒に役割を実現していく波動調整を終了します。

あなたの感情が動いたならば、一回で宇宙に届き、宇宙にオーダーが通ったことになり、次に地球が動き出しています。

あとは、あなたらしく輝き続けましょう。

ユニット⑫
マスターへと向かう道の途中であなたに起こる変化

『ひふみ神示』には、肉体や魂が変化するとどのような現象が起きるのか説明されています

私が、エネルギーの変化によって自分の肉体やエネルギー体や精神が変化していくことを実感したのは2010年頃だったと思います。その頃、私の人生のパートナーが私より先にそれを体験していたのです。私たちは、その頃はまだ医療法人に勤務していました。業務に支障をきたすほどに眩暈《めまい》や耳鳴りなどの症状に悩まされていた彼が病院で受診したところ、「メニエール病」と診断されました。

なんと、その3カ月後に私も同じ症状を体験することになりました。当時、私のそばで勤務し

ていたスタッフの中に、20年来のサイキックな能力をお持ちの方がいました。その方が私に「施設長！　それはエネルギーチェンジの症状なので、水を飲んで寝ている以外ありませんよ」と教えてくださったおかげで、私は病名をつけられることなく、楽しみながら「激しい眩暈」「頭痛」などと付き合うことができました。

「え〜！　エネルギーチェンジ？　じゃあ、次はどんな私と出逢えるの？　どんどん能力が開いてくるのかなぁ」とワクワクしていたものです。人智を超えたところでそんなことが起こっているのを知っているのと知らないのとでは、対応が全然違ってきます。

そこで「アシュタールメソッド」では、その症状についてお知らせする必要性を感じ、エネルギーが変化していく内容をマスタークリエイターから聞きながら、皆さんにお伝えする運びとなったのです。そして、たくさんの体験を経て、このプログラムが出来上がりました。チャンスがあれば、このプログラムが出来上がった体験をお伝えしていきたいと思っています。

宇宙とこの惑星の概念があまりにも違っているために、私たち地球人は、いきなり「宇宙の法則」と言われても、すぐにはその感覚は理解できない人が多いと思います。今まではそれでもよかったのですが、今、地球の皆さんはこの宇宙の法則に則って新しい世界を創造するときがやってきているようです。真実の宇宙の条理を知るときが来たのです。

ここでは、肉体や魂が変化していくレベルをご紹介します。なんと、『ひふみ神示*注釈1』には、レベルが変化するにつれて、どのような現象が起きるのかが説明されていたのです。あるときに私が見た夢で「この内容を説明するように」とメッセージがあり、その日のうちに『ひふみ神示』を発見し、翻訳する運びとなったこともまた不思議に思います。まるで『ひふみ神示』はすべてを網羅して降ろしているのですよ！」と言わんばかりです。

私は看護師資格を持ち、医療に従事していましたが、ここに紹介されている症状を参考にする前に、元来の疾患の有無を検査されたほうがよいと思います。下痢や嘔吐や発熱が続き、「浄化だ」と思っていたら食中毒だったというのでは、ご自分の体調管理をしているとは言えません。私たちの肉体は「借り物」ですので、大切に愛を込めて付き合う必要があります。そのことを参考にしていただき、読み進めていただくことをお勧めいたします。

ここでは、宇宙の視点からの地球や私たちの肉体やメンタルの変化をご紹介していきます。宇宙の法則は、人の意のままにならず、人の力では支配することや動かすことができない道理です。

皆さんは、天国・霊の世界・地獄・浄土・穢土《えど》などと使い分けをされているようですが、宇宙にはそのような分離は存在しないのです。そして、次元のお話も数字を用いてよくされていますが、実際は、宇宙にはそのようなものは存在していないのが事実なのです。

この惑星でいう、時・タイミング・場所・その方々のステージに応じて、わかりやすいように方便を使ってお伝えしているのです。

宇宙と地球の概念があまりにも違っているため、宇宙の空間をこの惑星の方々が理解できるように説明する方法が多様に存在するのです。今、時・タイミングが来ましたので、真実の宇宙の法則が降りてきたのです。

＊注釈1　神典研究家で画家の岡本天明氏が千葉県の麻賀多《まかた》神社を参拝した際に「国常立尊《くにとこたちのみこと》」と呼ばれる高級神霊から自動書記によって降ろされたとされる神示。

恐怖と不安を掻《か》き立てる情報ではなく、「愛と光と平和の世界」に意識を向けましょう

私たちは、マスタークリエイターが創造していないものを創造してきたと言えます。あまりに私たちが自由であったがために、不必要なものも創造してきたのですね。マスタークリエイターは、病気と呼ばれるものも創造していなかったのです。私たちは、肉体は大親友であり、肉体の声に耳を傾けながら生きることが「地球で生きる智慧」であったということを忘れているのです。肉体に耳を傾けながら食事を選んでいくことです。思い癖や生きる方向が違ったら、肉体が教えてくれます。

そして、自分の思い癖や行く方向性を調整していくことで、肉体は私たちに伝えるという役割を終えるので、その症状がなくなるのです。でも、それに気づかずに進んでいくことで、病気に

なってしまうのです。まだまだ遅くはありませんので、気づかれたそのときが開始のときです。今から開始しましょう。

そしてもう一つ、集合的無意識、つまり私たち地球に住んでいる人々のある一定の意識がある方向に傾くとそれが現実となるという事実があります。「愛と光の世界」に意識が向いて、それを実現していけるのだと覚悟したのであれば、この地球は瞬く間に「愛と光と平和の世界」へと導かれるのです。その反対に、恐怖と不安を掻き立てるような情報を鵜呑みにして、ある一定の人数が恐怖と不安を持ったのであれば、その情報が真実でなくてもそれが実現するのです。

私は、今の日本の人々の多くがこの恐怖や不安を掻き立てる不確かな情報にあまりに軽々と乗りすぎていることに疑問を感じています。そして、その恐怖や不安を掻き立てる情報を発信している人々の意図も感じてしまいます。「日本人よ！　もう少し自分軸で感じてください」と、心からそう思います。

某インターネットテレビで言っているのをたまたま耳にしましたが、アメリカのネット社会には“4chan”という掲示板があって、海外の常識人は、そこに投稿すること自体がナンセンスだと感じているとのことです。実名を隠している人の発信する情報は、信頼度が低いと判断しているのです。

しかしながら、日本の社会はいかがでしょうか？　マスコミは「2ちゃんねる」の投稿を取り上げるような始末であり、情報が溢れる社会で何が真実かそうでないのかを見極める感性が必要であると思います。これからご紹介する内容を知っていくと、人間はいかに素晴らしい進化を遂げていくのかがおわかりいただけるかと思います。

肉体や魂の変化について、マスタークリエイターからのメッセージ

私たちの「宇宙意識」が覚醒していく過程では、肉体や精神状態などがどんどん変化していきます。「宇宙意識の覚醒」とは、あなた自身が「ハッと目醒める」ときだと思います。それは、10のレベルにわたって起こっていくのです。最終レベルに到達すると、神と呼ばれるレベルに達することでしょう。まさしく、光の世界なのです。

私たちは、地球のエネルギー変化に対応し、光の世界に対応できるように、存在そのものが変化していくのです。これからご説明する肉体や魂の変化は、個人差があります。感じ方もそうですが、変化が進むスピードも違います。

これからご紹介していく内容は、マスタークリエイターからのメッセージ内容です。『アシュタール×ひふみ神示』で一部ご紹介していますが、その執筆後にもっと詳しい内容がメッセージとして降りてきましたので、併せてご紹介します。

宇宙意識の覚醒レベル

レベル1	・細胞自体の変化が開始
レベル2	・脊椎などの骨端やメンタル体に変化が開始
レベル3	・光をエネルギー源として感知し始める
レベル4	・脳の部分が変化
レベル5	・多次元の自分を感じ始める
レベル6	・自分の生き方や価値観を見直す
レベル7	・心臓・ハートが変化
レベル8	・松果体と脳下垂体の双方が成長
レベル9	・神聖なる自己への目醒め・マスターのステージ
レベル10	・宇宙の領域レベル

レベル1

細胞の変化が開始されます。細胞が「光」を感じ取るのを開始します。あなたのエネルギー体と呼ばれる部分に光のエネルギーが注ぎ込まれます。私たちの細胞の中には、宇宙の光をキャッチするセンサーが組み込まれているのです。

そのセンサーは、この段階では「スイッチが入った」状態になります。レベルが進むにつれて、この状態が変化していきます。スイッチが入っていない状況では、ここの部分は見つけることが困難でしょう。ですから、このセンサーは今の地球の知識の中でまだ発見されていない領域となります。

あなたは、宇宙の意識が回復する段階にあり、このニュアンスも理解できるようになってきています。だからこそ、私の言っているエネルギーがキャッチできるのです。宇宙意識が覚醒していないと、ここのエネルギーはキャッチできず、そして、空洞として理解されるのです。

次に行きましょう。これは、宇宙のエネルギーを100%ダイレクトに受け取るために必要な変化です。現在では、宇宙のエネルギーが100%の濃度で降りていることは、少ないのです。なぜならば、あまりにエネルギー濃度が高いために受け止めきれない状況になり、肉体や魂での支障が出るためなのだそうです。

細胞レベルで「宇宙エネルギー」「宇宙の光」をキャッチできるように準備する第一段階がこのレベルです。そして、光を感じた細胞は、自分たちのエネルギー源の変化を察し始めます。その頃に感じる体の変化には個人差はありますが、自分に不必要な身体的、内面的なものが噴き出しやすくなるので、その症状が下痢や湿疹として表れます。

この症状が出た場合、水分をたくさん摂取して浄化を促進することで早期に改善へと導かれるでしょう。地球上での表現だと、これは「浄化」ということになりますが、本来は、「入れ替え」の作業が実行されています。あなたがたの多くは水分でできています。それは、宇宙のエネルギーを感じやすくするためでもあり（きたるべきタイミングで）自分たちでこの水分の質を変化させていくことができるようになるのです。このレベルでは、まだ水分の入れ替えや変換で止まっています。

レベル2

脊椎などの骨端《こったん》やメンタル体の変化が開始されます。この現象は、宇宙との交信をしやすくするための肉体と感情の準備段階となります。その目的のために、不必要なものが手放されていきます。その際に起こる現象として、嘔気《おうき》や体熱感や頭痛を感じる人が現れるかもしれません。それには個人差がありますが、それぞれの肉体やメンタル体に蓄積したごみのようなものがなくなっていく過程で、そのごみを燃やしたり、燃えカスを体外に排出したりします。

頭痛は、その過程でホルモン等のバランスを調整するために日頃出来上がった不必要なものを消却する際に起こる現象なのです。このとき、燃えカスを体外に排出するのをスムーズに行うために、水分補給が必要になります。このレベルでも水分の水質変換はされていません。ただ、排出をスムーズに促すことにより、身体に感じる負担が少なくなります。

感情体レベルにおいては、今まで溜まっていた不必要な感情が噴き出てきます。無性に涙が止まらなくなって、悲しくなったり、怒りが込み上げたり、過去のネガティブなことをなぜか思い出して悔しくなったり、恨む気持ちが込み上げたりします。こんな感情が無意識に出てきたときには、自分自身がクリスタル化へと進んでいることを察知して、水分を摂取して、なるべくその感情に浸らないように、そして無理に排除しようとせず、自分自身がいい気分でいられる音楽や香りなどを用いて心地よい環境をつくりましょう。

レベル3

細胞液自体や一つ一つの細胞が光を感じ取り、ミトコンドリアが光をエネルギー源であると察知し始めます。このミトコンドリアが進化を遂げると、細胞のエネルギー源はすべて光だけになります。つまり、肉体は「食べ物」からの「栄養」を必要としなくなるのです。しかし、このレベルでは開始したばかりです。仙人と呼ばれる人々が食べ物からの栄養がなくても生存できたのは、この域に達していたからなのです。

このレベルのときに、水分の水質を変化させていこうとするセンサーが本格的に稼働し始めます。この水質の変化に伴い、ミトコンドリアの変化も表れます。あなた方の肉体の水分、つまり水質とは、現代医療では「体液」と言われる部分になると思いますが、いまだに発見されていない成分がそこに出現します。それは、宇宙の光の波動を感知するための成分なのです。このレベルではミトコンドリアのみに変化が認められますが、レベルが進むと他の部分もその態勢を整える準備を開始します。

レベル4

パーソナルな部分として感知されるエネルギー体の変化によって、「精神的な部分」が大きく変化し始めます。それは、脊髄の変化が開始されることにより、脊髄が支えている脳の部分も変化し始めると言えます。脳科学的な部分が変化を開始します。脳の変化が進むにつれて、視覚や聴覚が変化するのを感じることでしょう。透視力などが表れるかもしれません。あるとき、高次元からのメッセージを受け取ることができるようになるかもしれません。逆に、視力の衰えや記憶力の低下や聴力の低下を一時的に感じるときがあるかもしれません。

このレベルにおいては、眉間の奥に痛みを生じたり、耳鳴りや眩暈を感じたりする人が出てくるでしょう。改善策としては、水分摂取、睡眠を充分にとることをお勧めいたします。いよいよ、宇宙意識が覚醒する準備段階になりました。レベル3で「体液の変化」という表現をしましたが、体液の中でも、細胞液や髄液が変化し始める段階です。

レベル5

自分の肉体に存在する魂だけではなく、多次元に存在する自分に気づいてくるでしょう。つまり、この宇宙に誕生したときのあなた、パーフェクトセルフを感じ始めます。今の自分自身の生活に違和感を持ったり、宇宙との一体感を経験する出来事に遭遇したりするでしょう。その感覚があるときは、「宇宙意識が覚醒した」と言っていいレベルになっています。これは、このレベルに達していない人には理解しがたい感覚ですので、誰とでも共有できるものではないことを理解しましょう。

この地球に降り立つときの意識が蘇ってきますので、「あなたが本来何を経験したかったのか?」「何者であったのか?」「何者であるのか? また、何者であり続けるのか?」がわかってくる段階です。

レベル6

スピリットの存在を知ったあなたは、「この物質世界において、物質は個体ではない」と知る体験をするかもしれません。そして、この物質世界は、宇宙から投影された世界であることを感じ、今までの自分の生き方や価値観を見直すことが起こるでしょう。

スピリットと共鳴することに喜びを覚え、そこに自分のミッションがあることに気づきますので、ミッションの種類が違っている人々と別れることがあるかもしれません。それは、あなたがパーフェクトセルフに従い、自分のミッションにフォーカスすることから起こる現象ですが、周囲の人々から「冷たい」と思われることがあるかもしれません。しかし、あなた自身がミッションに従い、宇宙の大きな存在とつながった結果の出来事であるため、何の動揺もしないでしょう。

そういう意味においても、あなたの生活の変化が激しくなるかもしれませんが、パーフェクトセルフとつながっているあなたは、このレベルにおいて「宇宙の法則」を知り、「宇宙に委ねる」ことを実践していれば、すぐにリラックスして喜びの人生が歩めるでしょう。

このレベルでのあなたは、すでに「自己」や「宇宙」について理解しているため、この地球での役割が明快となり、自分の役割にフォーカスしていくことでしょう。その役割を実践しているとパーフェクトな充実感を覚え、自分の役割にフォーカスしていくことで自分の役割を達成するために不必要だと感じるものには興味がなくなり、逆に、役割に集中できる環境を自然と創造していくことでしょう。

もしかしたら、そのときに新たな人脈ができたり、逆に誰かと離れたりと、人間関係に変化が起こるかもしれません。しかし、それは宇宙の法則で言うところの「マグネットの法則」やステージや役割やエネルギーの違いから起こるので、ごく自然な出来事でしょう。そうすることで、あなたの愛のエネルギーの循環がスムーズになり、役割が過不足なく実行され、本来のあなたが蘇ることでしょう。このときのあなたが、「本来のあなた」であることをすっきりと自覚できるのです。

レベル7

あなたの液体部分、つまり、血液、循環器に変化があります。具体的に言えば、「心臓」「ハート」が変化するでしょう。ハートを多次元的に開けることができるようになるのです。そのときに、痛みを感じる方も多いでしょう。

このレベル7では、同時に「意識の形成」も起こります。この惑星、地球との意識の交流ができるようになるでしょう。そして、「ハートを多次元に開く」ということは、あなたは自分のハートに意識を置くことで、自由自在に多次元への旅行を楽しめるようになるのです。

このレベルでは、髄液が進化して、ほぼ最終段階となります。それと共に、髄液をつくっている骨髄にも変化が見られ、自分自身で免疫稼働の調整が可能となります。自分の意識下において、免疫反応のコントロールが可能となります。

そして、骨髄がクリスタル化してきますので、そのクリスタルの成分を浄化したくなります。これは肉体が無意識に欲する現象です。どうしようもなく、何かを探しているかのように感じるときは、肉体が「浄化してほしい」と訴えていることが多いのです。クリスタルを浄化するために、あなたに合った方法を探してみましょう。腑に落ちる何かが見つかると、すっきりして、肉体を常に宇宙意識と共鳴させることができるでしょう。

レベル8

あなたの身体のパーソナルな部分が拡大・成長します。それは、脳の中に存在している「松果体」「脳下垂体」です。双方が成長するときには、頭の痛みや圧迫感を経験する人が多いでしょう。このレベルに達すると、だんだんと若返りを感じだすでしょう。そして、老化のスピードが減少していくのを感じることができます。

その他には、あなたの中に存在する「クリスタル成分」が活性化します。あなたの骨白体が水晶になるという意味ではありません。その成分が混じり合ってくるということです。そのクリスタルはあなたが多次元と交信するアンテナの役割を果たすとともに、あなたが宇宙にいた時代から違う種類のクリスタルでダウンロードしていた記憶を少しずつデータ化するようになるでしょう。「データ化する」という言葉の意味は、あなたがダウンロードしていたものをわかりやすい状態にすることとです。

そのデータ化が進むにつれて、あなたは過去の記憶が蘇ってくる体験をするでしょう。そのことに触れると無性に涙が止まらなくなったり、ハートが膨らんで熱くなり、愛が溢れるようななんとも言いがたい症状が出てきたりします。それらはすべてあなたの真実であり、あなたの感情や肉体がセンサーとなって反応しているのです。このように、ハートをセンサーにしていくことが容易にできるようになります。

あなた以外からの情報でも、真実であるならば上記のような反応が起こります。その変化によって、あなたは宇宙や地球の真実を見極めることができるようになります。何も迷うことがない本来のあなたが確立されるのです。

レベル9

このレベルでは、全宇宙とのつながりを感じ、自分が永遠不滅の無限の光の存在であることを知るでしょう。「神聖な自分」に目醒め、あなた自身が「神聖な自分」にステージが変わったということを体感するでしょう。

このレベルでは、「マスター」と呼ばれるステージに至っています。あなたは宇宙の「愛」「叡智」「力」を感じ取り、震えるような感動を味わうでしょう。マスタークリエイターと常に共鳴し合い、あなたの判断はすべて宇宙のマスタークリエイターと同じであるということになるでしょう。

自分で感じようとする意志があるのであれば、地球の裏側で起こっていることや宇宙での出来事など、すべてのことをキャッチできるようになります。それは、あなたが感じようとする意志がある場合に限りますが……。

レベル10

レベル10は、宇宙の領域のレベルです。宇宙と一体になった存在となっているでしょう。このレベルでは、自らの「軸」に従って、リーダーとして生きることになります。あなたは、肉体と魂を自由にコントロールすることができ、時空を超えたさまざまなことを思いのままにできるようになります。それらは、この惑星に住む人々によって実現されるのです。

「愛と光と平和の世界」は、二元性を超えた「中庸」の精神になります

マスタークリエイターが創造した「永遠不滅の光の存在」であるあなた方が、そのことを魂から思い出すときが来るでしょう。しかしながら、すべての人々がすべてをすぐに理解できるわけではありません。一部しかわからない人々も存在するでしょう。その方々は、「自分はわからない」ということをわかる必要があります。

宇宙からのエネルギーでこの惑星に影響が出るように、この惑星のエネルギーが宇宙へ影響を及ぼすこともあります。このことは、非常に重要な条理ですので、よくよくご理解ください。

不可視の世界、たとえばエネルギーや魂の世界が宇宙とするならば、可視世界はあなた方肉体を持つ人々が住むこの惑星の世界なのです。しかしながら、あなた方の肉体と魂は一体となって存在しています。魂・心のエネルギーが発動し、肉体が活動します。また、肉体が活動すること

によって、心のエネルギーが躍動することもあるでしょう。

このことは、地球に誕生したときの赤ちゃんのように澄んだ心で受け止めていただけると、理解が深まると思います。澄んだ心、それは自分に誓約をしていない心であり、世間からの制約を受けていない状態なのです。その状態になれば、見えてくることがたくさん出現するでしょう。たとえば、「陰と陽」「右と左」「上と下」「前と後」「男と女」が存在すると考えているのが今の世界でしょう。しかし、二元性の考え方の中には正解がないのです。これからの「愛と光と平和の世界」には、「中庸《ちゅうよう》」という正解が出現することでしょう。

中庸について少しご説明します。意見が対立している2人がいるとします。その人たちの解決方法は、「どちらも同じように歩み寄り、少しずつ我慢をして譲って意見をまとめる」ということではありません。宇宙が伝えてくるのは、「双方が大喜びし合って得る答えが中庸」だということなのです。それが、Win-Win（双方がうまくいっていること）の理論だと思います。その考え方の中に答えがあることを心得ておくと、新しい世界での解決方法が見えてくることでしょう。

この惑星に住む人々は、自分たちが「父と母」の2人によって誕生したと考えていますが、その2人に加えて「マスタークリエイター」から誕生しているのです。そのことからも、「二の文化」ではなく「三の文化」が輝かしい未来を導くことでしょう。

日本の象徴する美しい山「不二の山」は、「二にあらず」とも読みます。一般的には、「2つとない美しい山」と捉えられていますが、日本を象徴する考えである「三の文化」を象徴しているとも言えるのです。

おわりに

現在、私たちがキャッチしている「宇宙の法則」のすべてをこの書籍でご紹介できたと思います。何の制約や制限もなく、思う存分表現させていただけたことに心より感謝いたします。また今回は、私の人生の真のパートナーであるレゴラス晃彦と共同で創造できたので、きっとバランスのとれた内容になっていると自負しております。

この書籍は、地球の法則に縛られてストレスを感じて、「だって、仕方がないでしょ。お金を稼がないと生きていけない。家族を養っていけない」と、一生懸命に自分自身と闘って生きている方々へぜひ読んでいただきたいのです。

私たち夫婦も、2011年までそう信じて社会の中で闘って生きてきました。「勝ち組」「負け組」という言葉がありますが、「勝ち組」に入るために、川の流れに逆らって、川上を目指して、一生懸命パドルを漕いできました。

しかし、ここ数年に起こっている現象を見ていると、明らかに社会の流れが変化しているのを感じます。終身雇用が崩れ、世界経済の動向も不安定です。大企業がたやすく倒産する世の中になってきました。そんな混沌としている世の中で、何を信じて生きていけばいいのでしょうか。私自身は、「楽天主義」ではなく「楽観主義」で生きていきたいと思っています。現状から目をそらして逃避するのではなく、起こっている事実を理解したうえで、それでも私たち多くの庶民が住みやすい社会に変えることができるのだと訴え続けたいのです。私たちが変化することで社会も変わっていきます。

一人の力がいかに素晴らしい影響力を持っているのかを信じたいと思います。その一人が2人、3人と増え続けていくことで、一気にそれが常識へと変化するときが来るというメッセージを私は以前にも受け取りました。

そして、一度、宇宙の法則を信じて実践してみようと思って開始したところ、従来の方法よりももっと手軽で簡単に誰でもできることがわかりました。そのコツは「頭を使わないこと」「自分自身の中に制限や制約をつくらないこと」でした。そのためには、地球の法則で生きてきた、今までの過去の経験を持ち出して、できない理由や疑いを持ち出さないことが大切です。

宇宙の法則に則って生きていくと、地球の法則では説明できないことや納得できないことがたくさん起こり始めます。そういうときに、ご自分の経験や知識によって頭で理屈をつけようとすると理解できず、前に進めなくなり、変化の波に乗れなくなります。それほど、宇宙の法則は、地球の法則と真逆のことが多いのです。

現在の地球は、過去の記録にはないことがどんどん起こっています。これはどのような意味を持つのかというと、「これから真実の世界を創造していけるのだ」というメッセージとして受け取ることができるのです。

再生するためには、いったん壊れることで新しく生まれる必要があります。そのような表現をすると、自分の外側で起こることとしてイメージする方が多いと思います。しかし、私がここで申し上げているのは、「自分自身の内側の変化」のことです。

第1章に詳しく書きましたが、私は2011年に大激変を経験しました。まずは、私の内側が変化し、そして環境が激変したのです。猜疑心《さいぎしん》の強い私の「目に見えないものは信じない」という波動を受け取って、目に見えないエネルギー体から、メッセージや映像が変換され始めたのです。今までの私なら信じがたいことですが、猜疑心の強い私が好奇心を持ち始めたとき、そして自分の肉体が悲鳴を上げ始めたときが開始の合図でした。

肉体の悲鳴は、私に生き方や考え方を変えるように伝えていました。女性性を否定して、男性社会で闘っていく人生を望み、それなりに楽しんで生きてきたことに対するメッセージでした。西洋医学従事者で、しかも管理職であった私が子宮筋腫のすべての治療を放棄し、肉体と向き合って、生き方を修正していきました。

女性であることを認め、自分を愛して尊重することを開始すると、ものの1カ月で血液の数値の改善が見られました。血液の数値のみならず、肉体の症状も改善してきて、4カ月も経過すると、手ごたえを充分に感じ取ることができました。「今までの常識は、非常識だった」という事実を突きつけられました。

私はそれから、楽しみながら新しい考え方やメッセージを受け取る生き方を実践していきました。今までの「目標管理システム」「人材育成」「営業成績アップ」の常識が覆りました。その当時の私は、私なりにそれなりの実績を挙げていましたが、その効果の違いを如実に感じることができました。何よりも短期間のうちに数字で結果が出たことには驚きました。それも、人智を超えた努力を要したわけではなく、むしろその逆なのです。それは、「えっ！ こんなに簡単でいいの？」と思う内容でした。

しかし、現実ではどんどん素晴らしい結果が生み出されていきました。そんな私に経営陣は脅威を覚えました。「最終的にはこの組織を乗っ取ろうとしているのではないか」と考えた経営者は、自ら私に確認に来たほどです。私がこのときに感じたのは、「この組織での私の役割は終わった」ということでした。そして、宇宙からさまざまなメッセージが来て、私の次の役割を示す事柄が起き始めました。私の中での大きな変化によって、本来私がしていく役割や、何に命を使っていくのか、その本質に迫る内容に辿り着きました。

人は、存在しているだけで素晴らしい（being）ということをなかなか認めることができません。何かをしないと存在価値がない（doing）と思い込んでいるのです。そこから発する「役割探し」「使命探し」は、苦行のように見受けられます。まずは、「being」を充分感じて、自分を許し、認めることから開始することをお勧めします。

私のところへ訪ねてきてくださる方のほとんどは、「世の中の役に立ちたいんです」とおっしゃいますが、その中には自己評価が低い方もいらっしゃいます。すると、焦りや不安のエネルギーを発信し、「世の中の役に立ちたい」と言いながら、自分を癒すために、そして自分の自己満足のために、その言葉を発する人がいます。すると、そのエネルギーは自分が望む方向と違うほうへ進んでいきます。宇宙の法則も自分勝手に受け止め、望まない方向へ自然と行ってしまいます。そして、「どうして宇宙の法則を実践しているつもりなのにその通りにならないの？」と、自分以外の責任にしてしまう現象が起こります。

真理を理解している人々は、心を痛めながらも、ただただ温かく愛で見守るしかありません。各人によって進むスピードの違いや進化の違いがあります。宇宙には「差」は存在しませんが、「違い」は存在します。

地球に住んでいる人の中には、二元性の中で生きているために「魂が高い・低い」というようにジャッジしたがる人がいますが、宇宙にはそんな思考は存在しないのです。そこには、役割や能力などの違いがあるだけです。自分の役割や使命を知って、それを実践し始めると、至福の喜びを感じ、波動がグングンと調整されて、豊かな人生を歩んでいけるようになるのです。

「知行合一」が大切です。頭では知っていても行動が伴わず、「わかっているんですが、できないんです」と言い続けている人は、早速行動を起こしていきましょう。そして、知識ばかり積み重ね、知識があると存在価値が高いという思い込みを手放して、行動へ移していきましょう。「アシュタールメソッド」でお伝えしている方法で、魂の声を正しくキャッチできれば、「使命」「やりたいこと」「能力」が一致するはずなのです。「やりたくないことが自分の役割だった」ということもなければ、「やりたいことがなかなか前に進まない」ということもないはずなのです。「ありうる未来」「ありたい未来」「あるべき未来」、この3つが同じになることが本当の役割なのです。

そして、この世で生きていく中で、「心で思うこと」「口に出すこと」「行動」の3つを一緒にしていくことが、自分の中の闘いを止めることにつながります。私たちは小宇宙なので、自分の中での闘いを止めると、この社会で起こっている闘いも自ずと減少していくことでしょう。

この書籍でお伝えした私自身の生き様は、ほんの一例です。気づいた人から順番に宇宙の法則を実践していき、生き様を見せていくときが来ました。それを実践していくことで、周りが変わっていくのを感じることでしょう。この書籍があなたの人生の一歩を踏み出す一助になればとても光栄です。

2010年頃から私と出逢っては役割を終えて去って行かれた方々を含め、現在私の周りで光を共有してくださっている方々に心より感謝いたします。そして、今はまだ出逢っていませんが、これから出逢っていくであろう素晴らしい方々に、「出逢ってくださってありがとうございます」とお伝えいたします。すでに宇宙では、その素敵な出逢いがどんどん実現していっているのを感じます。

宇宙に誕生したこと、そして、この地球で存在していること、すべてに感謝です。最後に、この宇宙を創造したマスタークリエイターからのメッセージをお伝えいたします。

「この書とご縁を持たれた方々すべてに、愛と光を贈ります」

２０１５年１月23日

キラッキラのあなたと出逢いたい　宇咲愛

特典CD　アシュタールメソッド

1．肉体の声をキャッチするワーク＆許しのワーク
2．天地とつながるワーク
3．宇宙のエネルギーを感じる（全身自己ヒーリングする）ワーク
4．光を感じるワーク
5．ミラクルチャイルドと出逢うワーク
6．心を静める呼吸
7．真のパートナーとの波動調整
8．役割の波動調整

1．肉体の声をキャッチするワーク＆許しのワーク

肉体は、あなたの大親友です。あなたが生活しているうえでのちょっとした思い癖や人生での歩んでいる方向が違っていたら教えてくれます。その大親友の存在を忘れ、痛みやだるさなどがあっても肉体に耳を傾けることを忘れている人が大半です。肉体という大親友の声をキャッチできたなら、「病気」になる前に、肉体があなたに訴える役割を終わらせることができ、その症状がなくなるのです。まずは、「あなたの肉体に正直に向き合おう！」と決心して取り組みましょう。きっと、肉体からさまざまな愛溢れるメッセージをキャッチできることでしょう。

2．天地とつながるワーク

簡単な呼吸法の一つですが、これをすることにより、とてもパワフルなエネルギーを感じ取ることができます。宇宙と地球のエネルギーを感じて、あなた自身がどんどんクリアになっているのを体験するでしょう。この簡単な呼吸法を習得すると、ちょっとした空き時間で実践でき、時間を有効活用できます。

3. 宇宙のエネルギーを感じる（全身自己ヒーリングする）ワーク

あなた自身は宇宙のエネルギーを使いこなすことができる存在なのです。それは、何か特別な能力者しかできないことではありません。「アシュタールメソッド」では、「宇宙には『特別』や『差』というものがない」ということを伝えていますが、それを実感していただけるワークです。これからの世界では、すべての人々が「ヒーラー」なのです。誰かに頼らなくても、自分で宇宙のエネルギーを使いこなし、一日の疲れをクリアにできるということを体験していただけるワークです。これを習得すると、さまざまなことに応用・活用できます。たとえば、水道水をミラクルなお水（若返りの水など）に変えることもできます！

4. 光を感じるワーク

まず、あなた自身が「光の存在である」ということを感じていることが大切です。いくらさまざまな知識を頭の中に入れても、ここを認めていないと、生活の中にミラクルを起こしていけないのです。このワークをすることで、あなたが「光の存在である」ということを実感し、波動がどんどん上がっていくのを感じていただけると思います。あなたの波動が変化すると、あなたの住む世界が変わってくるのが実感されると思います。

5. ミラクルチャイルドと出逢うワーク

あなたは、あなたの魂が宇宙に誕生したとき、ほぼパーフェクトな状態で生まれてきています。そのパーフェクトなあなたのエネルギー体から一部分が抜け出して、肉体の中に入っているのが今のあなたの状態です。その魂はさまざまなことを知っている、とても波動の高いエネルギー体なのです。そのエネルギー体の一側面……宇宙にいた頃の無限の可能性を秘めているあなたのことを知っているあなた……それを「アシュタールメソッド」では、「ミラクルチャイルド」と呼んでいます。その存在は、この地球上であなたの真の役割を実現していくのをサポートしてくれます。さぁ、ミラクルチャイルドと出逢って、活き活きしたあなたらしい毎日を送りましょう。

6. 心を静める呼吸

肉体についている浅い部分での感情を静かにして、「感情」という波動の受信機を正常に作動させるためにとても重要な呼吸法です。この波動の受信機が正常に作動すると、あなたの魂の声をキャッチしていくことができます。すると、もう誰にも頼らなくても、あなたがどっちの方向に行けばいいのかがはっかりわかるようになり、自分自身の軸でしっかり生きていけるのです。

7. 真のパートナーとの波動調整

真のパートナーについては、本文をお読みくださるとご理解いただけると思いますが、「理想のタイプ」でないことがほとんどです。この波動調整をするときには、誰か特定の人をイメージしないこと、そして、具体的にイメージしないように気をつけましょう。あなたの心を宇宙に委ねてフリーにすることにより、真のパートナーとの距離がどんどん縮まります。

8. 役割の波動調整

あなたはこの地球に生まれるときに「マスタークリエイター」と約束してきた役割があります。その役割は、いくらあなたがクリエイターでも変えることができないのです。今のあなたがさまざまな情報を得て、「こんな仕事をして役割を果たしたい」と思っても、あなたの本来の役割でないことは、前に進まないのです。あなたの心をフリーにして、「宇宙が使いやすいあなた」になれば、すぐさま宇宙のサポートが来るのです。そして、あなたの役割がどんどん進んでいくのを体験されるでしょう。あなたが本来の役割を実践していくことで、この上ない歓びや幸福を感じて生きていけることでしょう。

うわ!! アシュさん めっちゃ男前〜
ホンマや〜
そうですか.
ホメても何も出ませんよ!! (笑)

宇咲愛　うさき あい
「11次元アセンデッドマスター」アシュタール（Ashtar）の公式チャネラー（※公式チャネラーは地球上で26人、日本では宇咲愛のみ）。看護部長などの管理職をしていた2011年転機がおとずれる。自らの子宮筋腫を波動調整で完治させた後、宇宙存在であるアシュタールと（今世での）再会を果たす。自身が公式チャネラーであることを知らされるも、一時は「チャネラー」という役割に葛藤、悩みを抱く。が、アシュタールやマスタークリエイターより伝えられた「宇宙の法則」を職場や実生活で実践した結果、驚異的な売上げを達成！　さらには組織運営が劇的に好転したりと、人智を超えた効果を実感するに至る。これを受けて、「宇宙の法則」を多くの人に伝える役割を受け容れる。2012年より本格的に「宇宙の法則」を伝えることをスタート。パートナーのレゴラス氏とともに東京～大阪を拠点に活動している。ブログやメルマガは常に上位にランクイン。『アシュタール×ひふみ神示』（ヒカルランド）など著書も多数。「宇宙の法則」をもとに幸せに生きるヒントを伝えている。
ブログ　http://ameblo.jp/shinelight/

レゴラス 晃彦　れごらす あきひこ
化学薬品メーカーに19年間所属し、製品開発を経て、営業、生産管理、品質保証などに携わる。その後、医療介護業界へ転身し、事務長や法人人材開発部長を務め、新卒採用や人材教育、管理職教育などを経験。科学的、論理的、社会学的な切り口で、精神論ではないスピリチュアリティを持ち味とし、感覚的と言われる感性に基づく行動の合理性を説き、一般的に科学的と思われるものの非合理性を説明している。

詳しくはStarVenusのホームページ http://starvenus.jp をご覧ください。

「魔法の学校®」は、商標登録されておりますが、
本文中には®マークは明記しておりません。

☆本書は、2015年４月ヒカルランドより刊行された
『魔法の学校　完全版』の新装完全版となります。

［新装完全版］魔法の学校
アシュタールメソッドの伝授

第一刷　2018年12月31日

著者　宇咲愛×レゴラス晃彦

発行人　石井健資

発行所　株式会社ヒカルランド
〒162-0821 東京都新宿区津久戸町3-11 TH1ビル6F
電話 03-6265-0852　ファックス 03-6265-0853
http://www.hikaruland.co.jp　info@hikaruland.co.jp

振替　00180-8-496587

本文・カバー・製本　中央精版印刷株式会社

DTP　株式会社キャップス

編集担当　加藤弥絵

落丁・乱丁はお取替えいたします。無断転載・複製を禁じます。
©2018 Usaki Ai & Legolas Akihiko Printed in Japan
ISBN978-4-86471-684-0

神楽坂♥《ハート》散歩
ヒカルランドパーク

連続講座

魔法の学校 2019 with アシュタール

【講師】宇咲 愛、レゴラス晃彦
【日程】2019年１月～12月までの間で、毎月１回／土曜に開催
【時間】14：00～16：00
【受講料】9,990円／各回
【会場】ヒカルランドパーク
《スペシャル☆２大特典》
なお、全講座（12回）受講された方には、もれなく２大特典をプレゼント♪♪
①宇咲先生より、特製の『修了証書』贈呈♪
②特別個人セッション
『宇咲愛　地球上でのあなたの『役割』を知るセッション』を、
受けられる資格の取得♪

◎開催日程

【第１回】１月26日（土）	【第２回】２月23日（土）	【第３回】３月30日（土）
【第４回】４月20日（土）	【第５回】５月25日（土）	【第６回】６月29日（土）
【第７回】７月27日（土）	【第８回】８月24日（土）	【第９回】９月14日（土）
【第10回】10月26日（土）	【第11回】11月30日（土）	【第12回】12月21日（土）

※全日程とも、開場は開演の30分前（13：30）となります。

ヒカルランドパーク
JR 飯田橋駅東口または地下鉄 B1出口（徒歩10分弱）
住所：東京都新宿区津久戸町3－11 飯田橋 TH1ビル 7F
電話：03－5225－2671（平日10時－17時）
メール：info@hikarulandpark.jp　URL：http://hikarulandpark.jp/
Twitter アカウント：@hikarulandpark
ホームページからも予約＆購入できます。

ヒカルランド　好評既刊！

地上の星☆ヒカルランド　銀河より届く愛と叡智の宅配便

【DVD】宇咲 愛／アシュタール・フルトランス《ライブセッション》
〜覚醒への波動調整〜編
著者：宇咲 愛×レゴラス晃彦
107分／本体 6,666円+税

大人気セミナー、初のDVD化!!
宇咲先生☆渾身の歌唱シーン＆
フルトランスのライブセッションを完全収録。

ヒカルランド　好評既刊!

地上の星☆ヒカルランド　銀河より届く愛と叡智の宅配便

アシュタールメソッド
[新装版] アシュタール×ひふみ神示1
著者：宇咲 愛
四六ソフト　本体 1,815円+税

ヒカルランド　好評既刊！

地上の星☆ヒカルランド　銀河より届く愛と叡智の宅配便

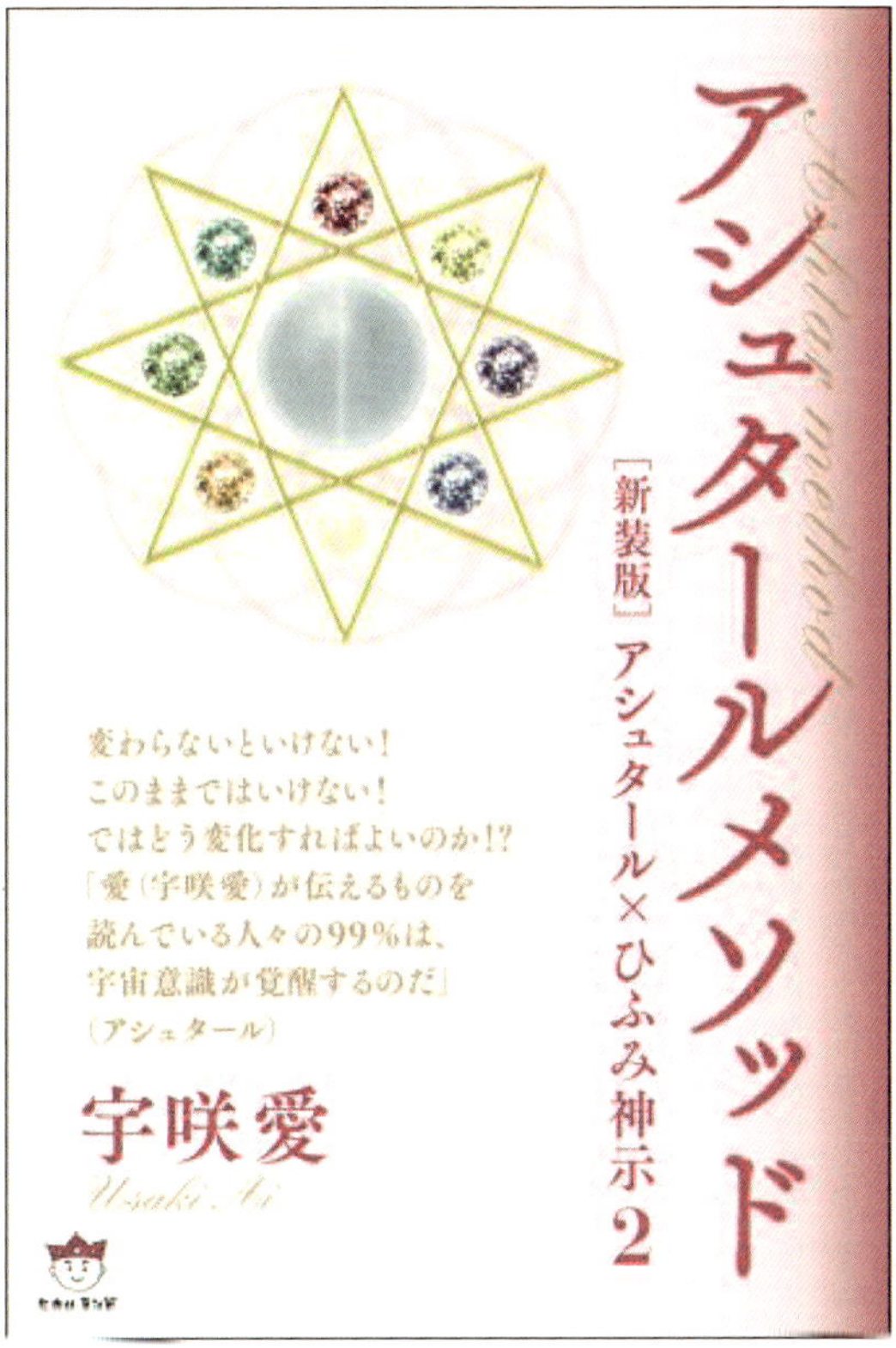

アシュタールメソッド
［新装版］アシュタール×ひふみ神示2
著者：宇咲 愛
四六ソフト　本体 1,815円+税

ヒカルランド　好評既刊！

地上の星☆ヒカルランド　銀河より届く愛と叡智の宅配便

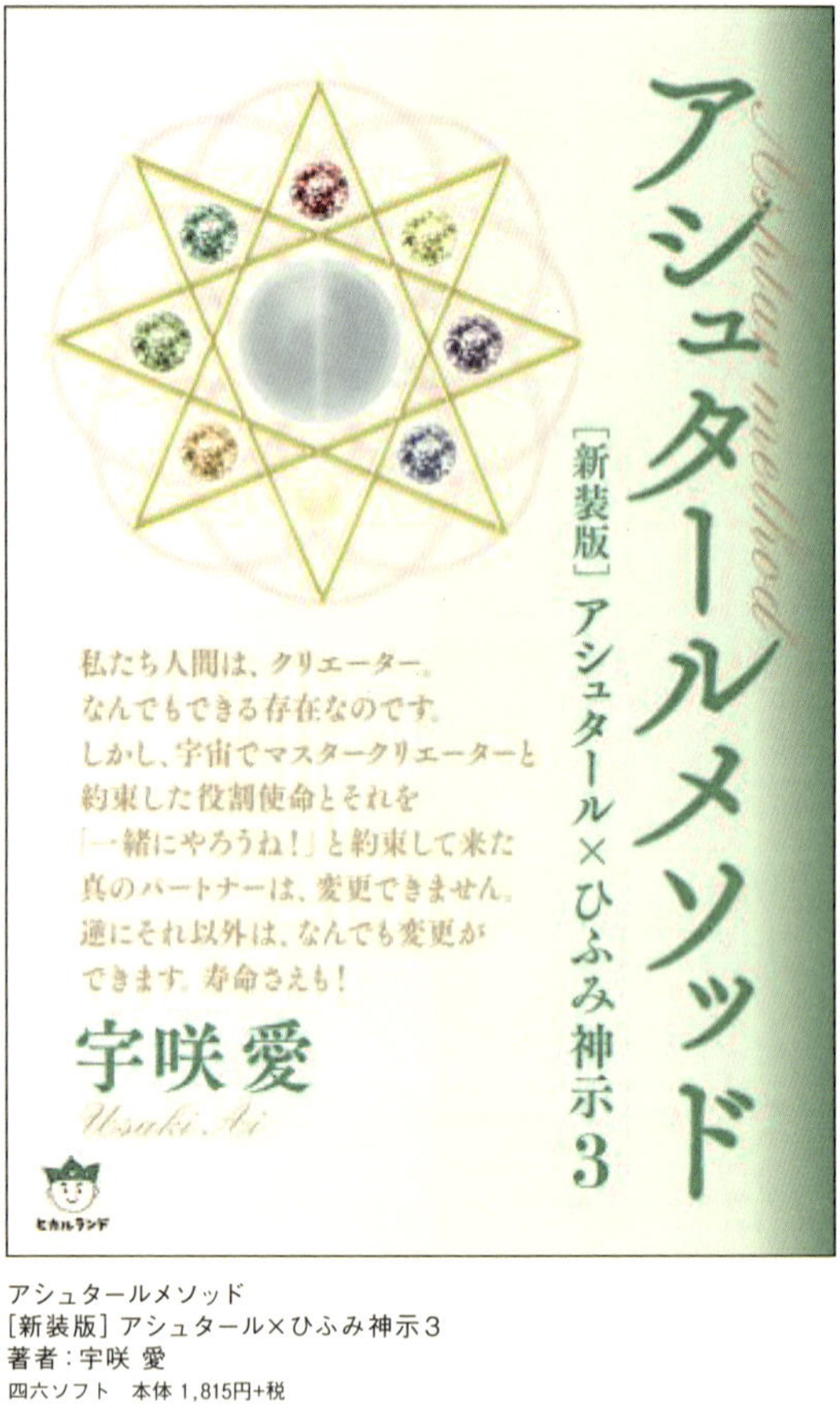

アシュタールメソッド
[新装版] アシュタール×ひふみ神示3
著者：宇咲 愛
四六ソフト　本体 1,815円+税